"十三五"职业教育城市轨道交通专业规划教材

城市轨道交通自动控制系统

主　编　贾毓杰

参　编　冯晓芳　张文超　蒋　晶　刘俊妤

主　审　章贤方

机械工业出版社

本书是"十三五"职业教育城市轨道交通专业规划教材，面向信号专业，以联锁为核心，全面介绍了与车辆段、正线相关的城市轨道交通自动控制系统，主要内容包括信号机、转辙机、轨道空闲检测设备电路分析，车辆段及正线信号平面图的认知、联锁设备结构及功能的认知、典型联锁表的分析，ATP（列车自动防护）、ATO（列车自动驾驶）及ATS（列车自动监控）系统结构认知、功能分析、典型操作的学习，并为读者提供了典型车辆段、正线信号平面图。

本书采用课题式编写方法，设置了"学习导入""学习目标""基本知识""知识拓展""课后习题"等环节。本书可作为职业教育城市轨道交通类专业教材，也可作为信号系统研发、施工人员参考读物。

为方便教学，本书配有电子课件和部分城市地铁信号平面图（见后附图）。选用本书作为授课教材的教师均可登录www.cmpeu.com并以教师身份注册下载电子课件，或来电咨询：010-88379865。

图书在版编目（CIP）数据

城市轨道交通自动控制系统/贾毓杰主编 . —北京：机械工业出版社，2017.8（2024.8 重印）

"十三五"职业教育城市轨道交通专业规划教材

ISBN 978-7-111-57219-0

Ⅰ. ①城… Ⅱ. ①贾… Ⅲ. ①城市铁路 – 轨道交通 – 自动控制系统 – 职业教育 – 教材 Ⅳ. ①U239.5

中国版本图书馆 CIP 数据核字（2017）第 167884 号

机械工业出版社（北京市百万庄大街22号 邮政编码100037）

策划编辑：曹新宇 责任编辑：曹新宇 张利萍
责任校对：黄兴伟 封面设计：鞠 杨
责任印制：张 博

北京建宏印刷有限公司印刷

2024 年 8 月第 1 版第 4 次印刷

184mm×260mm・13.5 印张・2 插页・328 千字

标准书号：ISBN 978-7-111-57219-0

定价：35.00 元

前 言 PREFACE

随着经济的快速发展，我国进入了城市化和机动化的加速发展阶段。城市轨道交通是一种存在已久的公共交通方式，在高新技术迅速发展、人们环保意识迅速提高的今天，城市轨道交通以全新的面貌成为都市交通圈中的公共交通骨干系统，是促进城市可持续发展的21世纪的"绿色交通"系统。随着城市化进程的逐步加速，我国的城市轨道交通建设有望迎来黄金发展期，到2020年，国务院批准修建城市轨道的城市将达到50个，总规划里程达7000km。

在轨道交通装备制造方面，发展较好的国家有德国、法国、加拿大和日本等，据统计，三大跨国公司，加拿大庞巴迪公司、法国阿尔斯通公司、德国西门子公司，占有全球市场50%以上的份额。近年来，我国城市轨道交通的国产化工作也取得了很大成绩，作为国产化重点，车辆制造技术和信号系统集成都取得了突破，以中车集团、交控科技等为代表的本土企业在我国的城市轨道交通建设中逐步占据了重要地位。

本书包括六部分：城市轨道交通行车指挥概述、单元电路分析、车辆段信号系统、正线信号系统（联锁设备、列控设备）、调度指挥系统。在编写中参考了城市轨道交通信号系统的相关技术规范、城轨公司的技术规格书以及控制电路、操作手册、规章制度，力争使学生和学员通过学习能够达到"懂设备结构，会使用；懂设备性能，会维护；懂设备原理，会排除故障"的目标，满足我国城市轨道交通在建设、维护、运营中对于轨道交通信号技术专门人才的需求。

本书由河北轨道运输职业技术学院贾毓杰任主编，参加编写的有河北轨道运输职业技术学院的冯晓芳、张文超，重庆公共运输职业学院蒋晶，石家庄轨道交通有限责任公司运营分公司刘俊妤。其中贾毓杰负责编写单元3、4，并与刘俊妤合作编写单元1，蒋晶负责编写单元2，冯晓芳负责编写单元5，张文超负责编写单元6。全书由天津滨海快速交通发展有限公司章贤方主审。

由于我国城市轨道交通信号系统制式众多，不同公司对于同一设备在名称方面也存在差异，书中的举例只能借鉴部分公司的设备，无法全面覆盖国内的城轨信号设备，因此书中的资料、数据仅供参考。同时由于编者水平有限、收集资料不全，加之信号技术的不断进步，书中有欠妥之处，敬请指正，联系方式：740186516@qq.com。

编　者

目 录 CONTENTS

01

单元1 城市轨道交通行车指挥概述

【学习导入】

通过本单元的学习，能够从整体上掌握城市轨道交通列车运行的特点，以及行车指挥工作的主要内容，从 ATC 和 CBTC 两个角度，初步学习城市轨道交通信号系统的组成、基本功能、基本原理，全面了解信号设备的应用及相关概念，为后续各专题知识的学习提供帮助。

【学习目标】

1. 掌握与城市轨道交通信号系统相关的基本概念。
2. 了解列车车次号的组成及作用。
3. 能看懂列车运行图，掌握运行图与列车运行及信号设备的关系。
4. 了解《行规》《站细》中与信号设备、列车运行相关的内容。
5. 了解信号设备故障对行车指挥的影响及维护单位的基本工作制度。
6. 了解城市轨道交通的正常及非正常行车组织方式。
7. 了解与操纵信号设备有关的岗位名称及其日常工作。
8. 掌握 ATC 系统的结构及功能。
9. 掌握 ATC 各子系统的基本功能。
10. 掌握 CBTC 系统的特点及工作原理。

【基本知识】

课题 1   行车组织概述

为了经济合理地使用机车车辆、科学有序地组织列车运行、最大限度地满足旅客运输的需求，城市轨道交通必须按照列车运行图组织行车。

城市轨道交通的运营管理和行车组织工作，以安全运送乘客、满足设备维修养护的需要，以及按运营时刻表的要求实现安全、正点、舒适、快捷的运营服务为宗旨。

城市轨道交通中，调度是日常运输组织的中枢，担负着组织列车运行、提高运营服务质量、确保运输安全、完成乘客运输计划和实现列车按图行车的重要任务，在城市轨道交通日常运营中起着决定性作用。

一、典型术语解释

1. 列车

列车是指以正线运行为目的，按规定辆数编成并具有列车标志的车组。各列车都有规定的车次，一般来说，上行列车车次为偶数，下行列车车次为奇数。不同城市轨道交通公司根据各自的运营实际情况，列车种类和车次的规定各不相同。

例如某公司关于列车识别号及车次的部分规定：

1）列车识别号由服务号、序列号、车组号、目的地号组成。

① 服务号：由 3 位数字组成，代表信号系统对正线列车的辨认，在一天的服务中保持不变，回段后再出段，服务号将重新分配，列车属性由服务号区别。

列车服务号范围及含义见表 1-1。

表 1-1　列车服务号范围及含义

服　务　号	使　用　号　段	代　表　含　义
001～200 （图定停站与不停站）	001～200	图定列车
201～300 （图外停站列车）	201～250	一般列车
	251～270	预留
	271～290	调试列车
	291～300	专列
301～400 （图外跳停列车）	301～350	一般列车
	351～370	预留
	371～390	调试列车
	391～400	专列

② 序列号：由 2 位数字组成，表示列车运行顺序及方向顺序，上行为偶数，下行为奇数，有效范围为 01～99。

③ 车组号：由 3 位数字组成，代表本列车车底的编号。

④ 目的地号：由 2 位字母组成，代表列车运行的目的地。

2）列车车次："服务号 + 序列号"与"车组号 + 目的地号"在 ATS 界面切换时交替显示，其中"服务号 + 序列号"代表通常意义上的列车车次，即列车车次由 5 位数组成，前 3 位代表服务号，后 2 位代表列车行程。

3）工程列车车次由 5 位字母及数字表示：第 1 位为字母"G"，代表工程车；第 2 位为"2"，代表 2 号线。开行车次编号为 G2501 ~ G2599（读作"工 2501 ~ 工 2599"）。

4）救援列车车次由 3 位数字表示，开行车次编号为 630 ~ 659。

2. 列车运行图

列车运行图是利用坐标原理来表示列车运行的图解形式，它规定各次列车占用区间的顺序，列车在区间的运行时分和在车站的停车时分，列车在各个车站的到达、出发（通过）时刻，折返站列车折返作业时间及电动列车出入车辆段、停车场的时刻。

北京地铁列车运行图示例如图 1-1 所示。

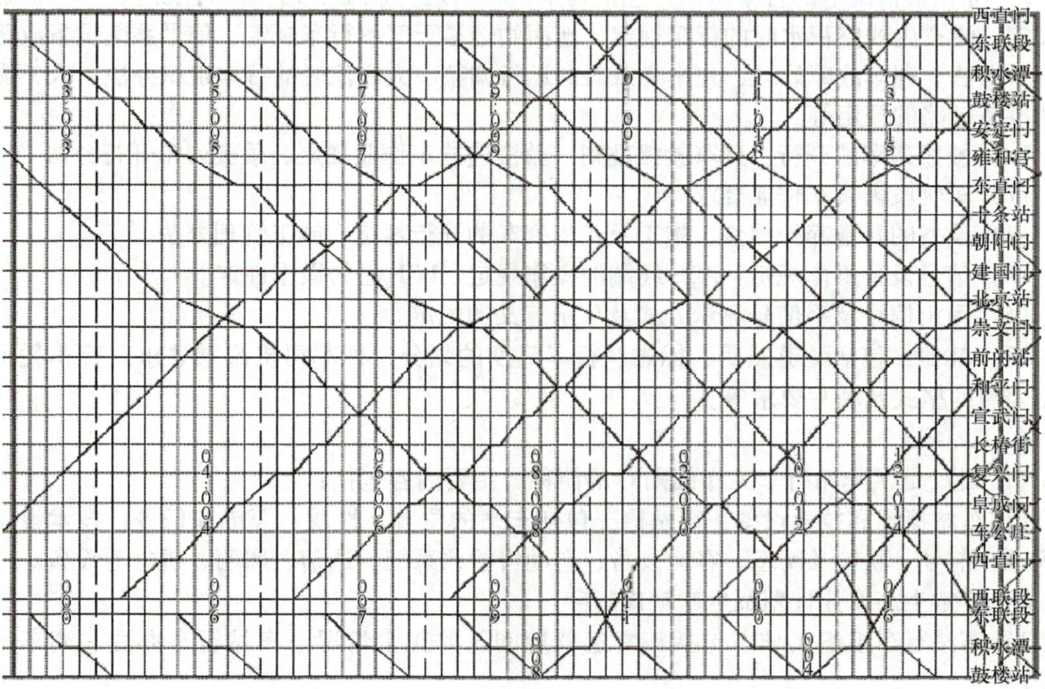

图 1-1　北京地铁列车运行图（局部）

3.《行规》

《行规》是《行车组织规则》的简称，各城市轨道交通的《行规》针对本公司信号系统设备及运营模式的特点而制定，明确正线、车辆段、停车场的技术设备、行车组织原则、列车运行、设备检修施工、非正常情况下的行车组织、调车作业、信号显示等有关规定和安全措施，是进行运营管理和行车组织的指导性标准。

《行规》主要包括以下内容：

1）技术设备：包括车站设置原则、限界、速度限制、线路铺设要求、轨道、道岔及信号机的设置、列车自动控制系统、通信设备、供电设备、机电设备和车厂等。

2）行车组织指挥系统：包括行车组织原则、运营组织指挥机构及功能、运营指挥执行层次等。

3）行车闭塞法：主要包括自动闭塞法、电话闭塞法。

4）列车出入车辆段的有关规定。

5）接发列车作业有关规定。

6）列车运行有关规定：主要包括列车运行方向的规定、列车车次的规定、列车编组的规定、列车驾驶模式的规定。

7）列车折返作业的规定：主要包括列车折返方法、折返线的使用、列车折返有关规定。

8）列车监控：主要包括车次号的设置及使用规定、列车运行等级的设置、设备集中站的控制条件、需下达调度命令的情况及下达方法和内容等。

9）非正常情况下的行车组织：包括列车反方向运行规定、列车退行规定、列车推进运行规定、隧道内线路积水时的行车规定、地面站迷雾天气的行车规定、信号系统设备故障时的行车办法、列车故障处理、列车晚点时的运行调整、大客流时的行车组织办法、人工操纵道岔准备进路的规定等。

10）救援列车的开行：列车救援准则、救援连挂车作业规定、救援列车开行办法。

11）车辆段内调车作业要求。

12）设备的日常养护维修、施工及工程列车的开行规定、施工管理办法。

13）信号设备操作规定：ATS 终端的操作规定、LCP 盘的操作规定。

14）固定信号及手信号显示方式及显示意义的规定。

15）其他：包括隧道照明、标志、行车日期的划分、列车司机添乘要求、行车凭证及行车表簿的格式及填写要求等。

4.《站细》

《站细》是《车站行车工作细则》的简称，主要内容包括：

1）车站概况和技术设备：车站概况包括车站的位置、性质、等级和任务；技术设备包括股道、信号、联锁及闭塞、客运设备、自动售检票系统、通信、照明、供电等设备。

2）日常生产作业计划及生产管理制度。

3）车站行车组织工作：包括正常运营期间及非正常情况下车站行车办法、调车工作组织。

4）车站客运组织工作：包括正常运营期间及非正常情况下车站客运组织办法。

5）特殊运输工作组织。

6）检修施工管理。

7）行车备品管理及行车簿册填记要求。

8）设备故障时车站广播宣传的规定。

9）列车与车辆技术作业过程及其时间标准。

除此之外，还应附有有关部门提供的注有坡度的车站线路平面图，进站线路的平、纵断面图及其相关资料。

5. 联锁

为了保证列车、调车作业的安全，在信号机、道岔、轨道占用检查设备（轨道电路、计轴设备等）之间建立的相互制约的关系，称为联锁关系，简称为联锁，用于实现联锁关系的设备称为联锁设备。

城市轨道交通一般将正线车站划分为若干联锁区，每个联锁区设置一套联锁系统，车辆段和停车场单独设置联锁系统。

联锁系统是信号系统中保证列车行车安全的核心设备，与正线联锁设备接口的轨旁设备包括本站及其联锁区内其他车站的信号机、转辙机、计轴主机（或轨道电路）、综合后备盘、紧急停车按钮、自动折返按钮、站台安全门及防淹门等。

以站台安全门为例，联锁设备以安全方式控制站台安全门能否开启。当列车停在预先指定的位置时，车载控制器（CC）请求联锁设备打开站台安全门。站停时分结束前，CC 通过区域控制器（ZC）请求联锁设备关闭站台安全门。列车在收到站台安全门已关闭的信号前，不能驶离站台。

6. 闭塞

两站之间的线路称为区间，列车在区间应按照空间间隔法运行，既要防止追尾和正面冲突，又要防止列车超速运行。这种通过设备或人工控制，确保连续发出列车保持一定间隔距离/实现安全行车的办法，称为行车闭塞法，简称闭塞。

城市轨道交通的列车间隔控制（即闭塞）均由列车运行自动完成，称为自动闭塞，根据地面和车载设备的不同，分为固定闭塞、准移动闭塞、移动闭塞。其中固定闭塞技术水平相对较低，移动闭塞和准移动闭塞可实现较大的通过能力，技术水平高，有较大发展前景。

当闭塞设备故障不能保证行车安全时，应采用电话闭塞法行车。电话闭塞法是车站之间利用站间电话办理闭塞，以电话记录号作为确认闭塞区间空闲的凭证，以路票作为列车占用区间的凭证，以车站值班站长（或指定胜任人员）的发车手信号作为发车凭证的一种行车方法。

例如某地铁公司《行规》规定，当遇到下列情况时，经值班主任批准，可改用电话闭塞法组织行车：

1）正线一个或多个联锁区联锁设备故障时。

2）正线一个或多个联锁区在中央 ATS 工作站和车站 ATS/LCW 工作站上均失去监控功能时。

3）××站与车辆段信号设备故障联锁失效时，或正线与车辆段信号接口故障时。

4）其他情况需采用电话闭塞法组织行车时。

采用电话闭塞法组织行车时，调度员应向行车值班员、司机等岗位发布调度命令，各岗位依据本规定办理行车手续，列车发车间隔须满足"两站两区间"空闲的要求，即列车发车时，前方"两站两区间"必须为空闲状态，未准备好发车或接车进路，不得请求或承认闭塞，列车占用闭塞区间的行车凭证为路票。

7. 调度命令

调度命令是调度人员在工作中对有关行车人员发出的指示或命令，只能由值班行车调度员发布。

发布调度命令前调度员必须严格执行《行车组织规则》的相关规定，详细了解现场情况，听取有关人员意见。调度命令内容应简明扼要，采用标准术语，不得任意简化，应掌握好发布调度命令的时机。为缩短抄送命令的时间，有的公司规定可先发内容、号码，后发发令时间、行调代码。调度命令发布后，有关作业人员必须严格执行。

调度命令有口头命令、书面命令两种形式。需要发布口头调度命令的情况有：临时加开或停开列车、列车推进运行、列车退行、工程车退行、停站列车临时变通过、改变列车驾驶模式等。需书面发布调度命令的情况有：封锁区间、开通区间、向封锁区间开行救援列车或施工列车、临时变更或恢复行车闭塞法、反方向行车、封站或解除封站以及认为有必要记录的命令等。采用电话闭塞法的调度命令如图 1-2 所示。

调度命令		年　　月　　日	
受令处所	××站、××站，××站交××次司机	命令号码	行车调度员姓名
		×××	×××
命令内容	①因××站联锁设备故障，自发令时起，××站至××站上（下）行正线实行电话闭塞法组织行车。②列车凭车站发车指示信号动车。		
行车专用章		车站值班站长	

图 1-2　调度命令举例

8. 登/销记

城市轨道交通运营期间进入轨行区的各种紧急抢险、抢修作业以及运营结束后进入或影响轨行区的各种设施、设备的调试、检查、维护、维修、改造、新设备安装等施工作业须执行登/销记制度。

原则上运营期间轨行区不得安排施工作业，运营期间的抢险作业按相关规定执行。各部门、单位应严格按规定的作业时间、作业地点和作业内容等进行作业，随时与行车调度员、车站值班员保持联系，服从行调指挥，执行行调命令。

施工人员进出站及登/销记程序见表 1-2。

表 1-2　施工人员进出站及登/销记程序

序　号	作　业　程　序
1	施工负责人及施工人员凭证件提前进入车站
2	待施工条件满足后，行车调度员将作业令传真到车站。施工负责人收到作业令后，向车站值班员办理施工登记手续
3	车站值班员据作业令内容核对施工负责人提出的施工申请，办理施工登记手续
4	登记完成，开始施工
5	施工结束后，施工负责人清点人数，出清线路，撤除防护措施，到车控室办理销记手续
6	车站值班员按有关规定办理销记
7	车站值班员销记后通知车站保安：开出入口门送施工人员出站

例如某地铁公司关于正线及辅助线发生设备故障、事故，需封锁区间抢修的规定：

1）行车调度员负责组织故障、事故情况下的降级运行。设备维修调度员根据需要负责向行车调度员提出使用工程车的计划，由行车调度员向车场调度员发布加开命令，负责抢修的部门装载物品并安排人员上车。

2）行车调度员向设备维修调度员及有关车站发布线路封锁命令。

3）行车调度员根据需要通知电力调度员停止相关接触网分区的供电。

4）设备维修调度员收到线路封锁命令后发布抢修命令，组织封锁区间内的抢修作业。

5）抢修人员在车站登记后，进入封锁区间抢修。

6）故障、事故处理完毕，现场指挥将线路出清、设备及行车条件恢复情况报告设备维修调度员。负责人到车站控制室销点，销点可不受请点站的限制，可本站销点也可异站销点（异站销点时应在完成情况栏中注明销点站名）。

7）设备维修调度员在《设修调度故障抢修记录登记表》上记录恢复行车时间。

8）行车调度员发布线路开通命令，恢复正常行车（如开行了救援列车，组织救援列车回场后发布命令）。

二、城市轨道交通行车组织特点

与其他轨道交通方式比较，城市轨道交通在行车组织方面具有以下特点：

1. 运行方式单一

正常情况下，正线各次列车均追踪运行，在两端站（或折返站）折返。

2. 运行速度一致

目前城市轨道交通最高运行速度为 80km/h，一个公司一般使用同类型的列车，在正线运行时没有速度差，运行图比较均衡。

3. 作业模式简单

城市轨道交通的列车均为固定编组，正线仅有列车作业，无调车作业，折返作业及进出车辆段（或停车场）均纳入运行图管理。正线运行过程中，各次列车无越行及交汇，正常运营期间站站停车，一般没有通过作业。

4. 行车设备先进

现代城市轨道交通系统，从调度到车站、从轨旁到车载，均具有完善的控制设备，为列车高效、安全的运行提供了保障。在设备正常情况下行车调度员、车站值班员均以监视列车运行为主，基本不需要参与行车工作。

5. 调度指挥自动化

行车调度工作是城市轨道交通行车指挥的核心，ATC 系统实现了列控信息在"ATS 调度员工作站—ATS 车站分机—车站联锁设备（CI）—区域控制器（ZC）—轨旁设备—车载设备（ATP/ATO）"之间的双向传输，从而确保各次列车在进出车辆段、正线运行及折返作业中均"按图行车"，实现了行车调度指挥自动化。

6. 列车运行自动化

城市轨道交通列车运行速度相对较高，大城市或者高峰时期列车间隔时间短，密度大，因此城轨列车以 ATO 自动驾驶为主，并逐步向无人驾驶方向发展。

无人驾驶技术代表了城市轨道交通现代化的最先进技术，包括了车辆段列车自动唤醒、车站准备、进入正线、正线列车运行、折返站折返、退出正线服务、进段、洗车、休眠等作业，列车的起动、牵引、巡航、惰行、制动以及车门和屏蔽门的开关、车站和车载广播等都在无人状态下自动进行。

> 想一想　与 ATO 自动驾驶技术相比较，无人驾驶技术的先进之处表现在哪些方面？

三、正常情况行车组织

行车组织工作必须坚持安全生产的方针，贯彻高度集中、统一指挥、逐级负责的原则；发扬协作精神。各单位、各部门要主动配合，紧密联系，协同动作，不断提高效率，安全准时、高效地完成客运服务工作。

城市轨道交通正线行车组织基本上只包括列车运行组织和接发列车两项作业，由控制中心和车站两级部门完成。

1. 行车调度员

1）运营前进行试验道岔、检查人员到岗情况和设备情况、调取运行图等工作。

2）运营期间监视、组织列车按照运行图安全、正点运行。

3）当列车发生晚点时，行车调度员应根据列车晚点情况及时采取措施，调整列车运行。

4）运营结束后总结分析当天行车工作，打印当日计划和实际运行图，编写运营情况报告，进行列车统计分析等。

2. 车站

1）开行首班车前，车站各岗位工作人员准时开门，开启照明和电动扶梯，试验道岔，巡视车站。

2）运营期间进行接发车作业，监视列车运行。

3）末班车发出前按规定时间开始广播，通知停止售检票工作，检查付费区乘客均已上车，确认无异常后向司机发出发车信号。

3. 司机

1）在 ATC 系统正常的情况下，列车以 ATO 模式驾驶，司机需在列车出库或交接班时输入乘务组号。在有 ATS 计划运行图时，列车进入正线运行时自动接收目的地及车次信息；在没有 ATS 计划运行图时，列车在正线运行时，司机或行车调度员需输入目的地码和车次号信息。

2）正常情况下正线上司机凭车载信号显示或行车调度员命令行车，按运行时刻表和 DTI 显示时分掌握运行及停站时间。

3）列车司机可使用列车广播系统向乘客进行信息广播。遇信息广播故障时人工广播，当人工广播也不能使用时，报告行车调度员，按行车调度员的指示办理。

4）非正常情况下行车时，司机应严格掌握进出站、过岔、线路限制等特殊运行速度。

四、非正常情况行车组织

城市轨道交通的非正常行车组织指的是在设备故障、大客流、火灾等情况下组织列车运行的方法。由于城市轨道交通正线上折返线、存车线、停车线较少，列车只能追踪运行，因此一旦发生设备故障等情况，将会造成全线列车运行的延误，对乘客出行造成大面积影响，因此，城市轨道交通公司非常重视非正常行车组织的演练。

1. 典型信号设备故障

1）道岔故障：道岔不能转换、道岔失去表示等，造成无法正常办理进路，无法向列车提供运行许可。

2）轨道电路（或计轴）故障：由于轨道电路故障或计轴系统受到干扰，在 ATS 终端相应区段显示"红光带"，造成无法转换道岔，无法开放信号或发出行车许可。

3）无线通信故障：CBTC 系统中，无线通信故障影响车载设备与地面设备之间列控信息的传输，列车无法按照自动驾驶模式运行。

4）联锁区全红（或全灰）：车站联锁设备发生故障导致整个联锁区全部显示红光带（或灰色光带），不能发出行车许可，不能正确表示列车位置，不能转换正常道岔。

5）ATS 故障：ATS 故障导致列车车次丢失，车站不能按照运行图自动排列进路，需由集中站办理进路。

6）ATP 故障：ATP 是防止列车冒进信号和超速运行的关键设备，ATP 故障导致列车无法按照正常限速运行。地面 ATP 设备故障时列车在故障区需转换驾驶模式，车载设备故障且无法修复时应清客退出服务。

2. 信号设备故障时接发车方法

（1）跳停/扣车

为了使晚点列车正点终到，可以要求司机加速运行，也可以组织列车不停站通过，即跳停（也称越站）。

扣车是将列车扣停在后方车站。因运营调整、区间堵塞或列车救援等需要时，应及时采取扣车措施，将列车扣停，是调度调整的重要手段之一，目的是保证前方列车或车站有充分的时间处理故障。

（2）引导接车

当出现信号机故障、非列车占用红光带或者道岔失表的故障时，无法正常排列进路开放信号，可以开放引导信号（红灯＋黄灯，或者红灯＋白灯），组织列车按照限速要求运行。

（3）电话闭塞

一个联锁区发生联锁设备故障以及全区轨道电路（或计轴设备）红光带时，在故障区域及与故障区域两端相邻的车站间采用电话闭塞法组织行车，每一站间区间及前方站接车站线为一个闭塞区段。一个闭塞区段只允许一个列车占用，列车转换为人工驾驶模式，以路票作为行车凭证。

（4）转换驾驶模式

地面、车载设备均正常时列车采用 ATO 模式，即自动驾驶模式，根据设备故障影响不同，可以转换为 SM 模式（ATP 监督下的人工驾驶模式）、RM 模式（有固定限速的人工驾驶模式）、NRM 模式（非限制人工驾驶模式）等，在人工监督下使列车通过故障区或者返回车辆段退出服务。

（5）反方向运行

除线路阻塞等原因导致列车需退回车站外，载客列车原则上禁止反方向运行。救援列车、工程车需在明确行车计划和进路排列好的情况下方可反方向运行。反方向运行时需行车调度员或车站在 ATS 工作站上排列进路,车站人工开、关屏蔽门(安全门)。

除上述外,行车调度员还可以采取的运行调整方法有始发站提前或推迟发出列车、加开停运列车、备用列车替换或变更列车运行交路、组织列车在具备条件的中间站折返运行等。

课题 2 行车工作相关岗位

城市轨道交通行车组织工作的目标是保证列车安全、正点、高效地运行,为城市提供便捷的交通方式。在城市轨道交通运营期间,行车工作相关岗位主要包括调度员、列车司机、车站(车辆段)值班员等,各岗位相互关系如图 1-3 所示。

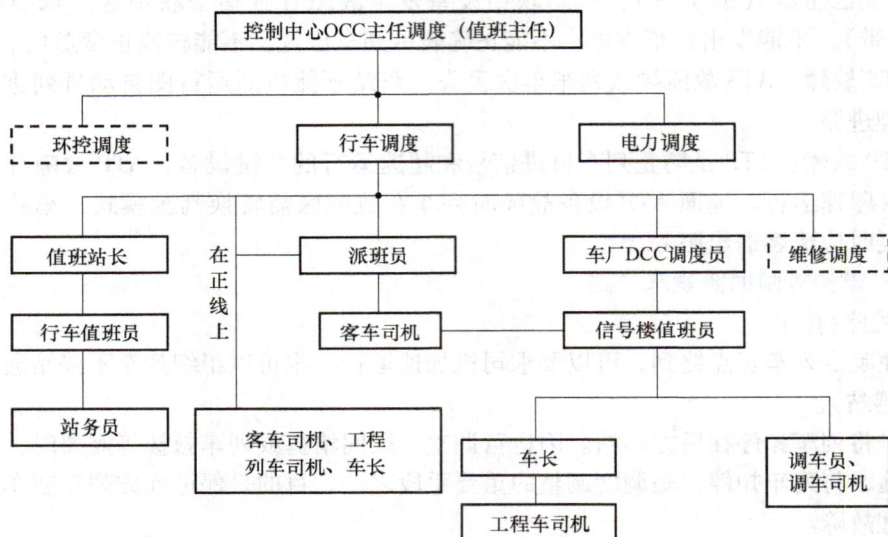

图 1-3 城市轨道交通行车相关岗位

一、行车调度员

1. 工作任务

1)负责日常行车组织、指挥工作,按照列车运行图的要求组织行车,实现安全、准点和优质的运营服务。

2)负责监督全线客流变化情况,调集人力物力和备用车辆,疏导突发大客流。

3)负责组织、实施正线、辅助线范围内的行车设备检修以及各种施工、工程车运输作业。

4)传达上级有关运营工作的指令,发布调度命令,布置、检查落实行车工作计划,保证行车工作顺利进行。

5)负责组织、处理在运作过程中发生的各种故障、突发事件、事故,及时调整列车运行,尽快恢复正常运营。

6)收集、填写运营工作有关数据指标,做好原始记录。

7）监控行车设备的运行，做好故障记录。

8）服从值班主任的指挥，与电力调度员、环控调度员、设备维修调度员配合，共同完成行车和施工组织工作。

2. 安全制度

安全管理制度包括安全例会制度、安全检查制度、安全演练制度、事故分析制度。

（1）安全例会制度

每月月初由指挥中心主任主持召开一次安全例会，指挥中心所有休班人员全部参加，总结上月的安全工作情况，对上月发生的故障、事件和事故处理进行分析和学习，同时布置本月的安全工作任务，对安全工作的重点内容提出具体要求，同时传达有关安全会议的精神。

（2）安全检查制度

安全检查制度包括运营前检查、每月一查、消防检查以及安全大检查制度。

例如：运营前检查要求在每天运营开始前 30min，检查车站和车辆段及停车场的运营准备情况，填写《运营前准备工作检查记录表》，并进行一次 HMI 操作功能检查，发现设备设施故障或其他异常情况时，应做好记录，并及时通知设备维修调度员处理。

（3）安全演练制度

为使调度员熟练掌握各种应急方案，提高调度指挥水平，各班组每月至少进行一次桌面演练。此外，各班组还需参加上级部门组织的突击演练。

（4）事故分析制度

发生事故后，当值班组要进行全面分析，分析不足，总结经验，写出事故处理报告，由指挥中心报安全监察部门；指挥中心视情况召开全体成员的分析会，对事故的责任进行内部分析，制定防范措施，教育员工，防止出现同类事故。

3. 运营期间主要工作

（1）调度首班列车要求

1）行车调度员应严格按照列车运行图指挥行车，按时组织列车进入正线，到达指定位置。

2）开行首班车时，要求司机按照限速以 SM 模式驾驶，加强瞭望，注意线路情况。

（2）铺画列车实际运行图

当 ATS 能正常显示全线列车位置并自动铺画运行图的情况下，车站不需向行车调度员报列车到开点，行车调度员不需要人工铺画列车实际运行图。

当 ATS 不能正常显示全线列车位置或不能自动铺画运行图的情况下，根据《行车组织规则》中的有关规定，行车调度员要求各报点站报点后，以规定的符号，人工铺画列车实际运行图。

（3）调整列车运行

正常情况下，列车的运行由 ATS 系统自动调整，必要时行车调度员可人工介入，关闭列车的自动调整功能，人工修改列车的运行时分、停站时分和折返时分，进行列车运行调整。行车调度员人工修改列车的运行时分、停站时分和折返时分的数值必须在系统给出的默认值的范围内。当列车发生早点时，行车调度员可以在 HMI 上扣车或通知联锁车站操作扣车，适当延长列车的站停时分，使列车在本站正点开出。当列车发生晚点时，列车在车站停稳后，行车调度员可以在 HMI 上操作取消列车的停车点，减少列车停站时分。此外，在确保安全的前提下，行车调度员还可以采用备用车顶替晚点列车、列车中途折返、抽线、单线双向运行、反方向运行等各种灵活的调整方法来调整列车运行。

4. 故障和延误报告

1）行车调度员应在行车设备发生故障及造成列车延误时，及时填写故障和延误报告。

2）故障和延误报告作为编写运营日报原始资料的一部分。

3）故障和延误报告主要包括如下内容：

① 发生故障的时间、地点、列车编组、报告人员及概况（故障现象）等情况。

② 发生故障导致行车延误（直接延误、本列延误）、影响情况。

③ 所采用的调整列车运行措施。

④ 恢复正常运营的时间。

二、车站行车值班员

车站行车组织工作由车站行车值班员统一负责，行车值班员必须服从行车调度员的指挥，执行行车调度员的命令。

1. 岗位职责

1）在值班站长的领导下，主管行车组织工作。

2）负责监控和操作 LOW、LCP，通过 CCTV 监视各区域情况。

3）LOW 停用时负责现场人工排列进路。

4）做好各项施工登记和注销手续。

5）在线路施工和工程列车开行时安排好安全防护工作，负责车站施工作业登销记、施工安全监控、施工负责人管理等工作。

6）按应急信息汇报程序及时上报车站各类应急信息。

7）协助值班站长管理好站务员。

8）做好对乘客的广播。

2. 设备正常时组织行车

值班站长/值班员通过 LOW、CCTV 监视列车运行、到发情况，ATS 不能自排进路时，值班站长/值班员通过 LOW 人工排列进路。

在车站级控制时，车站在 LOW 上设置列车进路，监视列车在该联锁区的运行情况，发现问题及时报告行车调度员。行车值班人员随时注意，必要时按行调指示人工取消运营停车点并随时注意运营停车点被自动提前取消的情况，做好相关记录。

在以下情况要转换为车站控制：

1）操作安全相关命令。

2）开行工程车需要配合作业时。

3）行车调度员命令。

4）当车站发生危及行车安全必须用 LOW 才能处理时，需强行站控。

5）ATS 故障。

3. 正线联锁失效时组织行车

在正线信号设备故障联锁失效的情况下，相关车站根据行车调度员调度命令，采用电话闭塞法等方式组织行车。

三、列车司机

以某公司为例，列车司机日常作业如下：

1. 列车出段

列车整备完毕状态符合正线服务要求后，司机与车辆段信号楼值班员联系出段，确认股道调车信号开放，按该列车出段规定时刻以 RM 模式驾驶列车出库，库内距离车库大门前 1～2m 处一度停车，确认库门安全、地面信号开放。

开车出段时，沿途"手指口呼"确认地面调车信号，运行至出段信号机前一度停车，运营时刻表中第一个出段列车及非运营时刻表计划列车用车载台联系行车调度员，打开驾驶室侧门确认信号开放后方可动车出段。

列车以 RM 模式出段，运行至转换轨待列车接收车次、目的地码、速度码，以 ATO 或 SM 模式驾驶运行至正线车站；如收不到车次、目的地码、ATP 速度码，或车次、目的地码错误，应报告行车调度员听其指示。

列车进入正线后，根据信号和时刻表发车时间或行车调度员指令发车。

2. 正线运行

列车运行中司机必须保持端正坐姿，彻底瞭望前方进路、接触网、轨旁设备等，认真执行呼唤应答用语，随时注意观察列车显示屏信息、各指示灯和仪表显示、各断路器的状态。遵守各种限制速度，严格按《运营时刻表》和信号显示的要求行车，发现危及行车、人身安全时及时采取减速或停车措施，并报告行车调度员。

列车发生紧急制动，必须报告行车调度员，听其指示再以 RM 模式运行，当经过两个轨道电路还未收到速度码恢复 ATO 模式，报告行车调度员按其指示执行。

当车载 ATP 设备发生故障时，按《行车组织规则》相关规定处理。

列车按规定速度运行，URM 模式遇黄灯限速 25km/h，进、出联锁站确认地面信号，遇信号瞭望困难时，降低运行速度确认信号，严禁超速运行。

列车驾驶模式由司机掌握，正常情况下采用 ATO 模式，改用 RM、URM、应急运行模式时必须报告行车调度员，如需采用 SM 模式时，可用车载短信通知行车调度员。

3. 折返作业

列车对标停车后，ATO 模式下车门、屏蔽门自动开启，司机手指车辆屏、信号屏确认所有车门和屏蔽门打开，两侧站台立岗确认车门、屏蔽门开启状态；需手动按压开门按钮开启车门、屏蔽门时，司机先按压下客侧开门按钮，然后按压上客侧开门按钮，两侧均需站台立岗确认车门、屏蔽门开启状态；

确认 AR 黄灯亮，按压 AR 按钮，待 AR 黄灯灭和信号屏折返标志由蓝色变黄色后，关闭驾驶台钥匙，通过驾驶室对讲和接班司机进行列车状态及命令的交接，锁闭驾驶室侧门后经通道门从客室下车前往发车端。

4. 列车入段

退出服务的列车进入车辆段时，确认信号机显示黄色或黄色＋红色灯光，驾驶列车进入车辆段。

列车进入出段线或入段线后，报告信号楼"××车回段"，经入段线回段确认入段信号，在转换轨待列车速度降至 25km/h 以下，转换为 RM 模式驾驶列车入段。

四、非正常行车作业办法举例

以手摇道岔接发车为例，说明各岗位的作业规定。

1. 适用范围

发生信号或道岔故障，需以手摇道岔方式接发列车。

2. 处置规定

1）手摇道岔接发车作业时，行车调度员将故障车站后方列车扣停于后方车站，区间列车立即停车待命。

2）当班车站值班员报告当班值班站长、列车司机报告当班驻调司机对作业进行全程监控。

3）行车调度员报调度长审批，经授权同意后，行车调度员发布调度命令，布置车站准备进路（含防护进路）。

4）车控室车站值班员布置作业人员至现场确认道岔位置等情况（包括进路办理涉及所有道岔），作业人员进行复诵确认，值班站长（电话闭塞法行车时值班站长在车控室监护）及作业人员带齐相关手摇道岔工具、手信号工具至现场确认现场道岔情况。

5）作业人员至现场确认道岔位置等情况后，向车控室车站值班员报告，车控室车站值班员进行复诵确认。

6）车控室车站值班员向作业人员布置进路办理准备要求（包括需手摇道岔的编号及要求办理位置，如进路上道岔可电气锁闭则以电气锁闭方式锁闭，无需手摇），作业人员进行复诵确认。

7）作业人员根据进路准备要求将道岔手摇至正确位置，到位后加钩锁器。

8）作业人员在进路准备完毕（进路上所有道岔已锁闭在正确位置）后，向车控室车站值班员汇报进路准备情况，车控室车站值班员进行复诵确认。

9）车控室车站值班员向行车调度员汇报车站进路准备情况。

10）值班站长对手摇道岔作业全程监护，与现场作业人员共同核对进路办理要求及准备等情况。

11）现场作业人员位于现场来车方向第一组道岔旁安全位置向接近列车显示手信号。

12）行车调度员在得到车站接车进路准备完毕的报告后，命令后续列车司机以 ATP 方式运行至无码区段后，转为人工限制向前方式运行至第一组道岔前停车，确认手信号并逐组确认道岔位置继续运行进站。

13）终端折返站（站后折返）车站值班员根据行车调度员的指令安排列车折返，折返进路办理妥当后，列车司机根据车站作业人员手信号办理折返作业。

14）列车发车进路准备完毕后，车控室车站值班员向行车调度员汇报车站进路准备情况。

15）行车调度员得到车站进路准备完毕的报告，确认行车闭塞情况满足后，命令列车根据车站手信号发车。

3. 作业盯控规定

（1）作业人员

作业人员为执行非正常行车作业的行车人员，负责非正常行车作业的具体操作、执行，包括调度员、列车司机、车站值班员、车站现场作业人员。

（2）盯控人员

盯控人员为对非正常行车作业进行作业监护的行车人员，包括调度长、驻调司机、值班站长。

> 想一想　能够影响列车正常从车站出发的设备故障有哪些？

课题 3　ATC 概述

一、ATC 系统的作用

列车自动控制（Automatic Train Control，ATC）系统，其作用是保障列车行车安全和提高运营效率。城市轨道交通的运营线路封闭，它的主要作业是运送旅客，运营线路不长，站与站之间的距离较短，列车以中低速行驶，这些为线路上的列车进行安全高效运营提供了有利条件。

1. 保障行车安全

列车行车安全是由列车自动控制系统中的列车自动防护系统，即 ATP 系统，来完成的。ATP 系统与列车的牵引制动系统控制列车运行速度，防止列车超速行驶。设备在故障情况下遵循故障导向安全原则，确保运营安全。

2. 提高运营效率

列车自动控制系统能实现列车自动驾驶，列车根据运营计划自动完成运营作业，可以减少列车司机、调度员和车站人员的工作强度，确保列车正点运营，有效提高运营作业效率。

二、ATC 系统的构成

1. 按设备功能分类

ATC 系统从功能分主要包括三个子系统。

1）列车自动防护（Automatic Train Protection，ATP）系统，主要作用是防止列车追尾、冲突事故的发生，并控制列车的运行速度不超过允许的最高速度。

2）列车自动运行（Automatic Train Operation，ATO）系统，主要作用是实现列车自动驾驶，并使列车在设定的车站自动停车。

3）列车自动监控（Automatic Train Supervision，ATS）系统，主要作用是对线路上运行的所有列车进行监督和管理，控制列车根据列车运行图完成运营作业。

三个子系统的功能既相对独立，又紧密相连，通过信息交换网络构成闭环系统，实现地面控制与车上控制结合、现地控制与中央控制结合，构成一个以安全设备为基础，集行车指挥、运行调整以及列车驾驶自动化等功能为一体的列车自动控制系统。

2. 按设备安装位置分类

按设备安装位置可分成以下三类：

1）轨旁设备：包括线路上、信号设备室内的信号设备。

2）车载设备：指安装在车上的信号设备。

3）控制中心设备：指安装在控制中心的 ATS 设备。

某地铁公司正线信号系统如图 1-4 所示。

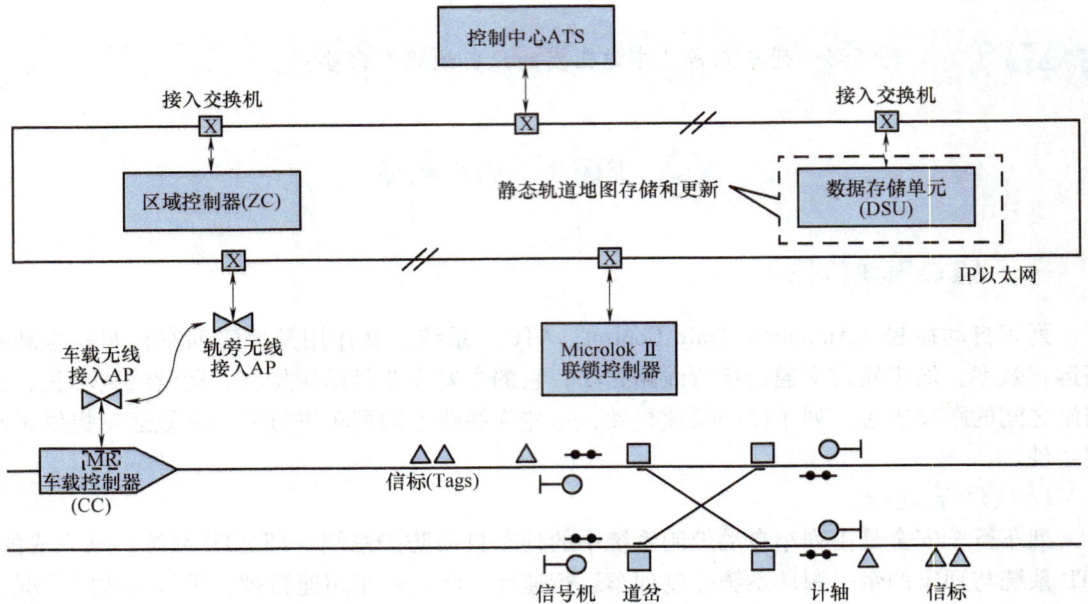

图 1-4　地铁信号系统结构图举例

三、ATC 系统的功能

1. ATP 系统

ATP 系统由地面设备、车载设备组成，通过对列车运行速度的控制，保证列车在允许的运行速度值范围内运行，确保列车一旦超过规定速度，立即施行制动。主要实现以下功能：

1）自动连续地对列车位置进行检测，并向列车发送必要的速度、距离、线路条件等信息，以确定列车运行的最大安全速度。提供列车速度保护，在列车超速时提供常用制动或紧急制动，保证前行与后续列车之间的安全间隔，满足正向行车时的设计行车间隔和折返间隔。对反向运行列车能进行 ATP 防护。

2）确保列车进路正确及列车的运行安全。确保同一径路上的不同列车之间具有足够的安全距离，以及防止列车侧面冲突等。

3）防止列车超速运行，保证列车速度不超过线路、道岔、车辆等规定的允许速度。

4）为列车车门的开启提供安全、可靠的信息。

5）根据联锁设备提供的进路上轨道区间运行方向，确定相应轨道电路发码方向。

6）任何车地通信中断以及列车的非预期移动（含退行）、任何列车完整性电路的中断、列车超速（含临时限速）、车载设备故障等均将产生安全性制动。

7）实现与 ATS 的接口和有关的交换信息。

8）系统的自诊断、故障报警、记录。

9）列车的实际速度、推荐速度、目标速度、目标距离等信息的记录和显示，并具有人工或自动轮径磨耗补偿功能。

2. ATO 系统

ATO 系统是控制列车自动运行和车站自动停车的设备，由车载设备和地面设备组成，在 ATP 系统的保护下，根据 ATS 的指令实现列车运行的自动驾驶、车辆识别、速度的自动调整、列车车门控制、性能调整和发车测试等，具体表现如下：

1）自动完成对列车的起动、牵引、巡航、惰行和制动的控制，以较高的速度进行追踪运行和折返作业，确保达到设计间隔及旅行速度。

2）在 ATS 监控范围的入口及各站停车区域（含折返线、停车线）进行车地通信，将列车有关信息传送至 ATS 系统，以便 ATS 系统对在线列车进行监控。

3）控制列车按照运行图运行，达到节能及自动谐调整列车运行的目的。

4）ATO 自动驾驶时实现车站站台定点停车控制、舒适度控制及节省能源控制。

5）能根据停车站台的位置及停车精度，自动地对车门进行控制。

6）与 ATS 和 ATP 结合，实现列车自动驾驶、有人或无人驾驶。

3. ATS 系统

ATS 系统由控制中心、车站、车场以及车载设备组成，通过 ATP 系统和 ATO 系统，实现对列车运行的自动监控，并实现以下基本功能：

1）获取控制和监督列车运行的基础信息：通过 ATS 车站设备获取轨道占用与空闲状态、进路状态、列车识别、信号设备故障等信息。

2）实现进路控制：根据联锁表、计划运行图及列车位置，自动生成输出进路控制命令，传送至车站联锁设备，设置列车进路、控制列车停站时分。进路控制包括控制中心自动控制、控制中心人工控制、车站自动控制及车站人工控制几种形式。

3）列车识别号跟踪、传递和显示：系统能自动完成正线区段内列车识别号（服务号、目的地号、车体号）跟踪，列车识别号可由中央 ATS 自动生成或调度员人工设定、修改，也可由列车经车地通信向 ATS 发送识别号等信息。

4）列车时刻表编制和管理：列车计划与实际运行图的比较和计算机辅助调度功能。能根据列车运行实际的偏离情况，自动生成调整计划供调度员参考或自动调整列车停站时分，控制发车时间。

5）列车运行的自动调整及人工调整：在计算机辅助下完成对列车基本运行图的编制及管理，并具有较强的人工介入能力。通过设在车辆段的终端，向车辆段管理及行车人员提供必要的信息，以便编制车辆运用计划和行车计划。

6）列车运行及信号设备的监督和报警：列车运行显示屏及调度台显示器，能对轨道区段、道岔、信号机和在线运行列车等进行监视，能在行调工作站上给出设备故障报警及故障源提示。

7）系统故障时降级处理及故障复原处理：ATS 中央故障情况下的降级处理，由调度员人工介入设置进路，对列车运行进行调整，由 ATS 车站完成自动进路或根据列车识别号进行自动信号控制，由车站人工进行进路控制。

8）培训和演练：能在中央专用设备上提供模拟和演示功能，用于培训及参观。

9）为旅客提供向导显示信息：向通信无线、广播、旅客向导系统提供必要的信息，主要内容有列车到达时间、目的地及列车终到、末班列车等。

10）数据记录、统计和打印：自动进行运行报表统计，并根据要求进行显示打印。

11）与其他系统接口。

四、信号系统运营模式

1. ATS 自动监控模式

正常情况下 ATS 系统自动监控在线列车的运行，自动向联锁设备下达列车进路命令，列车在 ATP 的安全保护下由司机按规定的运行图时刻表驾驶列车运行。控制中心行车调度员仅需监督列车和设备的运行状况。每天开班前，控制中心调度员选择当日的行车运行图/时刻表，经确认或做必要的修改，作为当日行车指挥的依据。

2. 调度员人工介入模式

调度员可通过工作站发出有关行车命令，对全线列车运行进行人工干预。调整列车运行计划包括对列车实施扣车、终止站停、改变列车进路、增减列车等。

3. 列车出入车场调度模式

车辆调度员根据当日列车运行图/时刻表编制车辆运用计划和场内行车计划，并传至控制中心。车场信号值班员按车辆运用计划设置相应的进路，以满足列车出入段作业要求。

4. 车站现地控制模式

除设备集中站外，其他车站不直接参与运营控制，车站联锁和车站 ATS 系统结合实现车站和中央两级控制权的转换。在中央 ATS 设备故障或经车站值班员申请，中央调度员同意放权后，可改由车站现地控制。

在现地控制模式下，车站值班员可直接操纵车站联锁设备，可将部分信号机置于自动模式状态，也可将全部信号机设为自动模式状态，控制中心行车调度员应通过通信调度系统与列车司机、车站值班员保持联系。

5. 车辆段控制模式

列车出入段和段内的作业均由车辆段值班员根据用车计划，直接排列进路。车辆段与正线之间设置转换轨，出入段线与正线间采用联锁照查方式保证行车安全。

五、列车驾驶模式

城市轨道交通列车自动控制系统为列车驾驶提供了几种不同的方式，以便在不同的情况下，对列车进行最有效的控制，保证列车运行安全和提高运营效率。列车在正线、折返线上运行作业时，常用 ATO 自动驾驶模式和 ATP 监督下的人工驾驶模式，限制人工驾驶和非限制人工驾驶模式均为非常用模式。

1. ATO 自动驾驶模式（ATO mode）

在这种驾驶模式下，列车自动控制系统的三个子系统 ATP、ATO 和 ATS 都在正常运行，列车在 ATC 系统控制下自动完成运营作业。列车起动后，在 ATP 设备安全保护下，车载 ATO 设备自动控制列车加速、巡航、惰行、制动，并控制列车在车站的停车位置，开关车门，司机仅需监督 ATP/ATO 车载设备运行状况。

2. SM 模式（Supervised Manual mode）

SM 模式，即 ATP 监督下的人工驾驶模式，这种模式下列车上的 ATO 系统被旁路，列车由司机人工驾驶。列车起动后，车载 ATP 设备根据地面提供的信息，自动生成连续监督列车运行的一次速度模式曲线，实时监督列车运行。司机根据 ATP 显示的速度信息驾驶列车，当列车运行速度接近限制速度时发出报警；当列车运行速度超过限制速度时，ATP 车载设备将对列车实施紧急制动，强迫列车停车。列车运行的安全由联锁设备、ATP 车载设备、调度人员、司机共同保证。

3. RM 模式（Restricted Manual operation mode）

这种模式下，ATP 只提供对设定速度（例如 25km/h）的超速防护，司机以不超过该限制的速度驾驶列车，列车运行安全由司机负责；当列车超过该限制速度时，ATP 车载设备则对列车实施制动。

列车运行的安全由联锁系统、车载 ATP 设备、调度人员、司机共同保证，站台停车以及车门、屏蔽门的开关均由司机人工控制。

4. NRM 模式（Non-Restricted Manual operation mode）

在车载 ATP 设备处于故障状态时，可采用非限制人工驾驶模式。这种模式下车载 ATP 和 ATO 都被旁路，ATP 不对列车运行起监控作用，列车运行安全由司机、调度员、车站值班员共同负责。

5. 列车折返模式（AR 模式）

列车在 ATP 监督人工驾驶模式下折返时，列车由人工驾驶自到达股道牵出至折返线，由司机转换驾驶端，并折返至发车股道。

在 ATO 有人驾驶模式下折返时，列车能以较合理的速度从到达股道牵出至折返线，由司机转换驾驶端和起动列车，然后从折返线进入发车股道。

上述五种基本运营模式在满足一定条件后可以互相转换。

> **想一想**　各种驾驶模式在哪些情况下得到应用？

课题 4　CBTC 概述

一、CBTC 系统

基于通信的列车控制（Communication Based Train Control，CBTC）是利用高精度列车定位（不依赖于轨道电路）、双向大容量车地数据通信和车载、地面的安全功能处理器自动实现连续列车控制的系统。

CBTC 系统是一个安全的、具有高可靠性和高稳定性的、基于无线的列车自动控制系统，已广泛应用于城市轨道交通运输中。它最大的特点是依靠无线通信，由"列车→地面"间周期传递列车位置信息和"地面→列车"间传递移动授权来实现功能。

CBTC 系统是支持移动闭塞（Moving Block）的列车运行控制系统，它不仅适用于新建的各种城市轨道交通，也适用于旧线改造、不同编组运行以及不同线路的跨线运行。近年来，随着通信技术的发展，尤其是无线通信、计算机网络技术和数字信号处理技术的迅速发展，信号系统的冗余、容错技术完善，在传统的信号领域为 CBTC 的发展奠定了基础，

CBTC 系统已逐渐被信号界所认可，并在国内外城市轨道交通中得到了更多的应用。

移动闭塞防护列车运行安全的闭塞分区是移动的，随着后续列车和前方列车的实际行车速度、位置、载重量、制动能力、区间的坡度、弯道等列车参数和线路参数的变化而改变，随着列车运行而移动，如图 1-5 所示，并依靠车载设备配合地面设备对列车进行精确定位。

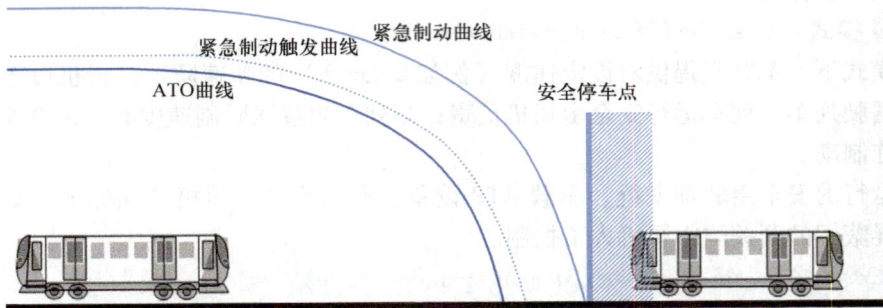

图 1-5　移动闭塞

移动闭塞是缩小行车间隔、提高行车效率的有效途径，其列车运行的安全保证，不再依靠轨道电路的划分，而基于列车与地面的双向通信，列车之间的安全间隔，是根据前车的位置，按后续列车在当前速度下的所需制动距离、加上安全裕量计算和控制的，确保不发生追尾，如图 1-6 所示。

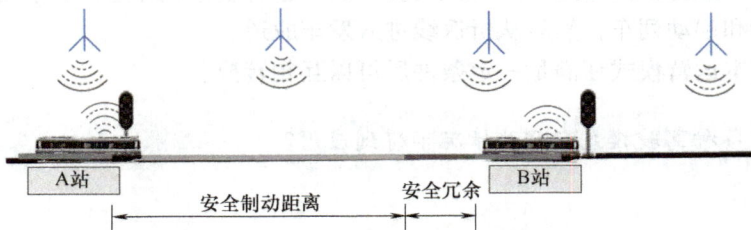

图 1-6　基于无线通信的移动闭塞

移动闭塞系统主要有以下特点：

1）缩小列车之间的行车间隔。

2）车地之间的信息交换，不再依靠于轨道电路。

3）控制中心掌握在线运行各次列车的精确位置和速度。

4）列车与控制中心之间保持不间断地双向通信。

5）不同编组（不同长度）的列车，可以按最高的密度，运行于同一线路。

6）ATC 系统，由以硬件为基础的系统，向以软件为基础的系统演变。

基于通信的列车控制系统（CBTC）包含两种类型：一种是基于感应环线的 CBTC；另一种是基于无线的 CBTC。

这里重点介绍 CBTC 系统的车地信息传输模式，计算机联锁（CI）、区域控制器（ZC）、列车自动监控（ATS）系统以及 ATP/ATO 等内容将在后续章节进行详细介绍。

二、车地通信技术

车地信息传输技术是 CBTC 系统的关键。主要的车地信息传输方式有以下几种形式。

1. 感应环线

感应环线数据通信是车辆控制中心与车载控制器之间交换信息的方式，以敷设于轨道间的感应环线上的信息和安装于车辆轮轴的速度传感器的信息为基础，感应环线由扭绞铜质线芯和绝缘防护层组成，每 25m 交叉一次，如图 1-7 所示。

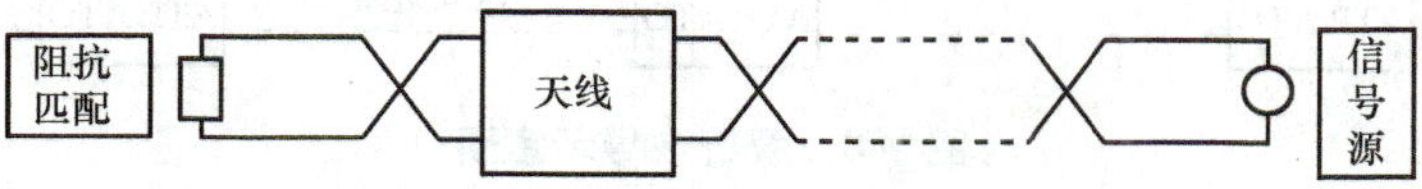

图 1-7　交叉感应环线示意图

感应环线与车载控制器进行双向数据通信，环线作为信号的接收和发射天线，与列车上的接收和发射天线实时通信，车到地的通信频率为 56kHz，地到车的通信频率为 36kHz。

1）控制中心向车载控制器发送的信息包括：车载控制器所在环线编号；列车运行目标点；停车；车门控制（开关、左右）；最大速度；制动曲线；车载控制器命令启动/备用；运行方向（上行/下行）；下一目的地；用于慢行区的目标速度；车载控制器编号；列车编号；车载旅客广播信息号；非安全码传送的特殊数据；紧急制动控制；当前平均坡度；来自管理中心的特殊 ATC 信息。

2）车载控制器向控制中心发送的信息包括：车载控制器编码；列车操作模式；紧急制动状态；列车门状态（开/关）；列车完整性状态；故障报告；车载控制器所在环线编号；列车所在环线位置；实际速度；车载控制器启动/备用；运行方向（上行/下行）。

基于感应环线通信的移动闭塞系统，能实现 90s 的最小运行间隔。后续列车与前一列车的安全间隔距离，是根据列车当前的运行速度、制动曲线，以及列车在线路上的位置而动态计算出来。由于列车位置的定位精度高，因此，后续列车可以在该线路区段，以最大允许速度，安全地接近最后一次确认的前一列车尾部位置，并与之保持安全制动距离。

2. 裂缝波导管

采用波导管系统作为车地双向传输的媒介，沿线铺设的裂缝波导（裂缝天线）及波导连接的无线接入点作为轨旁与列车的双向传输通道，如图 1-8 所示，通过有线和无线网络的集合，实现列车与轨旁设备的双向连续通信及列车定位功能，最终实现移动闭塞信号控制系统。

波导管是一种 52.5mm×105mm×2mm 铝质中空矩形管，如图 1-9 所示，在其顶部每隔 60mm 等间隔开有窄缝，使得在载频范围内的微波沿裂缝波导均匀辐射，其实质是具有连续性的加长型天线，主要用来对超高频电磁波（2.715GHz）进行传送，通过裂缝耦合出不均匀的场强，对连续波的场强进行采集和处理，并通过计数器确定列车经过的裂缝数，计算出列车走行距离，确定列车在线路中的位置。目前常见的波导管包括矩形波导管、圆形波导管、雷达波导管和光纤波导管等。波导管在应用于无线数据传输时，具有传输频带宽、损耗小、可靠性高、抗干扰等优点，尤其是传输速率大，可以满足列车控制系统的要求。

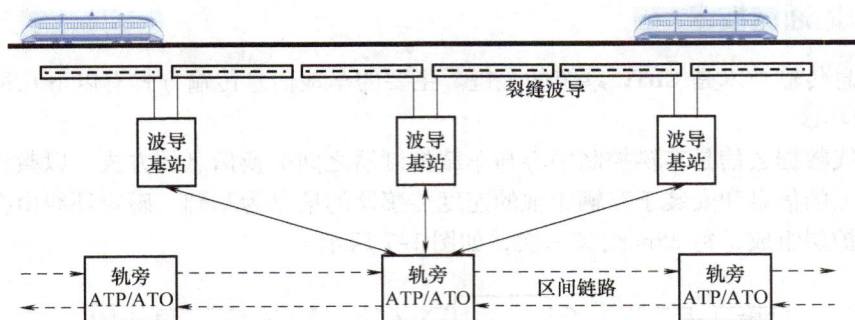

图1-8 裂缝波导示意图

波导管系统存在的不足是安装困难，需全线沿线路安装波导管，安装维护复杂，并且造价高。

3. 无线自由波

随着无线通信技术的发展，基于自由空间传输的无线传输技术在 CBTC 系统中得到了应用。无线的频点一般采用共用的 2.4GHz 或 5.8GHz 频段，采用接入点（AP）天线作为和列车进行通信的手段，无线自由波的 AP 箱和天线多装在高架立柱或隧道侧壁，如图 1-10所示。

图1-9 裂缝波导管的应用

图1-10 无线自由波 AP 天线的应用

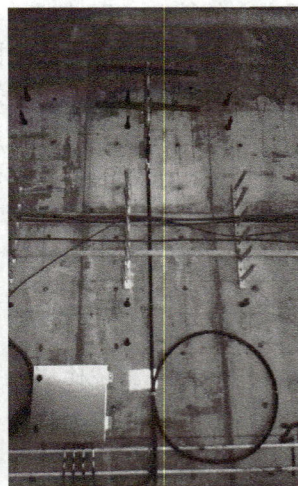

设置 AP 的优点包括以下几点：保证区间的无线重叠覆盖，对于车载通信设备的安装位置限制少；传输速率高；实现空间的重叠覆盖，单个接入设备故障不影响系统的正常工作；轨旁设备少，安装位置与钢轨无关，操作简单且便于维护，精度要求低，又相对独立，对周围影响小，有利于升级改造。

无线自由传波方式的抗干扰性不如波导管强，信号发射源常选用定向天线，使用异于其他干扰源的无线扩频技术，一定程度提升了系统的抗干扰性，但定向天线不是加长型天线，再加上传输距离较远，且存在其他无线信号，导致抗干扰能力较弱。

CBTC 系统是通过无线通信方式（而不是轨道电路），来确定列车位置和实现车地双向实时通信，从而实现自动控制列车运行的信号系统。列车上的车载控制器，通过探测轨道上的应答器，查找它们在数据库中的方位，确定列车绝对位置，并自动测量、计算两应答器之间的行驶距离，确定列车的相对位置。列车车载控制器，通过列车与轨旁设备的双向无线通信，向轨旁 CBTC 设备报告本列车的精确位置。轨旁 CBTC 设备，根据各列车的当前位置、运行方向、速度等要素，同时考虑列车运行进路、道岔状态、线路限速以及其他障碍物的条件，向列车发送"移动授权极限"，即向列车传送运行的距离、最高的运行速度，从而保证列车间的安全间隔距离。

三、列车定位技术

在 CBTC 系统中，要求列车的定位技术更为安全、可靠。目前典型应用的列车定位技术采用列车车载自身定位与地面绝对位置校正设备有效结合的方式。

1. 应答器定位

应答器是安装在线路沿线反映线路绝对位置的物理标志。列车利用应答器获取明确的轨道位置，确定已行进的距离，在两个应答器之间，则利用转速计信号的信息确定列车位置。

通过应答器定位，可达到厘米级的定位精度。

2. 感应环线定位

每段感应环线设有对应的编号，列车经过每个环线电缆交叉点时，车载设备检测环线内信号的相位变化引发地址码加 1，控制中心根据地址码计算出列车地理位置。通过速度传感器测量列车在两个交叉点之间走行的距离，实现更精确的定位。

车载控制器传送给车辆控制中心的列车位置分辨率为 6.25m，即感应环线长度 25m 的四分之一。

3. 无线扩频通信定位

基于无线扩频技术的 ATC 系统，利用车站、轨旁和列车上的扩频电台，既可以在列车和控制中心之间传输安全信息，也利用它们对列车进行定位。轨旁电台位置固定不变，所有的电台都由同步时钟精确同步，通过接收不同轨旁电台传输信息的时间延时，轨旁计算机或车载计算机精确计算出列车位置。

4. 车载列车设备定位

车载列车定位设备主要采用速度传感器和加速度计相结合的方式实现对列车速度和走行距离的测量，并与车载天线等配合，识别和处理车辆的打滑、空转，并进行轮径补偿。

除上述外，还有 GPS 定位、地图匹配定位、惯性导航定位（IPS）等。

四、典型 CBTC 系统结构举例

国内某地铁信号系统采用由北京交大/日信联合体提供的 SPARCS 系统（Simple Structure and high Performance ATC by Radio Communication System），是一套基于无线通信的移动闭塞系统（CBTC），该系统可以实现全线自动驾驶，如图 1-11 所示。

1. 地面系统配置

它包括以下五个主要的子系统：

1）列车自动监控（ATS）子系统。

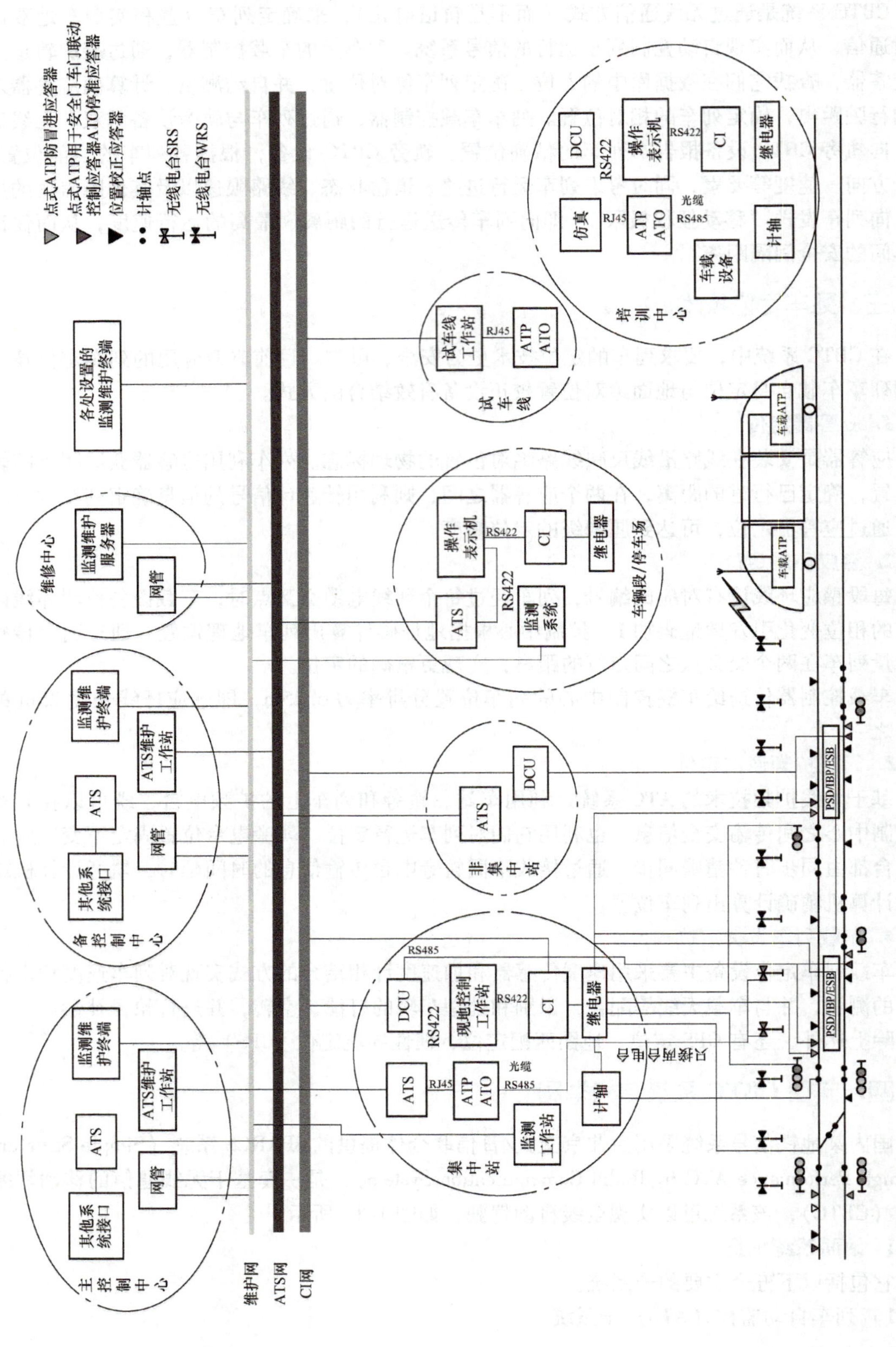

图 1-11 某地铁 CBTC 系统结构图

2）列车自动防护/驾驶（ATP/ATO）子系统。

3）计算机联锁（CI）子系统。

4）维护支持（MSS）子系统。

5）数据通信（DCS）子系统。

线路的运营管理主要依赖于覆盖整条线路的有线传输网络，该网络为各子系统之间提供双向信息传输。

通过无线自由波（2.4GHz）为信号轨旁设备和车载信号设备之间提供双向无线信息传输。沿着全线分布的轨旁无线电台保证了无线网络对整条线路的覆盖，该无线网络传送连续的 CBTC 信息。

ATS 设备位于控制中心、备用控制中心、各车站和车辆段；ATP/ATO 位于 6 个设备集中站和 1 个车辆段内的试车线；CI 位于 6 个设备集中站、1 个车辆段和 1 个停车场；MSS 除位于各设备集中站外，在各个维护工区设有终端，用于监测全线信号系统的工作状态。CBTC 系统通过 CI 系统与轨旁的基础设备（信号机、转辙机、计轴设备、紧急关闭按钮等）接口。

列车定位是 CBTC 系统的固有特性，同时也可以通过计轴设备来完成辅助的列车定位。地铁正线装配计轴设备，车辆段和停车场内则通过轨道电路来确定列车位置。

在车辆段/停车场采用与正线一样的 CI 系统，用于管理车辆段的轨旁设备和试车线，用于实现正线联锁和车辆段/停车场联锁接口和试车线的控制，可以控制列车进/出非 CBTC 区域。

所有主要的子系统设备都将提供冗余配置，即某单一故障不会影响正常运行。

2. 车载系统配置

车载 ATP 系统是车载系统的核心控制设备，主要由车头、车尾各一套 2 取 2 的 ATP/ATO 设备，以及对应每套设备连接的测速发电机、应答器天线、驾驶台 MMI、无线电台组成。

具体结构图如图 1-12 所示。

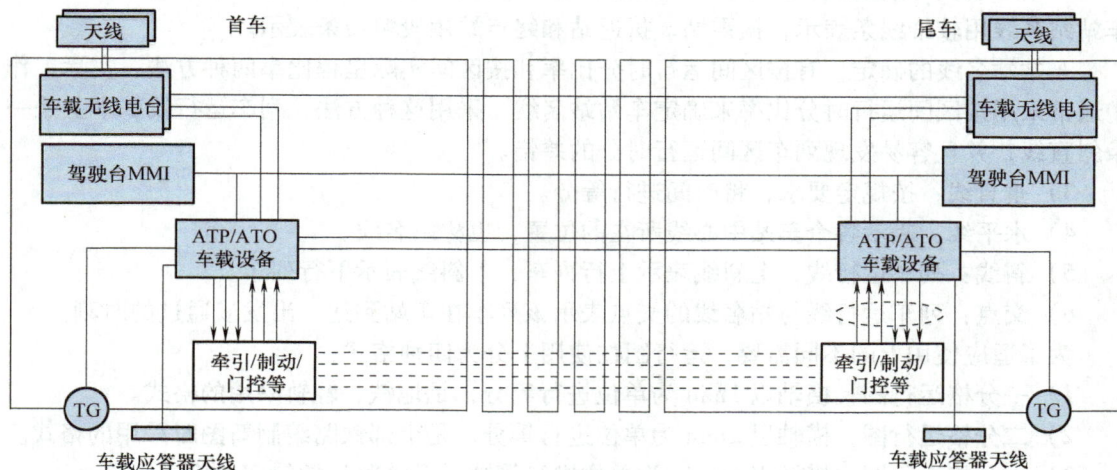

图 1-12　车载设备结构图

3. 主要技术指标

1）设计行车间隔不大于90s，设计折返间隔不大于108s。

2）控制中心：控制中心ATS系统至少能管理100列车，对于线路长度不做限制。

3）轨旁ATP计算：设置有6套ATP，每套至少能管理20列车，完全满足远期的列车管理要求。

4）在基于CBTC信号系统的ATO控车模式下，列车在站台精确停车达到：

停车精度在±0.3m范围内的概率≥99.99%；

停车精度在±0.5m范围内的概率≥99.9998%。

5）在后备模式点式ATO控制模式下，列车在站台精确停车要求达到：

停车精度在±0.5m范围内的概率≥99.9998%。

6）当列车在站台停车精度 > 0.5m时，车载信号设备不能打开车门/屏蔽门。

7）列车自动控制系统的信息表示采集周期和控制命令反应时间均不大于1s。

8）热备切换不影响设备工作的连续性，可做到无扰切换。

9）列车到达折返站能可靠实现无人自动折返的正确率不低于99.99%。

10）对整个系统的运行状态监测数据至少可保存1年。

想一想　　CBTC系统的先进之处在哪里？CBTC系统正常工作的基本前提是什么？

【知识拓展】

1. 列车运行图

在列车运行图上，横线表示车站的站名线，竖线表示时分线。

1）横坐标：表示时间变量，按要求用竖线将横坐标按一定的比例进行时间划分，一般城市轨道交通列车运行图采用一分格或二分格，即每一等分表示1min或2min时间。

2）纵坐标：用横线将纵坐标按一定比率加以划分，代表车站的站名线，通常中间站的车站站名线用较细线条表示，换乘站、折返站和终点站用较粗线条表示。

车站站名线的确定，有按区间运行时分比率和按区间实际里程比率两种方法，实际工作中通常采用按区间运行时分比率来确定车站站名线。采用这种方法，列车运行线基本上是一条斜直线，并且容易发现列车区间运行时分的差错。

3）垂直线：按规定要求，将时间进行等分。

4）水平线：表示各个车站中心线所在的位置，也称站名线。

5）斜线：列车运行线，上斜线表示上行列车，下斜线表示下行列车。

6）交点：列车运行线与站名线的交点表示该列车在车站到达、出发或通过的时刻。

为了适应使用上的不同需要，运行图在使用上分为四种格式：

1）一分格运行图：横轴以1min为单位进行等分，是地铁、轻轨采用的格式。

2）二分格运行图：横轴以2min为单位进行等分，是市郊铁路编制新图时采用的格式。

3）十分格运行图：横轴以10min为单位进行等分，是铁路日常使用的格式。

4）小时格运行图：横轴以60min为单位进行等分，是编制旅客列车方案图、机车周转图或列车周转图时采用的格式。

2. CBTC 典型技术规范简介

（1）CBTC 系统的特征

1）不依靠轨道电路、高精度的列车定位。

2）连续的、大容量的双向车地数据通信。

3）车载和轨旁计算机执行安全功能。

（2）列车配置

一个 CBTC 系统应当能够支持不同的列车类型：

1）由一个或多个基本单位组成的固定长度的、单方向的列车。

2）由一个或多个基本单位组成的固定长度的、双方向的列车。

3）可变长度的、单方向的列车。

4）可变长度的、双方向的列车。

一个 CBTC 系统应能够支持混跑类型列车。

（3）列车操作模式

装备 CBTC 系统的列车可以由一个人或者多人操作，同样能够支持无人驾驶。

列车由多人操作时，司机坐在驾驶室里，负责驾驶列车。乘务员通常负责车门。CBTC 系统也可以由一个人操作，此时乘务员和司机的职务由一个人充当。

列车无人驾驶包括无人值守和无驾驶操作。对于无人值守，通常车上没有乘务人员。对于无驾驶操作，通常是车上有乘务人员，但是不在驾驶室，也不负责驾驶列车，除非故障恢复。

装备 CBTC 系统的列车（包括装备 CBTC 系统的工程车）应当能够运行在不同的模式下，依赖于列车是运行在 CBTC 区域或者非 CBTC 区域，同样还取决于车载或轨旁的 CBTC 设备的状况。

（4）常用列车运行模式

1）装备 CBTC 系统的列车。装备 CBTC 系统的列车在 CBTC 区域运行，在 ATP 的限制下，受 CBTC 系统的防护。根据标准定义，此时列车可以人工驾驶或者进行自动驾驶（如果车上有司机，司机监督列车自动运行）。当列车自动驾驶时，开关车门、列车起动等功能由司机或乘务员（如果有）负责。

2）没有 CBTC 设备的列车。未装备 CBTC 系统的列车或者车载 CBTC 设备不起作用的列车，在 CBTC 区域运行的时候，应当在辅助轨旁系统的防护下运行。

（5）列车操作的故障模式

当 CBTC 设备或者数据通信失败时仍然能够使列车安全运行是对操作的需求，和平常列车运行相比，可能会采用降低列车运行速度或者增大运行安全距离的方法。因此，一个 CBTC 系统应当设计为在设备失效的情况下支持后备运行模式，并能够继续提供 ATP 的最小防护。这项功能应该能被 CBTC 系统本身、辅助轨旁系统或者两者的结合所实现。

对于完全的无人驾驶，CBTC 系统的范围应当是在标准制定者所认定的设备失效的情况下，依然能够支持列车的降级运行模式，并且可能包括远程重启车载设备、支持自动恢复、支持人为驾驶和自动路线调节的能力。

（6）功能需求

一个 CBTC 系统应当能够提供 ATP、ATO、ATS 的功能。ATP 功能应当能够提供针对列车相撞、超速及其他危害的故障-安全的防护。ATP 的功能应当优先于 ATO 和 ATS 功能。ATO 应当在 ATP 的防护下进行一些基本的运行控制（如果没有 ATO，列车应当由司机控制）。ATS 功能应当能够向监视器提供系统状态信息。

CBTC 车地通信应当为所需的 ATP、ATS、ATO 功能提供足够的支持。数据链路应当提供整个 CBTC 区域内的连续覆盖。

【课后习题】

一、填空

1. （　　　）是指以正线运行为目的，按规定辆数编成并具有列车标志的车组。

2. 列车识别号由（　　）、（　　）、（　　）、（　　）组成。

3. 服务号由（　　）位数字组成，代表信号系统对（　　　）的辨认。

4. 序列号由（　　）位数字组成，表示列车运行顺序及（　　）顺序。

5. 为了保证列车、调车作业的安全，在（　　　）、（　　　）、轨道占用检查设备之间建立的相互制约的关系，称为联锁关系，简称为联锁。

6. 调度命令是调度人员在工作中对有关行车人员发出的（　　　　　　），只能由（　　　　）发布。

7. 在城市轨道交通运营期间，行车工作相关岗位主要包括（　　　　　）、（　　　　）、（　　　　　）等。

8. 列车自动控制系统简称为（　　）系统，其作用是保障列车行车安全和提高运营效率。

9. ATC 系统从功能分主要包括三个子系统，即（　　　）、（　　　）、（　　　）。

10. （　　）系统是一个安全的、具有高可靠性和高稳定性的、基于无线的列车自动控制系统。

二、判断

1. 城市轨道交通公司对各列车都有规定的车次，一般来说，上行列车车次为奇数，下行车次为偶数。　　　　　　　　　　　　　　　　　　　　　　　　　　（　　）

2. 列车服务号代表信号系统对正线列车的辨认，在一天的服务中保持不变。（　　）

3. 列车车组号由 2 位数字组成，代表列车车底的编号。　　　　　　　（　　）

4. 目的地号由 2 位字母组成，代表列车运行的目的地。　　　　　　　（　　）

5. 目前城市轨道交通最高运行速度为 85km/h。　　　　　　　　　　（　　）

6. 列车运行图是利用坐标原理来表示列车运行的图解形式。　　　　　（　　）

7. ATS 系统是控制列车自动运行和车站自动停车的设备。　　　　　　（　　）

8. ATO 系统由控制中心、车站、车场以及车载设备组成。　　　　　　（　　）

9. SM 模式，即 ATP 监督下的人工驾驶模式，这种模式下列车上的 ATO 系统被旁路，列车由司机人工驾驶。　　　　　　　　　　　　　　　　　　　　　　（　　）

10. 车地信息传输技术是 CBTC 系统的关键。　　　　　　　　　　　（　　）

三、简答

1. 结合典型城轨公司《行规》，分析其车次号的含义。

2. 简要说明列车运行图的组成及各部分含义。

3. 结合典型城轨公司《行规》《站细》，分别说明其主要组成。

4. 简要说明联锁和闭塞的含义。

5. 简要说明设备维护部门进入正线抢修设备需要执行的程序。

6. 简要说明信号设备故障对列车运行的影响。

7. 简要说明行车调度员在行车指挥中的工作。

8. 简要说明车站行车值班员在行车指挥中的工作。

9. 简要说明 ATC 三个子系统的功能。

10. 简要说明什么是 CBTC。

02

单元2　单元电路分析

【学习导入】

    城市轨道交通室外的信号设备主要包括信号机、转辙机、轨道电路及计轴设备等，为联锁设备提供信号机显示、道岔开通位置、线路占用情况等，其中信号机、转辙机受联锁设备控制。本单元内容中，在学习电路的基础上，主要掌握各设备电路与室内联锁设备的联系，为学习联锁设备的工作原理提供支持。

【学习目标】

1. 能分析信号机控制电路的工作原理。
2. 掌握信号机控制电路与联锁设备的关系。
3. 能分析直流、三相交流转辙机启动电路的工作原理。
4. 能分析直流、三相交流转辙机表示电路的工作原理。
5. 掌握转辙机控制电路与联锁设备的关系。
6. 能分析相敏轨道电路的工作原理及其应用。
7. 能分析数字轨道电路的工作原理及其应用。
8. 能分析计轴系统的工作原理及其应用。
9. 掌握轨道电路、计轴系统与联锁设备的关系。
10. 了解计轴系统与基于通信的列车控制（CBTC）系统的关系。

【基本知识】

课题 1　信号机控制电路

在信号机显示及名称方面，城市轨道交通各不相同，如附图 1～4 所示，有的正线信号机常态点灯，有的正线信号机常态灭灯，有的正线仅在设备集中站设有信号机，有的正线在所有车站均设置有进出站信号机，有的在车站之间还设置通过信号机或者预告信号机，信号机的显示及显示意义也有所不同。

如附图 4 所示，信号机包括三显示信号机、三显示信号机（封闭绿灯）、两显示信号机、两显示信号机（封闭绿灯）、虚拟信号机等形式。

一、信号机显示

1. 设置原则

（1）设置于列车运行方向右侧

城市轨道交通采用右侧行车制，不论在正线还是车辆段，其地面信号机设置于列车运行方向的右侧，在地下部分一般安装在隧道壁上。特殊情况下可以设置在列车运行方向左侧或其他位置。

（2）不得侵入设备限界

设备限界是用以限制设备安装的轮廓线，信号机不得侵入设备限界。

2. 正线信号机

城市轨道交通有的车站设有道岔，有的车站仅有两条正线，因此应根据各站设备具体情况设置信号机。在正线常用的信号机包括：

（1）防护信号机

在道岔的岔前和岔后适当地点设置防护信号机，如附图 2 中的 A 站、E 站、F 站等所示。

防护信号机一般采用三显示机构，自上而下为黄（或月白）、绿、红，采用 CBTC 系统时，防护信号机常态灭灯。点亮灯光时，其显示意义如下：

1）红色——禁止越过该信号机。

2）绿色——道岔开通直向位置，允许列车按照规定速度越过该信号机进入区间。

3）黄色——道岔开通侧向位置，允许列车按照规定速度（一般限速不超过 30km/h）越过该信号机，运行至折返点。

4）黄色 + 红色——引导信号，允许列车以不超过 25km/h 的速度越过该信号机，有条件进入区间。

根据信号机设置位置，有的防护信号机没有绿灯显示，对绿灯做封闭处理，例如附图 4 中信号机 X1007～X1012；有的防护信号机没有黄灯显示，对黄灯做封闭处理，例如附图 4 中信号机 X1005、X1006。

（2）阻挡信号机

在线路尽头处设置阻挡信号机，指示列车停车位置。阻挡信号机只有一个红灯显示，可以采用单显示机构，也可以如附图4中的信号机 S1013 ~ S1018 所示，采用两显示机构，将绿灯封闭。

附图3中A站的 Z2 是顺向阻挡信号机，平时显示绿灯不影响正方向列车运行。当列车需要由 3G 至 4G 进行折返作业时，办理了 F1 至 Z2 的进路后，Z2 显示红灯，起阻挡信号机作用。

不论采用哪种控制系统，阻挡信号机常态亮灯，列车应在距阻挡信号机至少 10m 的安全距离前停下。

（3）进、出站信号机

车站可根据需要设置进、出站信号机，如附图3所示，或仅设置出站信号机，如附图4中 X0901、S0902。

进站信号机设置在车站入口外方适当距离，用于防护车站内作业安全。进站信号机显示一个红色灯光表示不准列车越过信号机进入站内，显示一个绿色灯光表示允许列车按规定速度越过信号机进入站内。

出站信号机设置在车站站台端线外方适当位置，指示列车能否由车站出发。出站信号机显示一个红灯表示不准列车出站，显示一个绿灯表示允许列车出发进入区间。

（4）发车表示器（倒计时发车牌）

车站可在正向出站方向站台一侧，列车停车位置前方适当地点设置发车表示器，如附图4中站台上的 TDT0901、TDT0902，向司机表示能否关闭车门及发车的时间。

例如某地铁公司发车表示器平时不亮灯，列车停靠后无显示表示不能关闭车门、发车；距发车还有 5s 时白色闪光，提醒司机关闭车门；显示白色稳定灯光表示可以发车。

（5）通过信号机

采用 ATC 系统的城市轨道交通，自动闭塞通过信号机已经失去主体信号的作用，一般在区间不设置通过信号机。为便于司机在 ATP 设备发生故障时控制列车运行，可以根据需要设置通过信号机。

通过信号机采用三显示机构，自上而下灯位为黄、绿、红，如图 2-1 所示。

（6）预告信号机

预告信号机设置于进站信号机前方，如附图3中B站的 YSJ、YXJ，设置于车站进站信号机 SJ、XJ 前方，起到预告的作用。附图3中A站的 YF3，是防护兼预告信号机。

（7）虚拟信号机

虚拟信号机指的是现场没有、仅存在于操作终端的信号机。设置虚拟信号机有的是为了提高效率，有的是专门用作排列进路的始端或终端，例如附图4中的 VX09、VS08，设置在联锁区的分界处，作为人工排列进路的始端或终端按钮。

二、防护信号机电路

1. 点灯电路

某地铁公司信号机点灯电路如图 2-2 ~ 图 2-6 所示。

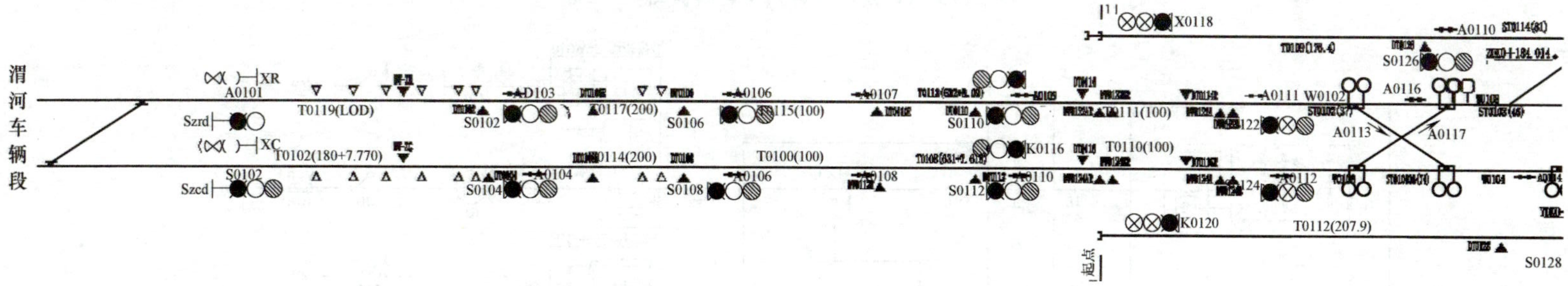

图 2-1　通过信号机（某地铁线路局部）

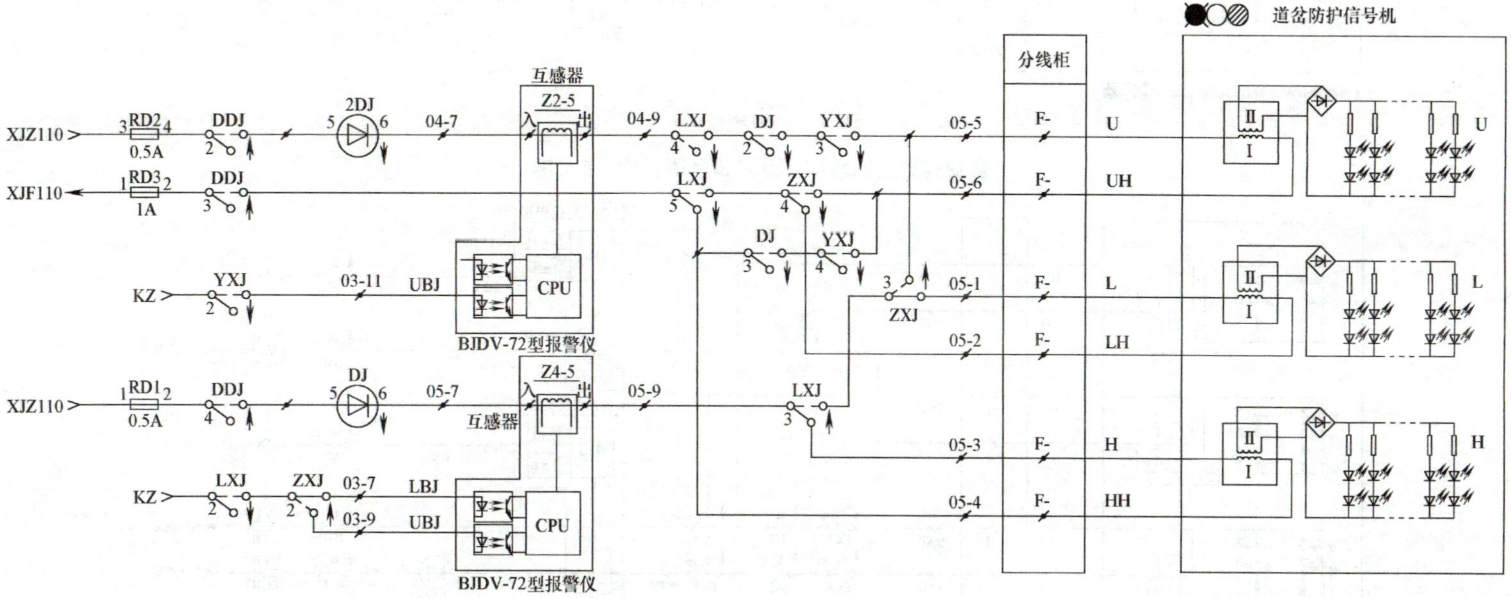

图 2-2　防护信号机点灯电路

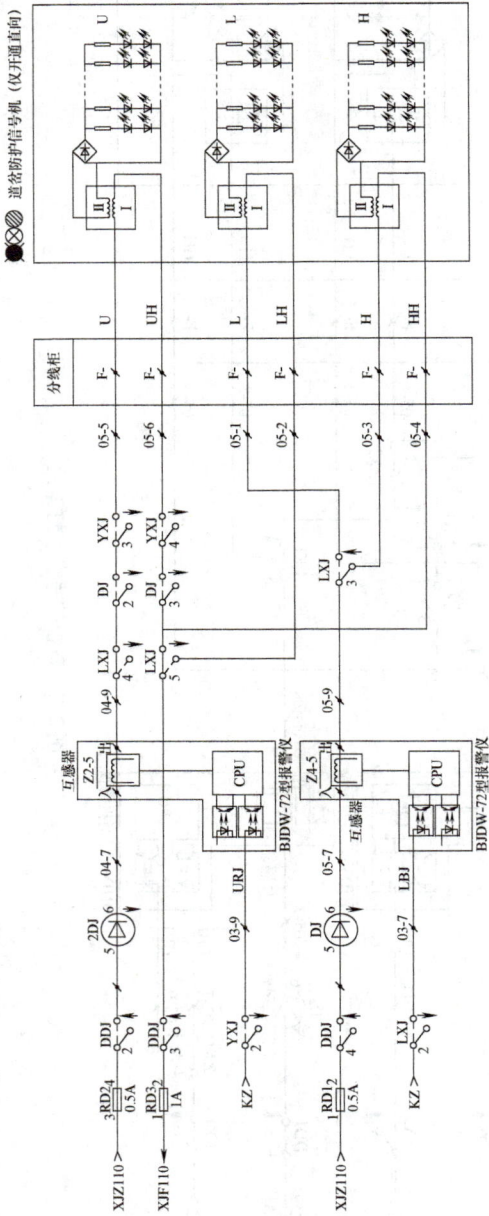

图 2-3　防护信号机（仅开通直向）点灯电路

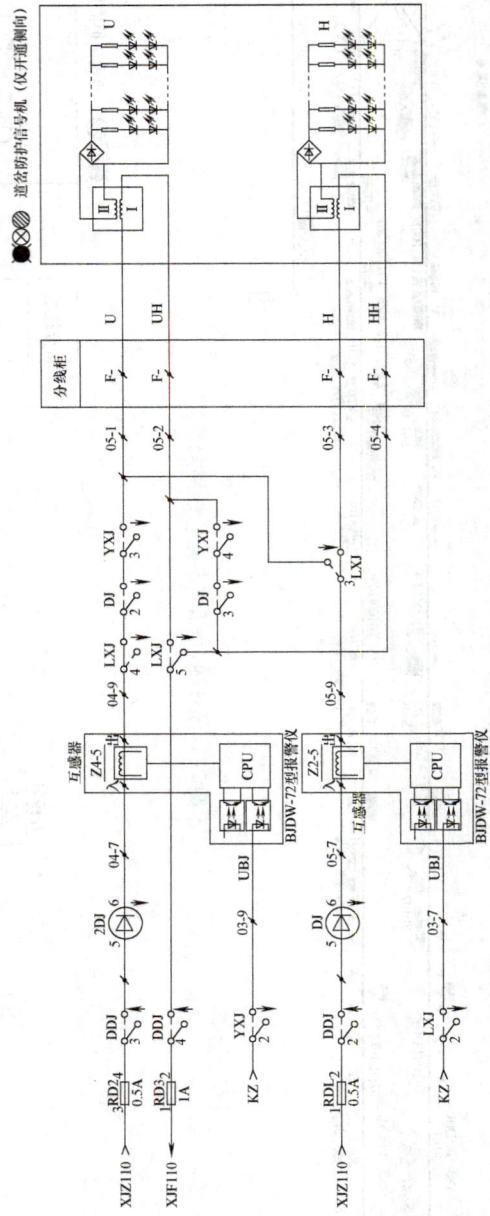

图 2-4　防护信号机（仅开通侧向）点灯电路

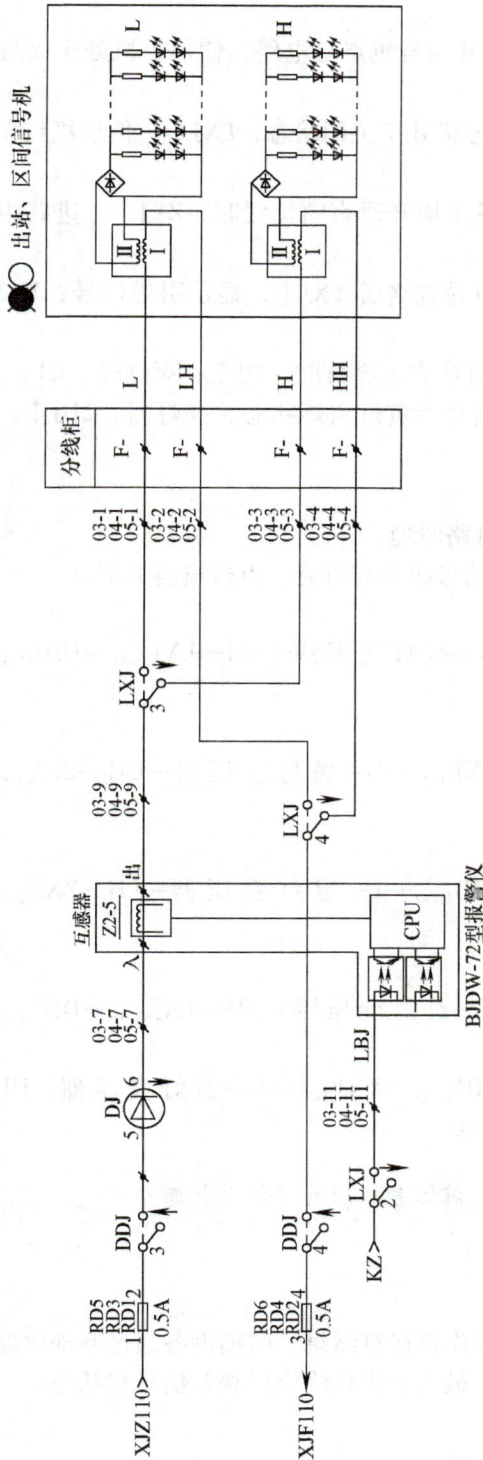

图 2-5 出站信号机点灯电路

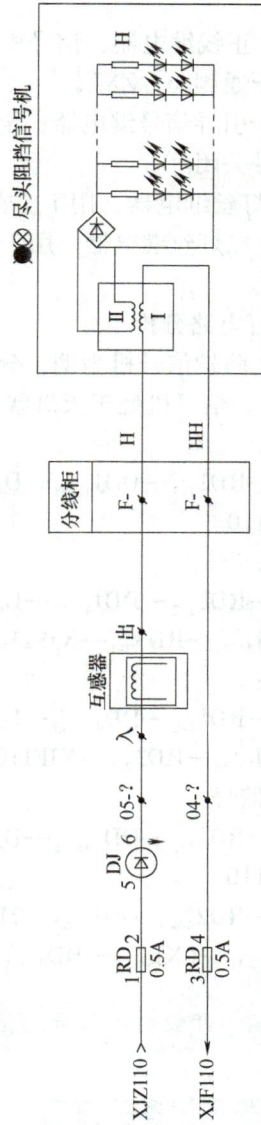

图 2-6 阻挡信号机点灯电路

2. 电路分析

（1）继电器名称及作用

① DDJ：点灯继电器，定位吸起。DDJ↑，断开信号机点灯电路，使信号机处于灭灯状态；DDJ↓使信号机亮灯。

② LXJ：列信继电器，定位落下。LXJ↓，信号机处于关闭状态；LXJ↑，信号机点亮允许灯光。

③ ZXJ：正线继电器，信号机防护的进路中道岔均开通直向位置时，ZXJ↑，进路中任何一个道岔开通侧向，ZXJ↓。

④ YXJ：引导信号继电器，定位落下。办理引导进路后YXJ↑，显示引导信号；YXJ↓后，引导信号关闭。

⑤ DJ：灯丝继电器，用于监督红灯或绿灯点灯状态，亮灯时，DJ↑；灭灯时，DJ↓。

⑥ 2DJ：二灯丝继电器，用于监督开放引导信号后黄灯点灯状态，亮灯时，2DJ↑；灭灯时，2DJ↓。

（2）点灯电路分析

以图 2-2 防护信号机为例，分析信号机点灯电路原理。

DDJ↑时，信号机处于灭灯状态；DDJ↓时，信号机点亮灯光，点灯电路如下：

① 红灯：

XJZ110—RD1$_{1-2}$—DDJ$_{41-43}$—DJ$_{5-6}$—LXJ$_{31-33}$—H—红灯变压器—HH—LXJ$_{53-51}$—DDJ$_{33-31}$—RD3$_{2-1}$—XJF110

② 黄灯：

XJZ110—RD1$_{1-2}$—DDJ$_{41-43}$—DJ$_{5-6}$—LXJ$_{31-32}$—ZXJ$_{31-33}$—U—黄灯变压器—UH—ZXJ$_{43-41}$—LXJ$_{52-51}$—DDJ$_{33-33}$—RD3$_{2-1}$—XJF110

③ 绿灯：

XJZ110—RD1$_{1-2}$—DDJ$_{41-43}$—DJ$_{5-6}$—LXJ$_{31-32}$—ZXJ$_{31-32}$—L—绿灯变压器—LH—ZXJ$_{42-41}$—LXJ$_{52-51}$—DDJ$_{33-33}$—RD3$_{2-1}$—XJF110

④ 引导信号：

XJZ110—RD1$_{1-2}$—DDJ$_{41-43}$—DJ$_{5-6}$—LXJ$_{31-33}$—H—红灯变压器—HH—LXJ$_{53-51}$—DDJ$_{33-31}$—RD3$_{2-1}$—XJF110

XJZ110—RD2$_{3-4}$—DDJ$_{21-23}$—2DJ$_{5-6}$—LXJ$_{41-43}$—DJ$_{21-22}$—YXJ$_{31-32}$—U—黄灯变压器—UH—YXJ$_{42-41}$—DJ$_{32-31}$—LXJ$_{53-51}$—DDJ$_{33-31}$—RD3$_{2-1}$—XJF110

> ◉ 想一想 开放引导信号时，如果红灯熄灭，该信号机应处于什么状态？

三、与联锁设备的接口

轨旁信号机受室内联锁设备监控，根据屏幕操作及运算结果，联锁设备通过驱动电路控制继电器动作，并通过采集电路采集继电器状态，最终在操作终端反映各信号机状态。

以防护信号机为例，如图 2-7 所示。

1. 驱动电路

联锁设备通过驱动电路控制的继电器包括 DDJ、LXJ、ZXJ、YXJ。

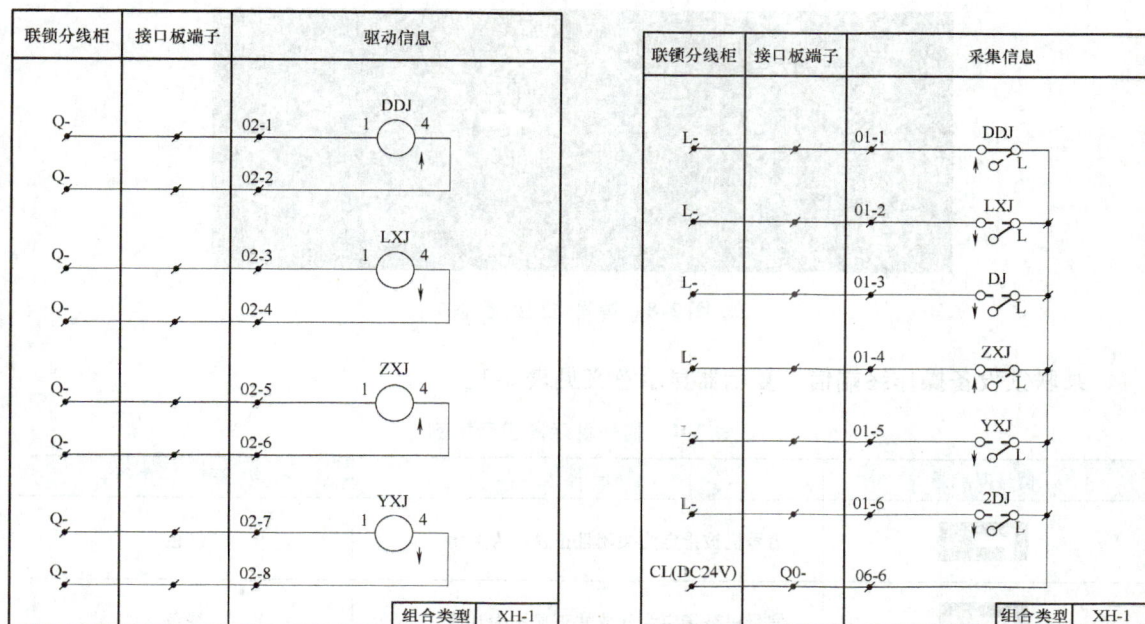

图 2-7 防护信号机与联锁设备接口

1）CBTC 系统中，当信号系统无故障时，区域控制器（Zone Controller，ZC）输出指令，由联锁设备驱动 DDJ↑，正线信号机均灭灯，正线区段列车以车载设备显示作为行车凭证。

在特殊情况下，可在全线或局部区段启用信号系统的后备运用模式（自动进路闭塞方式），地面信号机点亮，相关列车降级运行，以地面信号机显示为行车凭证。

2）进路锁闭后，LXJ↑，可以开放允许信号；列车越过信号机、执行了取消解锁操作以及不满足联锁条件时，LXJ↓，信号关闭。

3）信号机防护的进路上道岔均开通直向时，联锁设备输出指令，使 ZXJ↑，进路中任何一个道岔不符合要求，使 ZXJ↓。

4）调度员或车站行车值班员办理引导进路后，YXJ↑，开放引导信号；列车越过信号或办理引导进路的解锁时，YXJ↓。

2. 采集电路

联锁设备通过采集电路获得 DDJ、LXJ、ZXJ、YXJ、DJ、2DJ 的状态，使操作终端信号复示器正确表示信号机的显示状态。

1）DDJ↑，表示信号机处于正常灭灯状态，如图 2-8 所示。

2）LXJ↑，表示信号开放；LXJ↓，表示信号关闭。

3）LXJ↑时，ZXJ↑信号显示绿灯，ZXJ↓信号显示黄灯。

4）LXJ↓时，YXJ↑显示引导信号。

5）DJ↑，表示信号点灯正常；DJ↓，表示正点亮的灯光熄灭，其中，点亮允许灯光时自动灯光熄灭，信号自动改点红灯，红灯熄灭，信号复示器闪烁。

6）开放引导信号时，2DJ 用于监督黄灯状态。

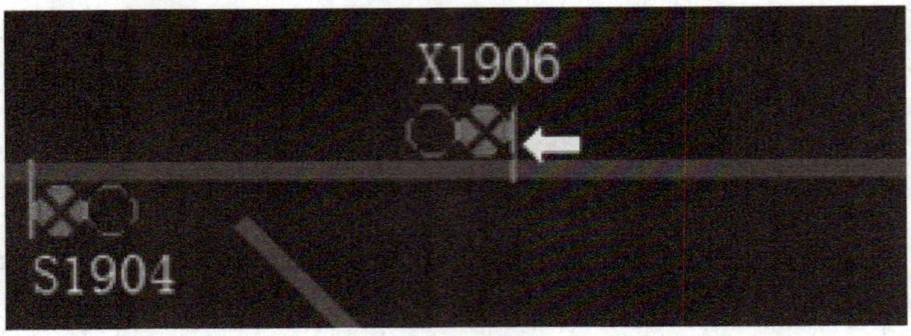

图 2-8 信号机灭灯状态

某联锁设备操作终端信号复示器显示意义见表 2-1。

表 2-1 信号复示器显示举例

信号复示器	显示意义	说明
	信号机被指定为关闭且正显示为关闭	红色
	信号机被指定为开放并正显示为开放	绿色
	侧向进路，信号机被指定为开放并正显示为开放	黄色
	信号机被指定为引导且正显示为引导	黄色 + 红圈
	CBTC 模式下信号机被指定为关闭且正显示为关闭	灰色 + 红色三角
	信号机被指定为开放且在 CBTC 下正显示为获得授权	灰色 + 空心绿色三角
	CBTC 模式下信号机被指定为开放且正显示为开放	灰色 + 绿色三角

课题 2　转辙机控制电路

城市轨道交通正线一般使用 9 号或 12 号道岔，车辆段（停车场）使用 7 号道岔，一组道岔由一台转辙机牵引，如果正线使用 9 号 AT 道岔，需要两点牵引，即一组尖轨由两台转辙机牵引。采用的转辙机包括 ZD6 型、ZDJ9 型等。

一、概述

1. 技术要求

（1）启动电路

道岔启动电路关系到列车运行安全，须满足以下技术要求：

1）道岔区段有车占用时，该区段内道岔不能转换。正线联锁设备有的具备"强行转岔"功能，在执行相应操作后，能在轨道区段（或计轴系统）故障时转换道岔。

2）进路在锁闭状态时，进路上的道岔不能转换。

3）道岔一经启动，就应转换到底，不受车辆进入的影响。

4）道岔启动电路接通后，由于电路故障没有转动，应自动切断启动电路。

5）道岔转换途中受阻不能转换到底时，应保证经人工操纵能转回原位置。

6）道岔转换完毕，应自动断开启动电路。

（2）表示电路

道岔转换完毕，应接通道岔表示电路，将道岔实际位置反映到室内操作终端。每组道岔设置 DBJ、FBJ，由转辙机自动开闭器接点接通表示电路。DBJ、FBJ 状态是联锁设备确定道岔位置的依据，因此道岔表示电路必须是故障—安全电路，满足以下技术要求：

1）必须用 DBJ 的吸起状态表示道岔在定位，FBJ 的吸起状态表示道岔在反位。

2）电路发生混线或混入其他电源时，确保 DBJ 和 FBJ 不会错误吸起。

3）道岔转换过程中，或者发生挤岔、停电、断线等故障时，应确保 DBJ、FBJ 可靠落下。

2. 操作方式

（1）单独操纵

为维修、试验道岔和开放引导信号排列引导进路等，车站行车值班员或调度中心行车调度员可以操作终端单独将某组道岔转向定位或反位。

需要说明的是，车站行车值班员须先将道岔控制模式切换至人工模式（或车站控制模式）后方能对道岔进行定、反位转换操作。单独操纵道岔一般使用总定位、总反位按钮与道岔按钮配合，根据联锁系统设计，也有其他操作方式。

例如某型联锁设备单操道岔窗口如图 2-9 所示，右键单击道岔的岔心选择"命令"栏以弹出"道岔命令"窗口，选择需要操作的道岔后，选择"设置模式"中"人工"一项并单击应用，此时被选中的道岔岔区即显示蓝色空心圈，表示该道岔已在人工模式下，在"道岔命令窗口"内选择"定位"或"反位"并单击确定，被选中的道岔会在 13s 内自动转换到相应的位置。

（2）进路式操纵

自动触发进路或人工办理进路时，首先选出进路上各组道岔应转向的位置，即某道岔的定位操纵继电器 DCJ 吸起，就接通道岔启动电路使该道岔转向定位；反位操纵继电器 FCJ 吸起，则接通道岔启动电路就使道岔转向反位，进路中各组道岔按进路的要求启动电动转辙机将道岔转换到定位或反位。

（3）手摇道岔

轨道区段或转辙机故障时，不能以电动方式转换道岔，可使用手摇把人工就地转换道岔。

3. 操作终端表示

（1）定（反）位表示

操作终端根据联锁设备采集到的 DBJ、FBJ 状态，显示道岔在定位或反位，在国产联锁系统中，一般用绿色表示道岔在定位，用黄色表示道岔在反位。

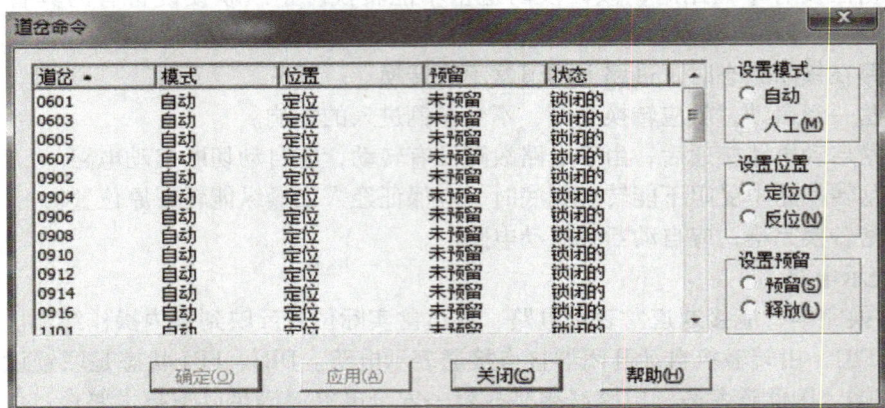

图 2-9　单操道岔举例

（2）单独锁闭

单独锁闭指的是在操作终端对某一组道岔进行电气锁闭，并给出相应状态指示。

某公司联锁设备道岔操作及单锁状态如图 2-10、图 2-11 所示，道岔被单锁后，道岔名为红色。

（3）道岔封锁

道岔封锁功能供设备部门施工维修使用，道岔被封锁后仍可以经人工单独操纵转向定位或反位，但人工无法经该道岔办理进路，也无法自动触发进路。某公司联锁设备道岔被封锁后的显示如图 2-12 所示，道岔名外加红色矩形框。

（4）道岔失表（道岔受扰）

道岔失表（道岔受扰）即道岔失去定、反位表示。当道岔发生表示电路故障、挤岔以及转换过程中 13s 后仍未到达位置并锁闭时，DBJ 和 FBJ 均落下，构成道岔失表，操作终端提供相应报警显示。

除上述外，根据设计，还能提供道岔预留状态。道岔预留即为道岔被电气锁闭，须在自动控制模式下方能操作。道岔被预留后，该道岔不能被转动，只能排列预留位置的进路。道岔预留包括人工预留、联锁预留：

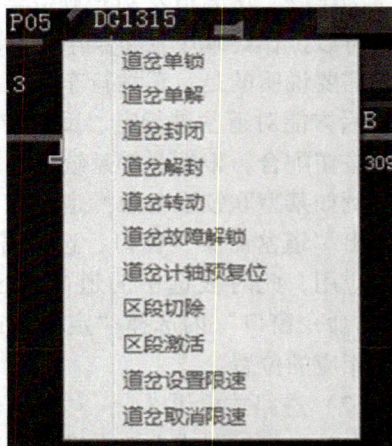

图 2-10　道岔操作菜单

1）人工预留时将需预留道岔切换至自动控制模式，在"道岔命令"窗口选择"预留"一项并单击确定，道岔被电气锁闭。

2）联锁预留指的是排列进路时，系统会自行对进路中所有道岔及关联道岔进行锁闭。

二、ZD6-D 型转辙机控制电路

1. 电路图

ZD6-D 型电动转辙机如图 2-13 所示，单开道岔采用四线制控制电路，如图 2-14 所示，

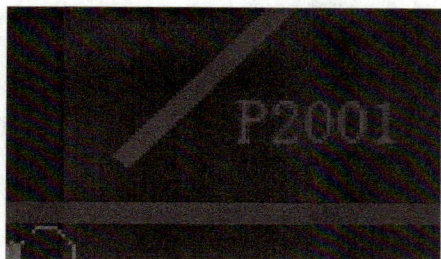

图 2-11 道岔单锁举例

图 2-12 道岔封锁举例

图 2-13 ZD6-D 型电动转辙机

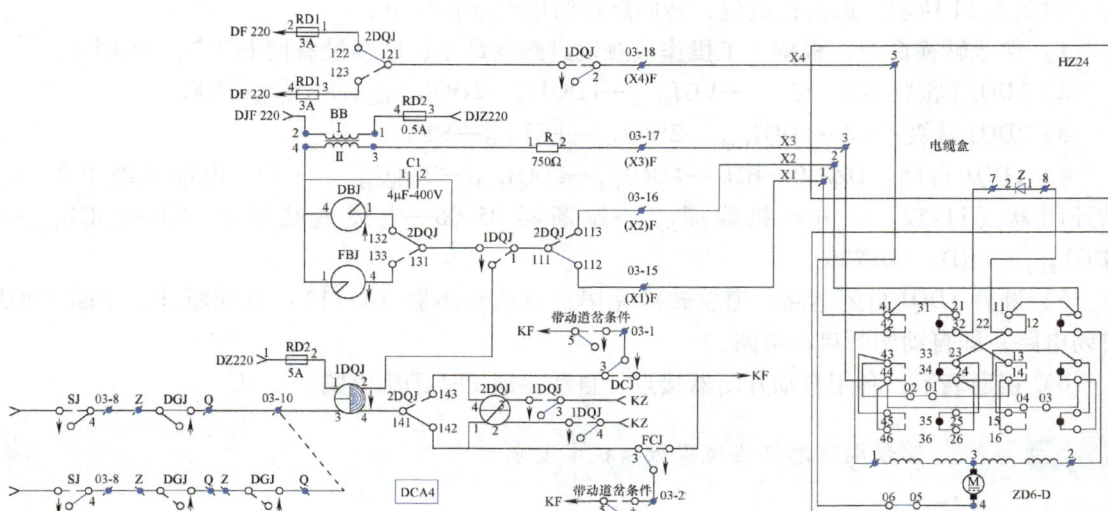

图 2-14 ZD6-D 道岔控制电路

室内与室外联系用四条电缆芯线,其中 X1、X2 为启动和表示共用线,X3 为表示专用线, X4 为启动专用线。

道岔控制电路包括四个继电器：

1）1DQJ：第一道岔启动继电器，用于检查联锁条件。

2）2DQJ：第二道岔启动继电器，控制电动机旋转方向，使道岔转向定位或反位。

3）DBJ、FBJ：定位（反位）表示继电器，道岔转换到位，表示继电器吸起，为联锁设备提供道岔位置。

2. 启动电路分析

（1）主要器件

1）1DQJ：JWJXC-H125/0.44型无极加强接点继电器，3-4线圈阻值大，为励磁电路，串接YCJ、DGJ接点用于检查联锁条件，1-2线圈阻值小，为自闭电路，与电动机串联。

2）2DQJ：JYJXC-160/260型极性保持继电器，两线圈分开使用，3-4线圈接有DCJ接点，使继电器定位吸起，接通道岔转向定位电路；1-2线圈接有FCJ接点，使继电器反位打落，接通道岔转向反位电路。由于电路中电流较大，因此采用带有灭弧装置的加强接点。

3）SJ：锁闭继电器，平时处于落下状态，道岔需要转换且联锁设备判断具备转换条件时，由联锁设备驱动SJ励磁。

4）电动机：使用串励直流电动机，直流电经过电动机"1-3-4"端子，电动机正转，经过"2-3-4"端子时，电动机反转。

5）自动开闭器：自动开闭器作为电路控制条件，道岔转换过程中，利用动作接点始终接通电动机转换电路，当道岔转换完毕尖轨与基本轨密贴后，自动开闭器断开启动电路，接通表示电路，并接通反向启动电路，为道岔转回原位准备条件。

6）遮断器：道岔启动电路中接入遮断器接点05-06，只有断开遮断器才能打开机盖进行维修、清扫或插入手摇把人工转换道岔，保证作业人员安全。

（2）启动电路

如图2-14所示，道岔在定位、转向反位时电路动作如下：

1）接收转换命令：根据人工操作或触发进路的命令，联锁设备使FCJ↑，YCJ↑。

2）1DQJ励磁：KZ—SJ$_{42-41}$—DGJ$_{21-22}$—1DQJ$_{3-4}$—2DQJ$_{141-142}$—FCJ$_{31-32}$—KF。

3）2DQJ转极：KZ—1DQJ$_{41-42}$—2DQJ$_{2-1}$—FCJ$_{31-32}$—KF。

4）1DQJ自闭：DZ220—RD2—1DQJ$_{1-2}$—1DQJ$_{12-11}$—2DQJ$_{111-113}$—X2—电缆盒端子2—自动开闭器（11-12）—电动机线圈$_{2-3-4}$—遮断器05-06—电缆盒端子5—X4—1DQJ$_{21-22}$—2DQJ$_{121-123}$—RD1—DF220。

5）断开1DQJ自闭电路：道岔转换完毕，自动开闭器（11-12）自动断开，切断1DQJ自闭电路，即自动切断启动电路。

6）接通表示：利用自动开闭器接点，自动接通FBJ励磁电路。

想一想 启动电路怎样实现了六项技术要求？

3. 表示电路分析

（1）主要器件

1）DBJ、FBJ：使用JPXC-1000型偏极继电器，确保只有规定方向的电流才能使表示继电器吸起。

2）二极管 Z：将 DJZ220、DJF220 半波整流后动作 DBJ、FBJ。

3）表示变压器 BB：电压比为 2∶1，将交流 220V 降压为交流 110V 供表示电路使用。

4）电容器 C：并联于 DBJ、FBJ 线圈，在交流电路的负半周依靠电容器放电，使 DBJ 或 FBJ 可靠吸起。

5）移位接触器：将两个移位接触器的接点 03-04、01-02 分别接在 DBJ、FBJ 电路中，发生挤岔时，移位接触器接点断开，切断道岔表示电路。

（2）表示电路

1）道岔在定位时，DBJ 励磁电路：

道岔表示电源正半周：BB_{II3}—R—X3—电缆盒 3—插接器 3—移位接触器（04-03）—自动开闭器（14-13）—（34-33）—二极管 Z—自动开闭器（32-31）—电缆盒端子 1—X1—$2DQJ_{112-111}$—$2DQJ_{131-132}$—DBJ 线圈$_{1-4}$—BB_{II4}。

DBJ 吸起的同时，电源给电容 C 充电。

在道岔表示电源负半周时，由于二极管 Z 的半波整流作用，上述电路没电，依靠电容器 C 放电使 DBJ 保持吸起状态。

2）道岔在反位时，FBJ 励磁电路：

道岔表示电源正半周：BB_{II4}—FBJ 线圈$_{1-4}$—$2DQJ_{133-131}$—$1DQJ_{13-11}$—$2DQJ_{113-111}$—X2—电缆盒 2—自动开闭器（22-21）—二极管 Z—自动开闭器（23-24）—移位接触器（01-02）—自动开闭器（43-44）—电缆盒 3—X3—R—BB_{II-3}。

电容器 C 的作用同上。

> 想一想　造成表示继电器不能吸起的原因有哪些？

三、ZDJ9 型转辙机控制电路

1. 电路图

ZDJ9 型电动转辙机如图 2-15 所示，使用三相交流电动机，单开道岔采用五线制控制电路，室内与室外联系采用五条电缆芯线。ZDJ9 控制电路包括四部分：启动电路（见图 2-16）、

图 2-15　ZDJ9 型电动转辙机

动作电路、表示电路（见图2-17）、保护电路。

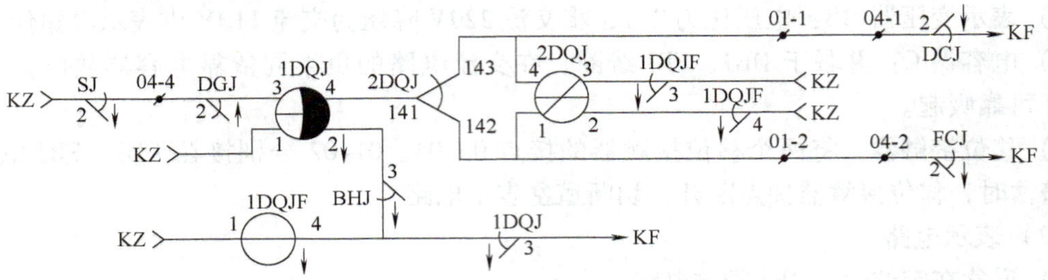

图 2-16　ZDJ9 型电动转辙机启动电路

定位表示电路用到：X3、X4、X5 线和自动开闭器 11、12、15、16、33、34、35、36；

定位向反位动作时：X2、X4、X5 线和自动开闭器 11、12、13、14；

反位表示电路用到：X1、X2、X5 线和自动开闭器 23、24、25、26、41、42、45、46；

反位向定位动作时：X1、X3、X5 线和自动开闭器 41、42、43、44。

2. 启动电路分析

ZDJ9 交流电动转辙机启动电路的工作原理与 ZD6-D 型电动转辙机基本一致，只是增设了 1DQJF。

1）当进路操纵道岔由定位向反位转换时，使 1DQJ 励磁：$KZ—SJ_{21-22}—GJ_{21-22}—1DQJ_{3-4}—2DQJ_{141-142}—FCJ_{21-22}—KF$。

2）1DQJ 自闭电路为：$KZ—1DQJ_{1-2}—BHJ_{31-32}—1DQJ_{31-32}—KF$。

3）1DQJ 吸起后，1DQJF 随之吸起，电路为：$KZ—1DQJF_{1-4}—1DQJ_{31-32}—KF$。

4）1DQJF 吸起后接通 2DQJ 转极电路为：$KZ—1DQJF_{41-42}—2DQJ_{2-1}—FCJ_{11-12}—KF$。

3. 动作电路分析

（1）定位向反位转换

1）电源与外线的关系：A 相—X1；B 相—X4；C 相—X3。

2）继电器状态：DCJ、FBJ、DBJ 落下，2DQJ 反位打落；FCJ、SJ（YCJ）、DGJ、QDJ、1DQJ、1DQJF、BHJ 吸起。

3）自动开闭器：转动前 1、3 排接点闭合，转动中 1、4 排接点闭合，转换到反位 2、4 排接点闭合。

4）动作电路：

A 相—RD1—DBQ_{11-21}—$1DQJ_{12-11}$—X1—电缆盒端子 1—电动机 W 相绕组；

B 相—RD2—DBQ_{31-41}—$1DQJF_{12-11}$—$2DQJ_{111-113}$—X4—电缆盒端子 4—自动开闭器（11-12）—电动机 V 相绕组；

C 相—RD3—DBQ_{51-61}—$1DQJF_{22-21}$—$2DQJ_{121-123}$—X3—电缆盒端子 3—自动开闭器（13-14）—遮断开关 K—电动机 U 相绕组。

（2）反位向定位转换

1）电源与外线的关系：A 相—X1；B 相—X2；C 相—X5。

2）继电器状态：FCJ、FBJ、DBJ 落下，2DQJ 定位吸起；DCJ、SJ（YCJ）、DGJ、QDJ、1DQJ、1DQJF、BHJ 吸起。

3）自动开闭器：转动前 2、4 排接点闭合，转动中 1、4 排接点闭合，转换到反位 1、3

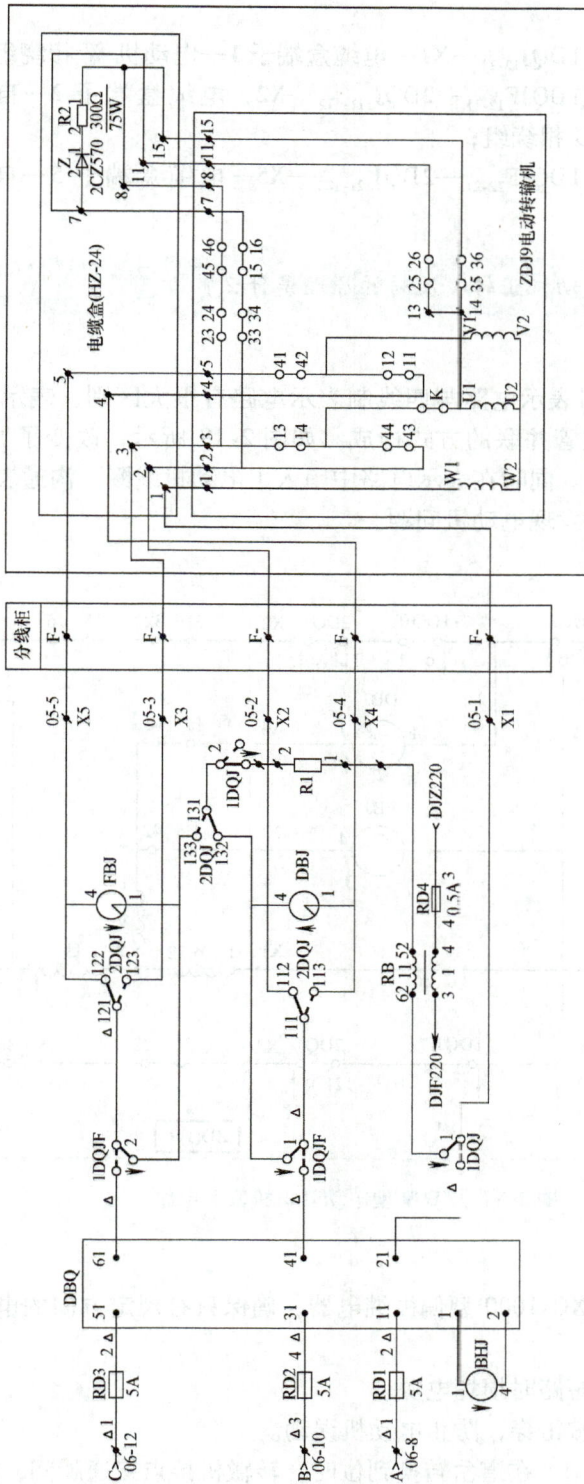

图 2-17　ZDJ9 型电动转辙机动作电路、表示电路

排接点闭合。

4）动作电路：

A 相—RD1—DBQ$_{11-21}$—1DQJ$_{12-11}$—X1—电缆盒端子 1—电动机 W 相绕组；

B 相—RD2—DBQ$_{31-41}$—1DQJF$_{12-11}$—2DQJ$_{111-112}$—X2—电缆盒端子 2—自动开闭器（43-44）—遮断开关 K—电动机 U 相绕组；

C 相—RD3—DBQ$_{51-61}$—1DQJF$_{22-21}$—2DQJ$_{121-122}$—X5—电缆盒端子 5—自动开闭器（41-42）—电动机 V 相绕组。

> **想一想** 三相交流电动机正转、反转的原理是什么？

4. 表示电路分析

ZDJ9 型三相交流转辙机表示电路与四线制表示电路有很大区别，表示电路由道岔表示继电器线圈与半波整流二极管并联的方式构成，如图 2-18 所示，改变了原来的串联结构，取消了电容，提高了可靠性。同时在表示电路中串入了电动机线圈，沟通表示电路的同时也检查了电动机线圈，可及时发现电动机问题。

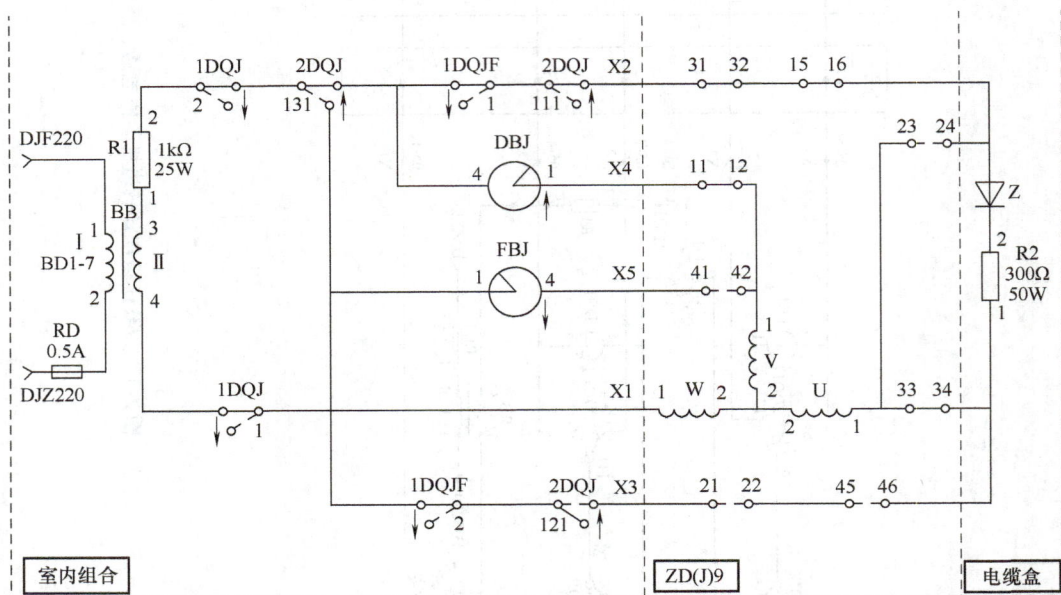

图 2-18　ZDJ9 型电动转辙机表示电路

（1）主要器件

1）DBJ、FBJ：使用 JPXC-1000 型偏极继电器，确保只有规定方向的电流才能使表示继电器吸起。

2）R1：防止室外负载短路时损坏电源。

3）R2：保护二极管不被击穿，防止电动机误动。

由于 1DQJ 具有缓放作用，在道岔转换到位时，转辙机接点接通瞬间，380V 电源将会送至整流堆上（反位→定位 X1、X2 线；定位→反位 X1、X3 线），接入 R2 可保护二极管不被击穿。

如 X4、X5 线发生短路，当道岔转换到位后电动机会发生反转（1DQJ 缓放时间内），易使道岔解锁，串入 R2 后，使电动机 U 相绕组电流减小，即三相不平衡，使电动机不能转动，也使 BHJ 失磁落下，起到保护作用。

4）2DQJ 接点：在电路中 DBJ 检查了 2DQJ 的前接点；FBJ 则检查了 2DQJ 的后接点，这样是为了检查启动电路与表示电路动作的一致性。

5）表示变压器 BB：BD1-7 型，电压比为 2:1，将交流 220V 降压为交流 110V 供表示电路使用。

（2）表示电路

表示变压器输出为 110V 交流电源，故须按交流电正、负半波进行电路分析。

1）当正弦交流电源正半波时（假设变压器二次侧 4 正、3 负），电流的流向为 Ⅱ4—1DQJ$_{13-11}$—X1 线—电动机线圈 W（1-2）—电动机 V（2-1）—自动开闭器（12-11）—X4—DBJ$_{1-4}$—2DQJ$_{132-131}$—1DQJ$_{23-21}$—R1（2-1）—Ⅱ3，这时 DBJ 吸起。

与 DBJ 线圈并联的另一条支路电流为 Ⅱ4—1DQJ$_{13-1}$—X1 线—电动机线圈 W（1-2）—电动机 U（2-1）—自动开闭器（35-36）—R2（1-2）—Z（1-2）—接点（16-15）—接点（34-33）—X2—2DQJ$_{112-111}$—1DQJF$_{11-13}$—2DQJ$_{132-131}$—1DQJ$_{21-23}$—R（2-1）—Ⅱ3。

其中划横线部分为与 DBJ 并联电路，在这条支路中，整流二极管反向截止，故电流基本为零。

2）当正弦交流电为负半波时（即变压器二次侧 3 正、4 负），在 DBJ 及整流堆这两条支路中，电流方向均相反，由于这时整流堆呈正向导通状态，故该支路的阻抗要比 DBJ 支路阻抗小得多，所以此时电流绝大部分由整流堆支路中流过，加上 DBJ 线圈的感抗很大，且具有一定的电流迟缓作用，因而 DBJ 能保持在吸起状态。

FBJ 电路与 DBJ 电路工作相同，使用 X1、X3、X5 线沟通电路。

5. 保护电路分析

ZDJ9 交流转辙机采用三相交流电源，供电电压为 380V。为防止在三相交流电源断相情况下烧坏电动机，在交流转辙机控制电路中设有道岔断相保护器 DBQ。DBQ 由三个电流互感器、桥式整流和保护继电器 BHJ 三部分组成。三个电流互感器的一次绕组分别串联在三相交流电路中，二次绕组首尾相连，经桥式整流后，输出端子连接保护继电器 BHJ，如图 2-19 所示。

BHJ 的作用是电源出现断相时，自动切断动作电源（保护电动机）；道岔转换完毕，自动切断

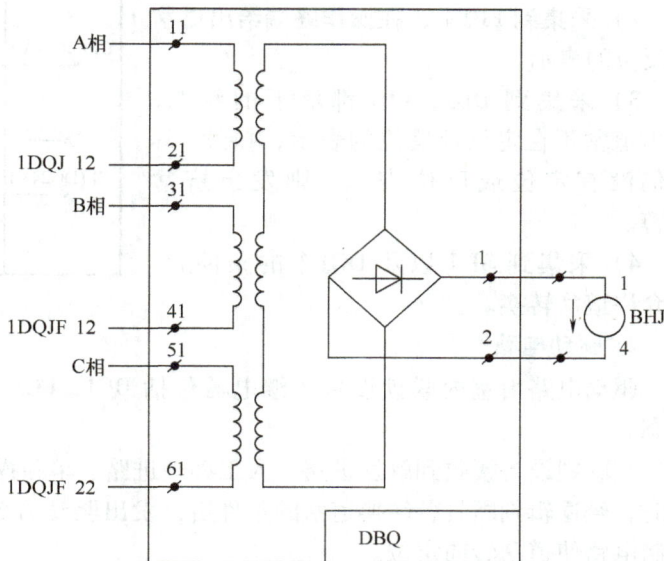

图 2-19　ZDJ9 型电动转辙机保护电路

动作电源。

当三相交流电源正常供电时，电动机定子绕组中有三相电流流过，电流互感器工作在磁饱和状态，二次侧感应电流中的三次谐波经桥式整流后输出直流电，BHJ 由于得到直流电而吸起，用 BHJ 的接点作为道岔控制电路的条件。当道岔转换到底后，由于三相负载断开，BHJ 复原落下。

三相交流电源出现断相故障时，例如 B 相断电，则为 A、C 两相供电，其线电压加至电流互感器一次侧，而二次侧两电流互感器电压反向串联，互相抵消，桥式整流器无输出，使 BHJ 落下，从而断开 1DQJ 电路和三相交流电动机电路，防止因断相运行而烧坏电动机。

如果两相断电，虽然 BHJ↑，但交流电动机不工作，电动转辙机不能转换道岔。

> **想一想**　怎样用电工基础中感抗的知识解释上述描述？

四、与联锁设备的接口

室内联锁设备与道岔控制电路的联系如图 2-20、图 2-21 所示，包括采集电路和驱动电路两部分。

1. 采集电路

室内联锁设备采集 DBJ、FBJ 及 SJ（有的称为允许操纵继电器 YCJ、锁闭防护继电器 SFJ）状态。

1）采集到 DBJ↑，在操作终端给出道岔在定位的表示。

2）采集到 FBJ↑，在操作终端给出道岔在反位的表示。

3）采集到 DBJ、FBJ 都落下的状态，给出道岔不在定位及反位的表示，持续 13s 后仍没有定位或反位表示，则发出挤岔报警。

4）采集到 SJ↑以及 DGJ↑的条件后，才允许道岔转换。

2. 驱动电路

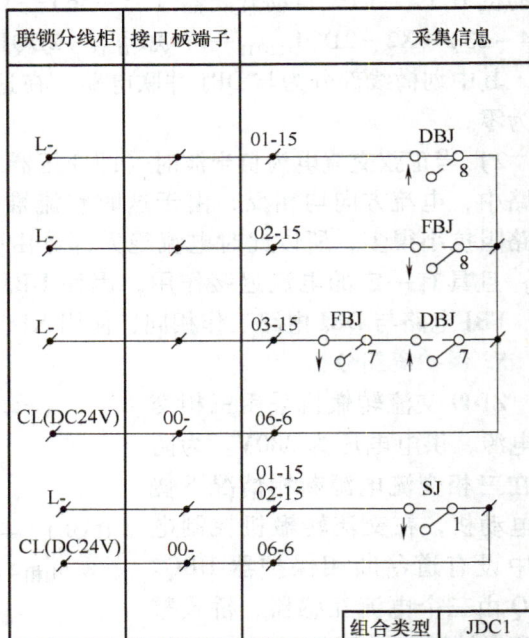

图 2-20　采集电路

驱动电路由室内联锁设备的继电器包括 DCJ、FCJ，SJ 组成，继电器平时均处于落下状态。

当联锁设备接收到触发进路、人工办理进路、单独操纵道岔等命令，需要将道岔转向定位时，经逻辑判断具备转换道岔的条件后，发出驱动命令，使 SJ 及 DCJ 吸起，通过转辙机控制电路使道岔转向定位。

转向反位时，原理同上。

联锁分线柜	接口板端子	驱动信息
Q-		01-1 02-1 DCJ 1 ○ 4
Q-		01-2 02-2
Q-		01-6 02-6 FCJ 1 ○ 4
Q-		01-7 02-7
Q-		01-11 02-11 SJ 1 ○ 4
Q-		01-12 02-12
		组合类型 DQ

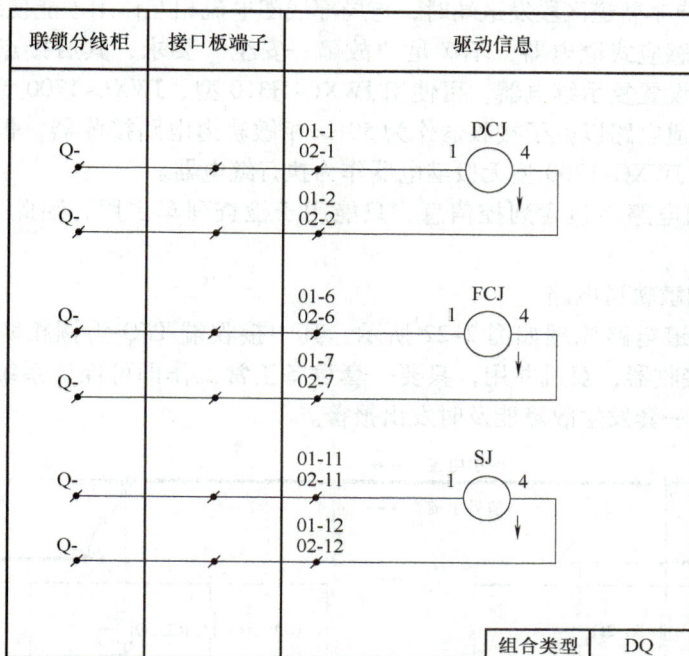

图 2-21 驱动电路

课题 3 轨道空闲检测设备

城市轨道交通轨道空闲检测设备有轨道电路和计轴设备两种形式，二者都是用于检查线路上是否有列车或车辆占用的监督设备。一般来说，车辆段内使用 50Hz 相敏轨道电路，停车场内有的使用 50Hz 轨道电路，有的使用计轴设备，正线使用数字轨道电路或者计轴设备。

随着 CBTC 技术的应用，新建城市轨道交通的正线运营线路上，广泛采用了计轴设备。

一、轨道电路

轨道电路是以线路的两根钢轨作为导体，并用引接线连接信号电源和接收设备所构成的电气回路，能自动、连续地将列车运行和信号设备状态联系起来，以保证行车的安全。

轨道电路的作用是监督线路上是否有列车占用，并将空闲/占用信息传给联锁系统，数字轨道电路还能够传送 ATP 列车报文，实现车地双向通信。

1. 50Hz 相敏轨道电路

（1）简介

由于城市轨道交通采用直流牵引，因此轨道电路可采用 50Hz 交流电，接收端具有"相敏"特性，即达到规定的相位要求时继电器才能励磁吸起，表示轨道区段空闲。根据接收端设备不同，50Hz 相敏轨道电路可分为继电式和微电子式两种。

继电式 50Hz 相敏轨道电路接收端采用 50Hz 二元继电器，该继电器具有频率选择性和相位选择性。频率选择性使得直流牵引电流不会造成继电器误动，相位选择性确保加在继电器轨道线圈的电流只有来自本轨道区段发送端时，与局部线圈电流相互作用才能使继电器励磁吸起。交流二元继电器是感应式继电器，不满足"故障—安全"要求，其后接点不能用于控制和表示电路中，必须设置复示继电器，可使用 JWXC-H310 型、JWXC-1700 型无极继电器。

微电子相敏轨道电路以电子接收器作为 50Hz 相敏轨道电路接收器，根据需要可使用单套或双套设备，用 JWXC-1700 型无极继电器作为执行继电器。

50Hz 相敏轨道电路不包含列控信息，只能用于检查列车占用，因此仅适用于车辆段、停车场范围。

（2）微电子相敏轨道电路

微电子相敏轨道电路原理如图 2-22 所示，其中接收端 TFQ 为调相防雷器，WXJ50 为 50Hz 微电子相敏接收器，双机并用，只要一套设备正常工作即可保证系统正常运行，提高系统可靠性。其中一套发生故障能及时发出报警。

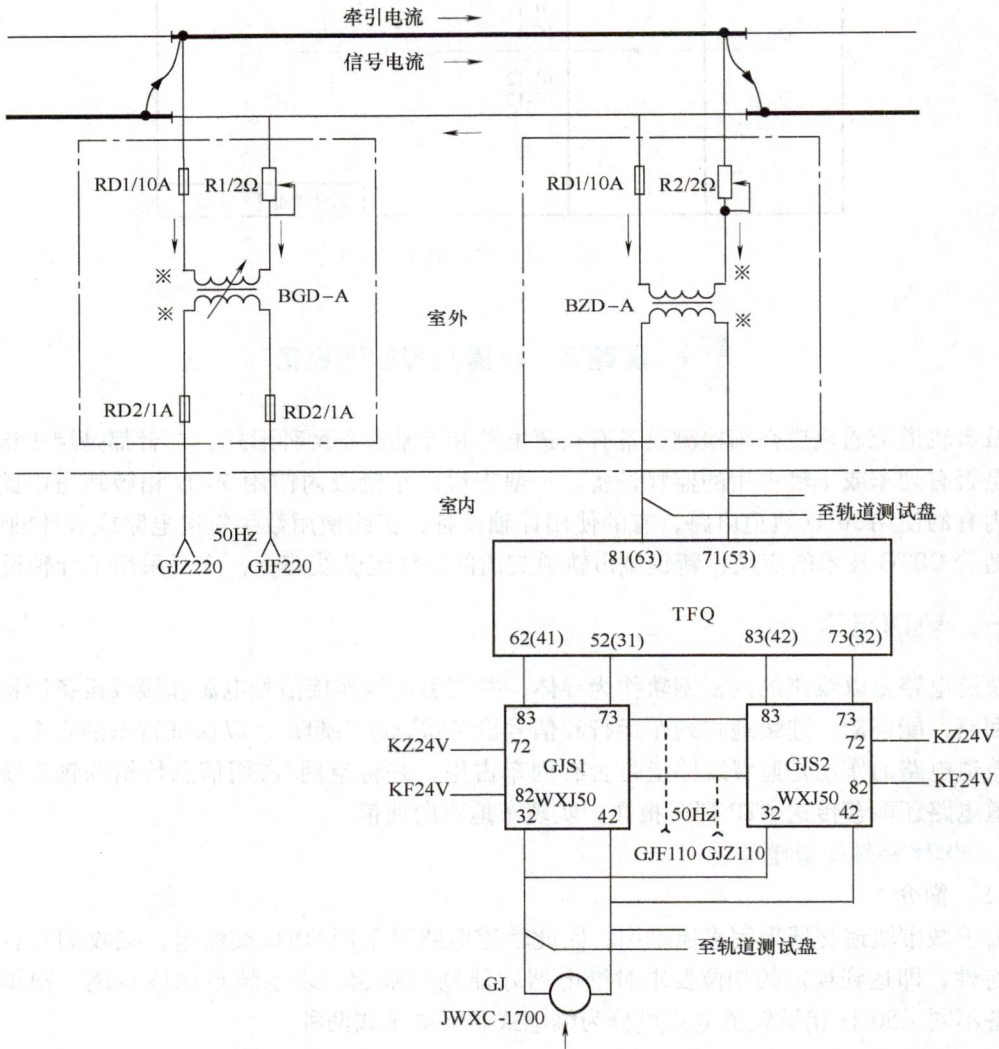

图 2-22　微电子相敏轨道电路原理图

满足规定的频率、相位要求时，接收端继电器吸起。当轨道区段被分路，或频率、相位不符合要求时，继电器落下。

2. 数字轨道电路

用于城市轨道交通的数字轨道电路有德国西门子公司的 FTGS 遥控音频无绝缘轨道电路、美国 US&S 公司的 AF-904 数字（音频）轨道电路、法国 ALSTOM 公司的 DTC921 数字无绝缘轨道电路等。

音频轨道电路具有检测列车占用和传送 ATP/ATO 信息两个功能，均为无绝缘轨道电路，用电气隔离方式形成电气绝缘节，实现相邻轨道电路的隔离和划分。其中 FTGS 轨道电路结构如图 2-23 所示。

采用 FTGS 轨道电路的正线，一般每 200 ~ 300m 划分为一个轨道区段，用于检查列车占用以及向列车传送 ATP 报文。

1) FTGS 轨道电路发送端、接收端均通过 S 棒电气绝缘节与钢轨相连。

2) 发送端产生音频信号，调制生成移频键控信号（FSK），经过放大、滤波后发往轨道。

3) 接收端对轨道传来的 FSK 信号解调，经过按照双通道设计的接收设备处理后，动作各自继电器，如图 2-23 中 GJ1、GJ2，两继电器应动作一致。

4) 当轨道区段占用时，报文转换板控制发送设备停止发送原有信号（位模式），将 ATP 报文迎着列车运行方向发往轨道；当轨道区段空闲时，停止发送 ATP 报文。

二、计轴系统

计轴系统通过检测列车通过线路上计轴点的车轴数，以确定两计轴点之间（即轨道区段）的占用/空闲状态。

1. 工作原理

列车经过轨道计轴点作用区时微机开始计轴，并判断运行方向，对驶入计轴区域的轮轴进行加轴运算，如图 2-24 所示，对驶离计轴区域的轮轴进行减轴运算，如图 2-25 所示。

计轴设备的优势是与轨道和道床状况无关，具备检查长轨道区间的能力，也解决了长期困扰行车安全的轨道电路分路不良问题。

2. 设备组成

计轴系统如图 2-26 所示，由室外设备、室内设备组成。

（1）室外设备

1) 计轴磁头（车轮传感器），如图 2-27 所示，由相互独立、电路分离的两套传感单元电路组成。车轮跨越计轴磁头，两套传感电路分别感应出车轮轮轴信号。两路轮轴信号必须满足有先后、有重叠的特征，才被认为是有效的车轮信号。两路轮轴信号的相位关系代表车轮的运动方向，系统以此来识别车轮运行方向。

2) 电缆终端盒（又称黄帽子、电子盒），如图 2-28 所示，作用是给磁头供电，然后接收磁头发回的信号，经过简单逻辑判断和处理后发回室内。

（2）室内设备

1) 计轴主机（计轴评估器 ACE），轮询所有计轴室外设备并取得计轴数据，并与相邻计轴主机交换计轴数据，确定计轴区段的状态，将区段状态输出至轨道继电器。

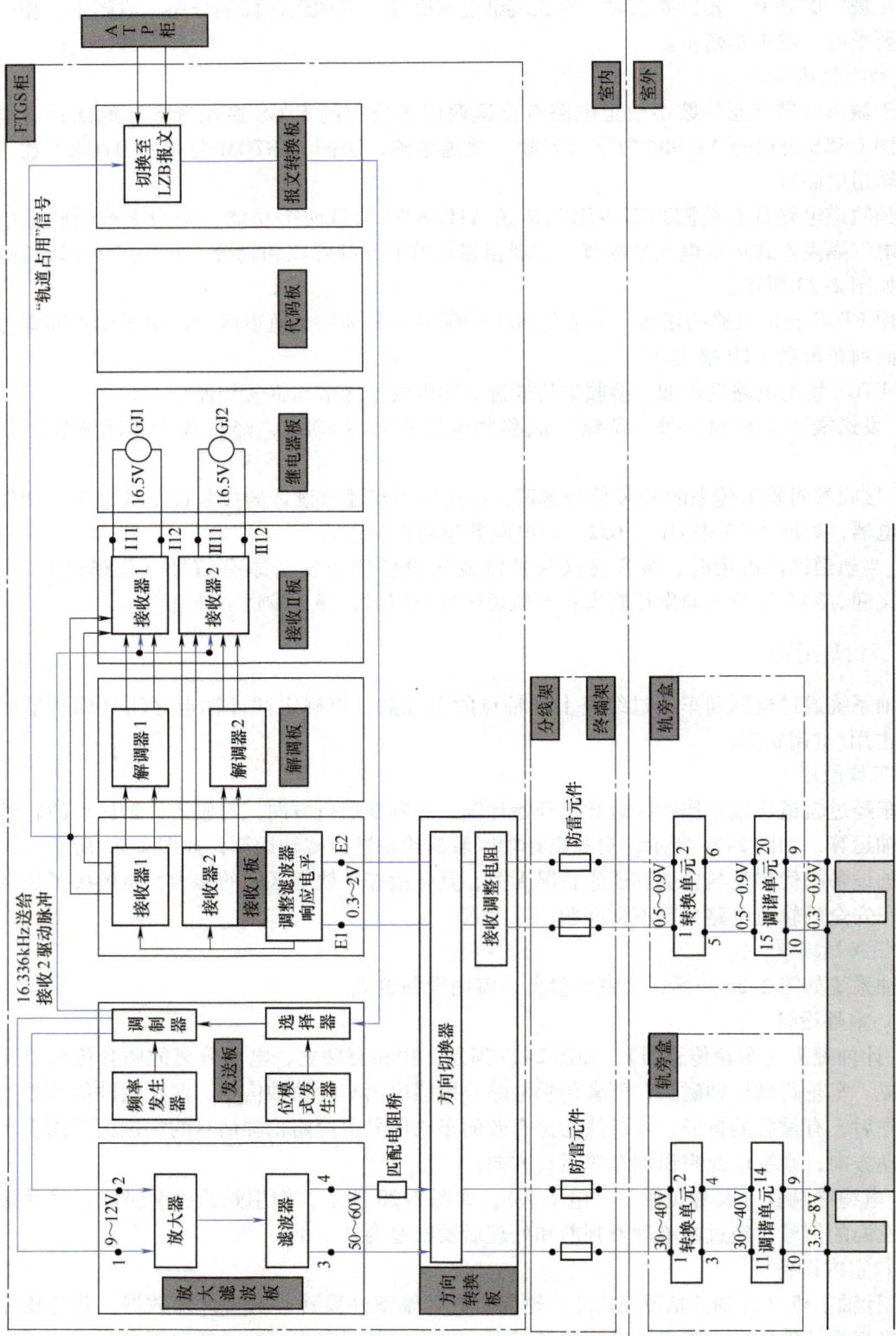

图 2-23 FTGS 轨道电路结构图

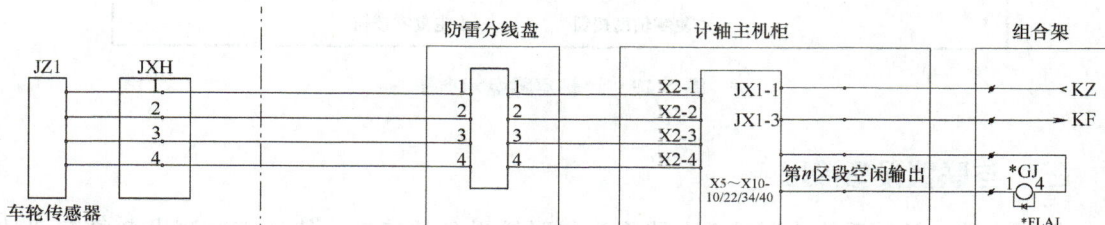

图 2-24　区间计入　　　　　　　　　　　图 2-25　区间计出

图 2-26　计轴系统控制电路

a)

b)

图 2-27　计轴磁头

图 2-28　电缆终端盒

2）计轴复零盘，如图 2-29 所示，可单独设置，也可设置于车控室 IBP 盘，当计轴系统处于受扰状态时，可使用预复位、直接复位等方式使相应区段复零。

3. 系统功能

1）为联锁、列控、闭塞和其他信号系统提供轨道区段占用/空闲的安全开关量输出。

2）列车运行方向鉴别功能。

3）直接复位和预复位功能。

4）自诊断及故障检测功能，具备与信号微机监测系统、维护支持系统等监测、管理系统的接口。

想一想　　工务部门施工使用单轨车时，怎样防止单轨小车干扰计轴系统？

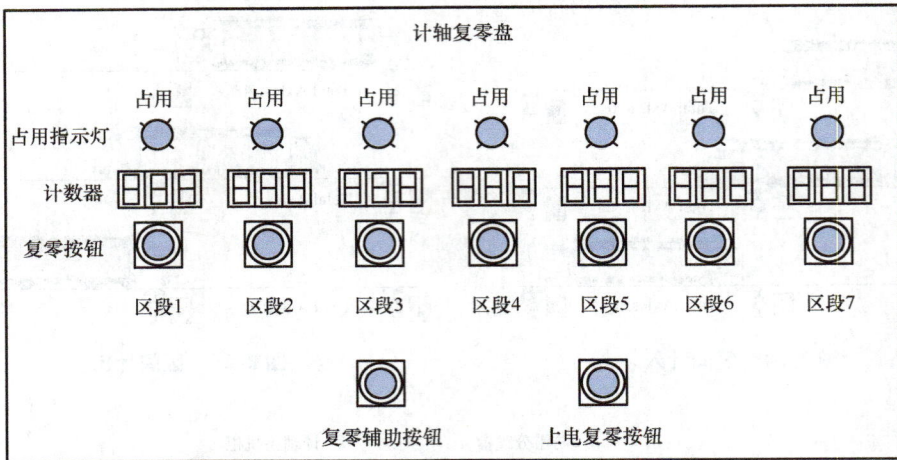

图 2-29　计轴复零盘示意图

三、与联锁设备接口

轨道电路、计轴系统均通过继电器作为与联锁设备的接口，使轨道监测设备具有"故障—安全"特性。联锁设备采集继电器状态确认轨道区段占用/空闲状态，作为判断是否满足联锁关系的依据之一。

西门子公司的计算机联锁系统（SICAS）通过位于接口计算机（ESTT）内的输入/输出接口模块（STEKOP 模块），采集 FTGS 轨道电路继电器的状态，两组继电器状态一致时，向联锁系统发出"轨道占用"或"轨道空闲"信号。

国产计算机联锁系统设置有驱采机或电子终端，例如 EI32-JD 联锁系统，驱采机采用符合"故障—安全"要求的二乘二取二结构，每个采集板可进行 64 路采集。

某城市轨道交通联锁设备采集电路如图 2-30 所示。

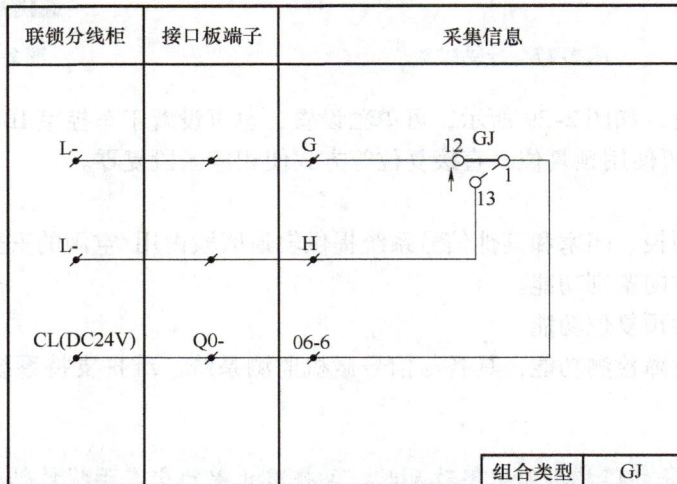

图 2-30　联锁设备采集电路

1）从 GJ 前接点采集到 DC 24V，说明继电器处于吸起状态，表示轨道区段空闲。

2）从 GJ 后接点采集到 DC 24V，说明继电器处于落下状态，表示轨道区段占用或故障。

3）当从 GJ 前、后接点同时采集到 DC 24V 时，联锁系统（或监测系统）可发出报警。

【知识拓展】

1. 计轴系统复位

计轴系统具有不需要安装轨道绝缘、避免分路不良等优点，但容易受到失电后恢复、电磁干扰、磁头处划过金属物等影响而造成干扰，需要人工复位。

（1）典型术语

1）空闲：计轴区段在计入轴数和计出轴数相等的状态。

2）占用：计轴区段在计入轴数和计出轴数不等的状态。

3）负轴：计轴区段在无计入轴数而有计出轴数或计出轴数多余计入轴数时的状态。

4）复位：对计轴区段从占用状态改为空闲状态的操作，包括预复位和直接复位。

（2）预复位与直接复位

对于计轴区段有两种复位方式：预复位和直接复位。

1）预复位。车站值班员按下相应的复位按钮，该区段仍保持占用状态，只有在该区段运行一趟车，计轴系统确认计入和计出轴数相等后，该区段才能恢复为空闲状态，轨道继电器才能吸起。

2）直接复位。在设备无故障以及车轮传感器上方轮缘探测范围内无金属干扰物时，通过立即复位，例如同时按压直接复位按钮和该计轴区段预复位按钮，可使计轴系统立即输出区段空闲状态。

直接复位功能一般仅用于设备调试阶段，在 CBTC 系统开通后，应取消直接复位功能。

（3）受扰区段的"清扫"

计轴区段受扰后执行预复位，相应区段并不会就此恢复空闲状态，而是一个中间阶段，称为"待清扫"。待清扫状态的轨道区段在联锁系统中仍然按故障区段处理，不能排列进路和开放信号。

对于待清扫的区段，可以使用清扫车按最大 20km/h 的速度运行，也可依靠专用工具采取人工划轴的方式模拟列车运行，使该区段复位。

2. 计轴系统与 CBTC 的关系

计轴设备主要在 CBTC 系统的移动授权尚未开通时使用，同时也作为无线设备故障时的备用冗余设备存在。

计轴的核心理念仍然是对轨道区段的物理检查，随着通信技术的发展，尤其是无线通信、计算机网络技术和数字信号处理技术的迅速发展，信号系统的冗余、容错技术完善，车地之间能够保持不间断的、可靠的双向通信，CBTC 系统能够完全掌握所有在线列车的速度、精确位置等信息，完成对所有列车的自动监控，因此在城市轨道交通的正线没有了轨道电路、计轴等对线路物理分割所构成的闭塞分区，只有为了系统管理需要而设置逻辑分区或虚拟闭塞分区，CBTC 系统可以在确保运行安全的前提下最大限度地缩短列车运行间隔。

当 CBTC 系统正常工作时，计轴系统不参与 ATP 和联锁功能，但总是处于受监督的工作状态，计轴区段的占用/空闲和故障信息会发往 ATS 系统，ZC 正常工作时忽略计轴区段的状态，因此，当系统处于自动模式时，计轴系统的故障不会影响 CBTC 系统的性能和列车通过能力。

对于非通信列车或 CBTC 系统发生故障时，由于没有车载信号，列车只能由司机操纵根据地面信号显示运行。ZC 根据计轴系统提供的线路占用情况，按照计轴系统划分的轨道区段，实现对道岔、信号的联锁控制，并确保列车运行的安全间隔。

【课后习题】

一、填空

1. 城市轨道交通地面信号机设置于列车运行方向的（　　　　　　）。

2. （　　　　　　）是用以限制设备安装的轮廓线。

3. 在道岔的岔前和岔后适当地点设置（　　　　　　）。

4. 防护信号机点亮（　　　　）灯光时，其显示意义为禁止越过该信号机。

5. 防护信号机点亮（　　　　）引导信号，允许列车以不超过（　　　　）的速度越过该信号机，有条件进入区间。

6. 阻挡信号机只有一个（　　　　　　）显示，可以采用单显示机构。

7. 车站可在正向出站方向站台一侧，列车停车位置前方适当地点设置（　　　　　　），向司机表示能否关闭车门及发车的时间。

8. CBTC 系统中，当信号系统无故障时，区域控制器（Zone Controller，ZC）输出指令，由联锁设备驱动 DDJ↑，正线信号机均（　　　　）。

9. 室内联锁设备与道岔控制电路的联系包括（　　　）电路和（　　　）电路两部分。

10. EI32-JD 联锁系统驱采机采用符合"故障—安全"要求的（　　　　　　）结构。

二、判断

1. 城市轨道交通采用右侧行车制，其地面信号机设置于列车运行方向的右侧，特殊情况下可以设置在列车运行方向左侧或其他位置。　　　　　　　　　　　　　　　　　（　　）

2. 在线路尽头处设置阻挡信号机，指示列车停车位置。　　　　　　　　　　　（　　）

3. 2DJ，二灯丝继电器，用于监督红灯或绿灯点灯状态。　　　　　　　　　（　　）

4. 办理引导进路后 YXJ↓，显示引导信号；YXJ↑后，引导信号关闭。　　　（　　）

5. 城市轨道交通正线一般使用 9 号或 12 号道岔，车辆段（停车场）使用 7 号道岔。
　　　　　　　　　　　　　　　　　　　　　　　　　　　　　　　　　　（　　）

6. ZD6-D 型电动转辙机单开道岔采用五线制控制电路。　　　　　　　　　　（　　）

7. ZDJ9 型电动转辙机使用三相交流电动机，单开道岔采四线制控制电路。（　　）

8. 计轴系统通过检测列车通过线路上计轴点的车轴数，以确定两计轴点之间（即轨道区段）的占用/空闲状态。　　　　　　　　　　　　　　　　　　　　　　　（　　）

9. 城市轨道交通车辆段内使用 25Hz 相敏轨道电路。　　　　　　　　　　　（　　）

10. 计轴磁头由相互独立、电路分离的两套传感单元电路组成。　　　　　　　（　　）

三、简答

1. 正线防护信号机有哪些显示？分别表示什么含义？

2. 在电路图中描画防护信号机显示黄灯的电路。

3. 在电路图中描画防护信号机显示引导信号的电路。

4. 车站操作终端信号复示器有哪些显示？分别表示什么含义？

5. 车站操作终端对道岔有哪些操作？

6. 在电路图中描画道岔由反位向定位转换的启动电路。

7. 在电路图中描画道岔 FBJ 电路。

8. 说明相敏轨道电路工作原理。

9. 说明数字轨道电路工作原理。

10. 说明计轴系统工作原理。

03

单元3 车辆段信号系统

【学习导入】

　　车辆段联锁系统用于保证列车进段、出段及在车辆段内作业的安全。联锁关系的基础是联锁表，城市轨道交通车辆段的联锁设备利用计算机系统实现联锁关系，并通过冗余结构确保系统的安全性和可靠性，利用继电器构成的接口电路实现对室外设备的控制和表示。

【学习目标】

1. 掌握车辆段线路的组成。
2. 了解车辆段各岗位职责。
3. 掌握列车进、出车辆段的工作过程。
4. 掌握检修车辆段信号设备登/销记要求。
5. 掌握车辆段计算机联锁系统结构。
6. 了解计算机联锁采集、驱动电路工作原理。
7. 熟练掌握联锁关系的主要内容。
8. 能看懂车辆段信号平面图和联锁表。
9. 掌握车辆段联锁设备操纵方法。
10. 了解6502电气集中电路的组成及工作原理。

【基本知识】

课题 1 车辆段信号平面图认知

车辆段是城市轨道交通系统中对车辆进行运营管理、停放及维修保养的场所，有的公司也称之为"车场""车厂"。一条线路设一个车辆段，线路长度超过 20km 时，可以考虑另设一个停车场。

一、车辆段简介

1. 主要设施

车辆段与综合基地作为城市轨道交通配套系统，主要包括车辆段、综合维修中心、物资总库、培训中心四个基本部分，并配有必要的办公生活设施，某公司车辆段线路如图 3-1、图 3-2 所示，具体设施包括：

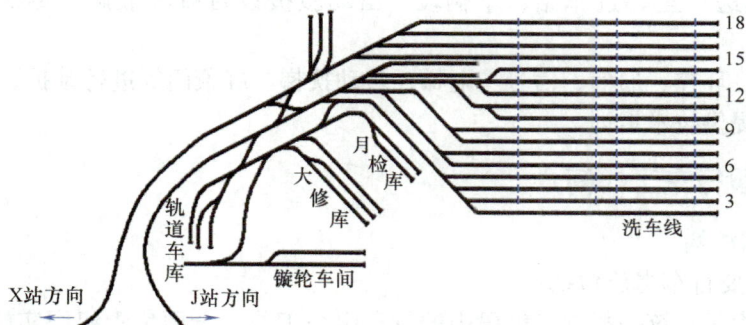

图 3-1 车辆段线路举例

图 3-2 车辆段实景举例

1）列车停放及列检作业库：采用一线两列尽端式布置，或一线三列贯通式布置。

2）各种检修作业库：其中大修、架修库设置有转向架、电动机、制动机等维修间，根据需要设置起重设备和架车设备。

3）洗车作业线：一般安装自动洗车机，根据用地条件，可采用贯通式布置或尽端式布置。

4）试车线：属于动态试验线，用于完成定修、架修、大修等修程后的车辆进行试车检测。

5）运转车间：负责列车乘务作业及段内调车作业。

6）设备车间：负责维修段内动力设施及通用设备。

7）综合维修中心：为通信、信号、供电、工务、建筑等提供服务。

8）培训中心：满足全段使用的教育培训中心。

9）仓储设施：统一管理车辆配件及其他系统物资材料。

10）其他办公、服务设施：综合办公楼、食堂、会议室等。

2. 主要任务

车辆段是保障城市轨道交通正常运营的后勤基地，主要任务包括：

1）车辆的停放、运用管理、日常保养及一般临时性故障处理。

2）根据检修周期，定期对车辆进行计划性修理。

3）正线运营列车发生故障、事故或供电线路中断供电时，出动救援车辆将事故、故障列车牵引（或顶送）至邻近车站、车辆段，出动救援设备排除故障，尽快恢复正常行车秩序。

4）对供电、环控、通信、信号、电梯、自动扶梯、屏蔽门等进行维护、保养和检修。

5）为职工提供技术培训。

二、车辆段行车工作简介

1. 行车组织机构

车辆段内主要行车岗位包括：

1）车场调度员：统一指挥车辆段内的行车组织工作，全面负责组织实施列车、机车车辆转轨和取送作业，组织实施调试作业、列车出入车辆段等工作，合理科学地调配人员、机车车辆，协调安排车辆段内行车设备、消防设备及库房等设备设施的检修维护。

2）信号楼值班员：位于信号楼行车室，负责接收车场调度员的接发列车、调车作业计划，操作联锁设备终端办理列车、调车进路。

3）车辆轮值工程师：全面负责车辆的计划维修、故障抢修、事故处理、调试、改造作业安排及组织实施，监视所有车辆技术状态，提供运行图所规定的列车数上线服务，并确保其状态良好、符合有关规定。负责车辆检修内务管理及协调。

4）正线/车场派班员：负责安排司机的出/退勤作业，制订和组织实施司机的派班计划，遇突发事件及时调整交路、调配好司机的派班。

5）调车员（调车长）：车辆段调车作业时，负责现场指挥机车车辆移动，可由工程车司机（或副司机）担任。

6）工程车司机：工程车开行时，由两名司机担任，一名负责驾驶列车，另一名担任车长，负责指挥列车运行及检查监视车辆调车作业的安全，推进时负责引导瞭望。

7）电列车司机：负责驾驶电列车在正线上运行及在车场内的调车作业和电列车运作的安全。

2. 调车作业

除列车在正线上的运行以外，凡因列车折返、转线、解体、编组和车辆摘挂、取送等作业需要，列车或车辆在线路上进行有目的的调动，都属于调车。

城市轨道交通的调车作业主要是在车辆段和折返站内进行。

（1）调车作业开始前

在调车作业前，调车长应将调车作业计划、作业方法向调车司机及其他调车人员传达清楚。

（2）调车作业过程中

作业过程中，执行"要道还道"制度。要道还道是指调车长或调车司机向信号楼值班员要道，信号楼值班员在进路准备好后向调车长或调车司机还道。

（3）调车作业结束后

每班工作结束后，由调车长负责召集调车组人员，总结本班生产任务完成、安全等情况，遇非正常情况及时向车场调度员报告。

3. 列车作业

车辆段与衔接站的联锁设备工作正常时，采用正常情况接发列车方式组织列车出入段。

（1）列车出库、出段

发车计划由车场调度员根据列车运行图、运营检修车安排、车场线路存车情况等编制，内容包括列车车次、待发股道、运用车编号等。计划编制完毕后，除应将计划下达给信号楼值班员外，还应该将计划中列车车次、车号、有无备车、备车车号等内容上报给行车调度员。

信号楼值班员在办理列车发车作业时，应确认区间空闲（出、入段线视为区间），停止影响发车进路的调车作业。

列车起动前应确认信号开放与库门开启正常，并注意平交道是否有人员、车辆穿越。在规定的出库时间已到而出库信号仍未开放时，乘务员应主动询问信号楼值班员，联系不上时可通过车场调度员询问。

正常情况下，列车经由出段线出段。列车出段凭信号机的显示，在出段线的无码区按限速人工驾驶方式运行（限速 20km/h），在进入有码区前一度停车，待设置好车次号及接收到速度码后，以 ATO（或 ATP）方式投入线路运营。

（2）列车入段、入库

信号楼值班员在办理列车接车作业时，应确认接车线路空闲，停止影响接车进路的调车作业。

正常情况下，列车经由入段线入段。列车入段凭信号机的显示，在入段线的有码区按人工 ATP 方式运行，在入段线的无码区按限速人工驾驶方式运行。

列车入库按调车作业有关规定进行，进入车库前应在车门外一度停车。有人接车时按入库手信号进入车库；无人接车时，乘务员应下车确认库门开启正常、接触网送电后方能进入车库。

（3）设备故障时出入段

在设备故障（咽喉道岔、道岔区轨道电路、牵引供电）或检修施工（车场线路、信联闭设备、接触网）时，可采用引导接车方式，或者组织列车由入段线出段（由出段线入段），但应得到行车调度员准许。

当车辆段或衔接站的联锁系统故障时，应采用电话闭塞法或按调度命令组织行车。

想一想 信号设备的哪些故障会影响列车进、出车辆段？

4. 检修/施工作业

（1）计划

检修/施工作业须按规定时间提报计划，临时补修计划由作业部门直接向车场调度员提出申请，车场调度员根据当时现场作业情况妥善安排。

日计划、临时补充计划由车场调度员协调、统筹审定后组织实施，车场调度员根据作业要求，需司机或其他部门配合时，应及时通知相关人员。

遇到检修/施工作业影响到机车车辆检修或转轨时，车场调度员应及时通知相关部门调整计划。

按提报的计划进行检修/施工作业区域发生变更时，作业部门应在检修/施工作业前规定时间内报补充计划进行变更。

已划定作业区域的检修/施工作业，检修/施工负责人必须在检修/施工作业前规定时间向车场调度员办理请点作业，由检修/施工负责人安排作业区域防护措施。

（2）登记

信号、线路维修人员对信号设备、线路进行日常检修时，现场需设置防护，应有专职联络人员在信号楼行车控制室值班并加强与现场联系通报行车情况。

在线路上作业，请点不超过10min（对列车、机车车辆运行有速度限制时除外），由专职联络人员向信号楼值班员提出申请，信号楼值班员报车场调度员准许后办理给点登记手续。

专职联络人员应认真按《车辆段施工/检修作业登记簿》规定的内容逐项（设备名称、编号、工作内容、请点时间、故障状态、是否影响行车等）填写清楚，认真确认信号楼值班员同意的起止时间后，与信号楼值班员互相核对签认。

当行车设备发生故障时，信号楼值班员应将故障情况记入《设备维修检查登记簿》，通知信号、工务人员进行修复，并向车场调度员汇报清楚。检修人员接到通知后立即派人修复。

三、车辆段信号平面图

信号平面图是根据车辆段线路图绘制的，是进行信号工程设计与施工的重要依据。

车辆段由三个部分组成：咽喉部分、线路部分和车库部分，信号平面图如附图2所示。

咽喉部分是车辆段的停车库、检修库与正线连接地段，包括出、入段线和道岔，咽喉部分线路布局是否合理直接影响车辆段的正常运营效率。

线路部分包括各种用途不同的线路，如停车线、列检线、镟轮线、检修线、洗车线、牵出线、试车线、静调线、救援线和联络线等。

车库部分有停车库、定修库、架修库、洗车库等。

车辆段联锁控制区内的信号设备主要包括：

1. 信号机

车辆段信号机主要包括入段信号机、出段信号机、段内调车信号机。

1）进、出段信号机：用于指示列车进、出车辆段。

进、出段信号机与转换轨的位置关系主要有以下三种形式：

① 转换轨设置在车辆段进段信号机内方，在转换轨正线一端并置设有进、出段信号机。如附图 2 所示。

正线车站与转换轨间的作业均按列车方式办理，转换轨与车辆段的作业按调车方式办理。进、出段信号机显示和灯光配列与正线车站道岔防护信号机相同。其中，进段信号机及转换轨由车辆段控制，出段信号机由控制中心和正线相邻车站控制。

② 转换轨设在车辆段进段信号机内方。

在车辆段入口处设置进段信号机，需要直接出段的库线设出段信号机。列车由转换轨至车辆段的各种库线按列车方式办理，段内其他作业统一按调车办理。进、出段信号机均由车辆段控制，转换轨由控制中心和正线相邻车站控制。

③ 转换轨设在车辆段进段信号机外方。

车辆段入口处并置设有进、出段信号机，进段信号机归车辆段控制。出段信号机和转换轨由控制中心及正线相邻车站控制。列车由转换轨至车辆段内小站台和洗车库作业按列车方式办理，段内其他作业统一按调车办理。

2）调车信号机：咽喉区及其他地点根据作业需要设置调车信号机，由车辆段入口开始，向停车库顺序编号。调车信号机以红色或蓝色灯光为禁止信号，月白色为允许信号，按照相互位置关系不同，调车信号机可分为以下几种：

① 单置调车信号机，例如图 3-3 中的 D16，信号机前后均为包含有道岔的轨道区段。

② 并置调车信号机，例如图 3-3 中的 D9 和 D1、D11 和 D12，构成并置关系的两调车信号机分别在线路两侧，显示方向相反，共用一组绝缘。

③ 差置调车信号机，例如图 3-3 中的 D8 和 D15，构成差置关系的两调车信号机分别在线路两侧，显示方向相对，信号机之间有无岔区段。

3）阻挡信号机：线路尽头设置仅红灯显示的阻挡信号机，能同时存放两列及以上列车的停车线，中间设置可兼作调车信号机的列车阻挡信号机。

2. 道岔及转辙机

车辆段内可使用辙叉号为 7#或 9#的道岔，每组道岔设一台转辙机。

车辆段内道岔由车辆段入口开始向停车库顺序编号，其中联动道岔连续编号。

3. 轨道占用检测设备

车辆段内轨道占用检测设备可使用 50Hz 相敏轨道电路，也可以使用计轴设备，不论使用哪种设备，命名规则基本相同，均称为轨道区段，包括道岔区段和无岔区段两种类型，如图 3-3 所示。

（1）道岔区段

1）包含一组道岔：例如图 3-3 中，包含 10 号道岔的区段，名称为 10DG，包含 18 号道岔的区段为 18DG。

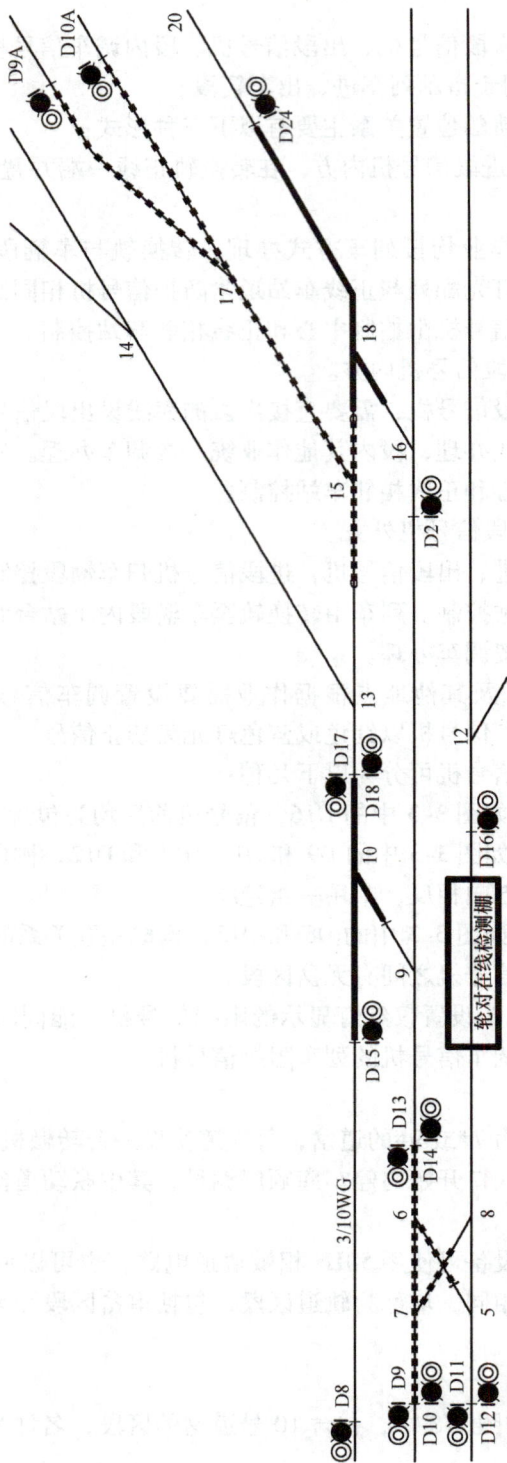

图 3-3 车辆段信号平面图局部

2）包含两组道岔：例如图 3-3 中，包含 6、7 号道岔的区段，名称为 6-7DG，包含 15、17 号道岔的区段为 15-17DG。

（2）无岔区段

1）进段信号机内方：有的仅作顺序编号，例如附图 1 中，名称为ⅠG、ⅡG；有的则结合其作为转换轨的作用，命名为 ZHG1、ZHG2。

2）位于轨道电路尽头：例如附图 1 中位于牵出线末端的轨道区段，以及位于洗车棚两侧的轨道区段，根据相关调车信号机命名，例如 D3G、D19G。

3）位于咽喉区：结合无岔区段两端道岔号命名，例如 3/10WG，表示位于 3 号、10 号道岔之间的无岔轨道电路。

4）位于停车库内：结合所在线路调车信号机命名，当一条停车线被划分为两个轨道区段时，用 A、B 区分，例如 D16AG、D16BG 等。

在信号平面布置图上方还应列出各设备坐标。除上述外，车辆段信号平面图中还包括试车线、练兵线等。

四、试车线

车辆段试车线是地铁列车进行动态调试和试验的线路，主要用于测试列车的 ATP/ATO 功能，包括车辆调试、信号车载设备调试、车辆与信号系统联合调试，以及车辆与信号车载设备检修。以某城轨公司为例说明试车线信号系统的结构与功能。

1. 试车线功能

（1）试车功能

试车功能主要包括功能检查（包括车门、旁路开关、紧急按钮等），在设置有屏蔽门的线路上，功能检查还包括车门与屏蔽门的模拟试验，牵引性能试验和制动性能试验，车载信号系统试验三大部分。

（2）动态调试和试验

1）模拟中间为车站，两端进行站后折返作业（包括无人/有人驾驶自动折返、ATP 监督下的人工驾驶模式折返）。

2）两端为车站，中间为区间线路，对车载信号系统进行速度等级的 ATP 功能、ATO 全自动驾驶试验，主要包括 RM 模式（ATP 保护限速人工驾驶 25km/h）、SM 模式（ATP 保护人工驾驶）、列车自动驾驶 ATO 模式、节能模式（巡航/惰行）的试验。

3）ATO 精确停车试验。

4）车门试验，允许开左侧、右侧、双侧车门。

5）对不同的列车编组（长、短车）的屏蔽门监控试验。

6）紧急制动试验（包括制动距离）。

7）车地双向通信及驾驶模式间转换等功能的测试。

2. 信号系统举例

试车线设计长度为 1200m，设 6 个区段，2 个模拟车站，两端端头设防列车冲出的车挡。

试车线信号系统的室内和室外设备由以下部件组成：FTGS（西门子遥控编码式音频轨道电路）的室内和室外设备、ATP/ATO（列车自动保护/列车自动驾驶系统）轨旁单元、试车线联锁模拟计算机（PC）、与车辆段联锁系统的接口（用于紧急制动）、SYN（精确同步停车）环线及机柜、PTI（车地通信系统）环线及机柜（包括屏蔽门接口）、电源系统、不间断电源（UPS）、试车线控制盘、室内外连接电缆。

新车和检修后的列车都要在试车线进行动态调试及性能试验后才能上线运营。试车线对地铁运营中车辆及车载信号设备的可靠性、效率的提高，起到非常积极、重要的作用。

课题2　车辆段联锁设备

车辆段联锁设备是城市轨道交通的重要信号设备，用于完成车辆段内建立进路、转换道岔、开放信号以及解锁进路等功能，实现道岔、信号、进路之间的联锁关系，以保证车辆段内的行车安全，提高作业效率。

车辆段的联锁设备早期为继电式集中联锁，目前基本都采用计算机联锁系统，与铁路车站所使用的联锁设备功能基本一致。

一、联锁设备

1. 联锁

列车和调车机车车辆在车辆段内所经过的径路称为进路，是从一架信号机开始，至同方向次一架信号机为止的线路。按照道岔的不同开通方向可以构成不同的进路，每条进路由相应的信号机防护，列车或调车机车车辆必须依据信号的开放进入或通过进路。

办理进路，就是将有关道岔转换到进路要求的位置后锁闭，并开放防护进路的信号。但是有些进路如果同时建立会造成列车或调车车列冲突的危险，这样的进路互为敌对进路，防护这两条进路的信号互为敌对信号。

为了保证列车、调车作业安全，只有在进路空闲、道岔位置正确、敌对信号处于关闭状态时，防护进路的信号才能开放；当信号开放后，进路上有关道岔不能再转换，其敌对进路不能建立、敌对信号不能开放，这种信号、道岔、进路之间相互制约的关系，称为联锁关系，简称联锁。

2. 联锁设备

控制道岔、进路和信号，并实现它们之间联锁关系的设备称为联锁设备。

联锁设备既可以分散控制，也可以集中控制。目前使用的联锁设备有继电联锁和计算机联锁两大类。

1）继电联锁，又称为电气集中联锁，是用电气的方法集中控制和监督段内的道岔、进路和信号，并实现车辆段联锁关系的联锁设备。这种设备的主要特点是室外采用色灯信号机，道岔由转辙机转换，进路上所有区段均设有轨道电路，由继电器电路实现对室外设备的控制并实现联锁，操作人员通过控制台集中操纵和监督全段信号设备。

2）计算机联锁，是利用计算机实现联锁关系，用继电器电路作为计算机主机与室外信号机、转辙机、轨道电路的接口设备，操作人员通过计算机显示器等设备实现对现场设备的控制和监督。计算机联锁充分发挥了计算机的特点，操作表示功能完善，并方便设计、施工、维修和使用，便于实现信号设备的远程监督、远程控制和自动控制，是联锁设备的发展方向。

二、主要技术要求

1. 基本操作原则

联锁设备采用双按钮操纵方式，办理进路、取消和人工解锁进路、单独操作道岔都要单击两个按钮才能动作设备，这样可以防止由于误操作按钮造成信号设备错误动作。

2. 进路锁闭

进路锁闭指的是进路排通、防护进路的信号开放后，进路上有关道岔不能转换，有关敌对信号不能开放。控制台上办理好进路后，从防护进路的信号开始至进路的终端显示白光带，称该进路处于锁闭状态。集中联锁的道岔区段是锁闭的主要对象，进路锁闭的实质是由构成该进路的各轨道区段的锁闭构成的。

3. 接近区段的规定

进路的接近区段，一般指的是信号机外方的第一轨道电路区段。

进路排通、防护进路的信号开放后，接近区段空闲时的进路锁闭又称为进路的预先锁闭，接近区段有车占用时的进路锁闭又称为进路的接近锁闭。进路的锁闭程度不同，人工办理进路解锁时采用的方式也不同。

4. 信号的开放

控制台上操纵按钮办理进路后，满足下列条件信号即可自动开放：

1）进路空闲。

2）有关道岔转换至规定位置。

3）敌对进路未建立。

4）进路处于锁闭状态。

信号机应设灯丝监督装置，不间断地检查正在点亮的灯泡灯丝的完整性。信号点灯电路应具有主、副灯丝自动转换功能，主灯丝断丝后能自动转换至副灯丝继续点亮灯光，室内控制台上有相应的灯光和声音报警装置。

5. 信号的关闭

已经开放的信号，在下列情况应能自动关闭：

1）列车信号：当列车进入该信号机内方第一个轨道区段时。

2）调车信号：当调车机车车辆全部越过开放的调车信号，即出清调车进路接近区段时。

若接近区段留有车辆，则车列出清调车信号内方第一个轨道区段时信号关闭。

3）当信号显示与防护进路的条件不符合时（如进路上轨道电路故障、道岔位置改变，或信号灯丝断丝等）。

4）办理取消或人工解锁进路时。

6. 进路的自动解锁

进路的自动解锁是指进路锁闭信号开放后，随着列车越过信号机进入进路或调车机车车辆的牵出、折返，进路上有关轨道区段自动解锁，控制台上相应轨道区段的白光带自动熄灭。

进路的自动解锁根据电路动作的特点不同，包括两种情况：

1）正常解锁，也称为逐段解锁，即列车或调车机车车辆顺序占用和出清进路的各轨道区段后，进路上的轨道区段自动顺序解锁。

2）调车中途返回解锁：在调车过程中，调车机车车辆未压上或部分压上的轨道区段，能够随着调车机车车辆的折返而自动解锁。

7. 人工办理解锁进路及解锁轨道区段

人工办理解锁进路指的是进路建立后，不经列车或调车机车车辆运行，经人为操作将进路解锁。

1）当进路处于预先锁闭时，办理"取消解锁"，可将进路解锁。

2）当进路处于接近锁闭时，须办理"人工解锁"，才能将进路解锁。

当进路处于接近锁闭办理人工解锁进路时，进路需经过 3min 或 30s 的延时才能解锁。设置延时解锁，是为了防止解锁原有进路改办其他进路时，处于接近区段的列车或调车机车车辆可能由于停车不及时冒进信号而压上正在转换的道岔。延时能够确保列车或调车机车车辆有足够的停车时间。

"取消解锁"与"人工解锁"两种方式的不同在于使用的按钮不同，操作时执行的手续不同，具体操作将在后面详细介绍。

3）当发生车站停电后恢复供电，以及进路没有完全解锁等情况时，控制台上全部或部分轨道区段显示白光带，此时有关区段均处于锁闭状态，须办理"区段人工解锁"手续，才能将有关轨道区段解锁。

8. 道岔的锁闭

除进路锁闭外，联锁道岔还有以下锁闭方式：

1）区段锁闭：道岔区段有车占用时，区段内有关道岔不能转换，称为区段锁闭，此时控制台上有关道岔区段显示红光带。

2）单独锁闭：利用控制台上的道岔按钮断开道岔控制电路，使该道岔不能转换。对道岔进行单独锁闭后，控制台上该道岔表示灯显示红灯。

3）故障锁闭：在故障情况下道岔区段被锁闭，此时控制台上有关道岔区段显示白光带（或绿光带）。例如：列车经过进路后，由于分路不良使部分轨道区段不能解锁，控制台遗留有白光带（或绿光带）。

联锁道岔受到上述任一种锁闭时，应保证机车车辆通过道岔时，道岔不能起动。

上述锁闭方式均属于对道岔进行电气锁闭，即通过断开转辙机的控制电路，使转辙机不能转换。除上述锁闭方式外，当设备故障时，为保证行车安全，使用钩锁器对道岔进行现场加锁以及钉固道岔等都是车务部门常用的锁闭道岔方式。

9. 道岔的转换

在不受上述任何一种锁闭的条件下，联锁道岔允许单独操纵，根据在控制台上的操作，能够进路式选动。但单独操纵优先于进路式选动，在进路式选动过程中，如果尖轨转换遇阻不能转换到底时，为保护电动机，允许单独操纵转回原来位置。

为保证列车和调车作业安全，联锁道岔一经启动，则不受列车或调车车列进入道岔区段的影响，应继续转换到底。

转换到位后控制台有相应定位或反位表示，联动道岔只有两端尖轨均转换到位才能构成位置表示。

10. 引导接车

办理列车进段时，当有关信号机、轨道电路或道岔等故障时，进段信号不能正常开放，应使用引导接车的方式将列车接入车辆段内。

三、采集和驱动电路原理

目前，我国计算机联锁与室外设备的结合仍然以继电器作为接口，计算机联锁系统通过采集电路获得室外设备状态，通过驱动电路完成对室外设备的控制。

1. 采集电路原理

状态信息采集接口电路有两种形式：一种是对静态信息的采集；另一种是对动态信息的采集。两种都是故障—安全输入电路。下面以采集轨道继电器 GJ 的状态为例介绍动态故障—安全输入接口的电路，如图 3-4 所示。

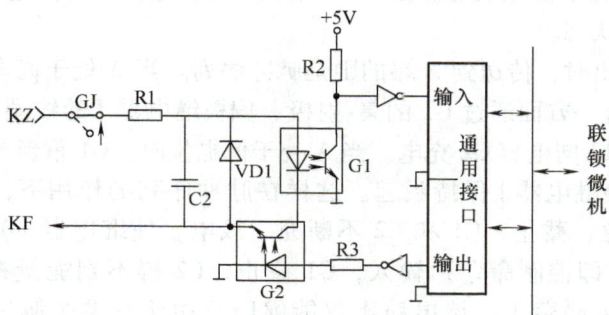

图 3-4　动态故障—安全输入接口原理图

图 3-4 中使用了两个光耦合器 G1 和 G2。G1 的输入级和 G2 的输出级串联。G2 导通时，由 GJ 的前接点控制 G1 的导通与截止。G2 的输入级由计算机的输出口控制其通断，G1 的输出口则接至计算机的输入口。

在 GJ 前接点闭合的情况下，若计算机输出高电平信号 "1"，则 G2 导通，从而使 G1 也导通，于是 G1 的输出将低电平信号 "0" 送入计算机。反之，若计算机输出一个低电平信号 "0"，则 G2 与 G1 均截止，读入计算机的是高电平信号 "1"。因此 GJ 吸起时计算机的输入与输出互为反向关系。

当系统需要采集 GJ 状态信息时，由计算机输出脉冲序列，例如 101010，当 GJ 前接点闭合且电路无故障情况下，返回计算机的是相反的脉冲序列，即 010101；当 GJ 落下或电路发生故障时，G2 的输出端是稳定电平信号 "0" 或者 "1"，计算机读到稳定电平信号，表示继电器处于落下状态。

动态输入接口电路实际上是一个闭环形式的动态脉冲电路，通过计算机校验输入代码是否畸变来判断输入电路是否故障，从而实现故障—安全。

2. 驱动电路原理

计算机输出的控制信息用于控制执行部件的继电器，为了实现故障—安全，大多采用动态输出驱动方式。各厂家实际驱动电路不完全相同，但基本原理如图 3-5 所示。

在电路正常情况下，当计算机没有控制命令输出时，A 端为低电平，光耦合器 G1 截

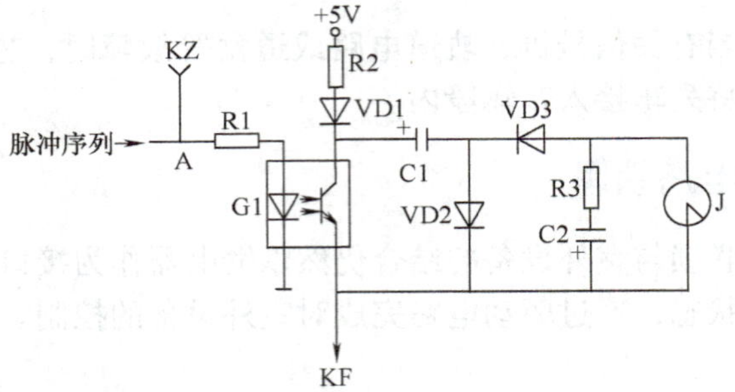

图 3-5 继电器驱动电路

止，由控制电源经由 R2、VD1 和 VD2 向电容 C1 充电。当充电电压接近电源电压时，充电过程结束，此时电路处于稳定状态。由于 R3 和 C2 没有电流流过，电容 C2 两端没有电压，偏极继电器处于落下状态。

当有控制命令输出时，传送到 A 端的则是脉冲序列。当 A 处于高电位时，G1 导通，电容 C1 放电，放电电流一方面通过 G1 的集-射极、偏极继电器 J 的线圈、VD3 形成回路，使 J 吸起；另一方面经 R3 向电容 C2 充电。当 A 处于低电位时，G1 重新截止，电容 C1 恢复充电，依靠 C2 的放电使继电器 J 保持吸起。这样在脉冲序列的作用下，随着 A 端电平的高低变化，G1 不断导通、截止，C1 和 C2 不断充、放电，使继电器 J 励磁并保持吸起，直到 A 端无脉冲序列（即控制命令）输入，G1 截止，C2 得不到能量补充，待其端电压降至继电器落下值，J 失磁落下。该电路不仅能够防止由于一两个脉冲的干扰使继电器误动，同时由于采用了偏极继电器，能够鉴别电流方向，防止 C1 和 VD3 被击穿时造成继电器错误吸起。

> **想一想**   轨道交通的计算机联锁系统与普通的计算机控制系统有哪些不同？为什么？

四、计算机联锁系统的冗余结构

由于计算机联锁系统不仅需要昼夜不停地连续运转，而且一旦出现故障就会对行车安全和效率产生不利影响，因此，计算机联锁系统既要有高可靠性，又要有高安全性。

可靠性指的是系统在规定时间内、在规定条件下完成规定功能的能力。度量可靠性的定量标准是可靠度，可靠度用自身的平均故障间隔时间 MTBF 来表征。根据有关技术标准，计算机联锁系统的 MTBF 应达到 10^6 h。

安全性指的是当系统的任何部分发生故障时，其后果不会导致人身伤亡或财产重大损失的性能。度量系统安全性的技术指标是系统产生不安全性输出的平均间隔时间。根据有关技术标准，计算机联锁系统平均危险侧输出间隔时间应大于 10^{11} h。

为达到上述要求，计算机联锁系统从核心硬件结构上一般都采用冗余结构。所谓冗余结构是指为了提高系统的可靠性、安全性而增加的结构。

图 3-6 是可靠性冗余结构，模块 A 和模块 B 经或门输出，两个模块只要有一个模块正常输出即可保证整个系统不停机，提高了系统工作的可靠性。在实际应用中，对安全性要求

不高的上位机一般采用可靠性冗余结构。

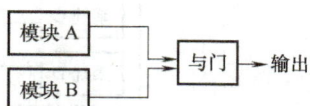

图 3-7 是安全性冗余结构，模块 A 和模块 B 经与门输出，两个模块同步工作，只有两个输出一致才能保证整个系统不停机，只要有一个模块故障，系统将不能正常输出。这样提高了系统的安全性，减少了危险侧输出的概率。在实际应用中，对安全性要求较高的联锁控制机采用安全性冗余结构。

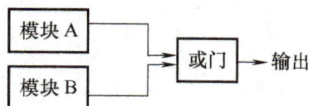

图 3-6　可靠性冗余结构	图 3-7　安全性冗余结构

目前计算机联锁为了提高可靠性和安全性，主要采用了双机热备系统、三取二系统和二乘二取二系统来达到上述指标要求。

1. 双机热备系统

这种方式是冗余系统的基本结构，如图 3-8 所示，采用双套相互独立、结构相同、指令或周期同步工作、编程相同的系统同时工作，双机互为热备，相互监测，通过比较器确定系统正常工作后，才能输出控制指令。当一套系统发现自身出现故障时，就给出控制信号，自动切换到另一套系统上并给出故障报警和提示。双机热备系统在工作时有如下几种工作模式：

1）一个系统工作，另一系统热备，两系统都无故障。

2）一个系统工作，另一系统待修，系统可以完成规定功能。

3）两个系统都故障，系统失效。

采用双机热备系统提高可靠性、安全性的基础是在极短的时间内，两台计算机同时发生错误而且错误呈现同一模式的概率极低。

图 3-8　双机热备系统

2. 二乘二取二系统

为了使计算机联锁系统既具有可靠性又具有安全性，可采用多重冗余结构，如图 3-9 所示。所谓 "二取二" 即一套系统中集成双套 CPU 系统，双套系统严格同步，实时比较，只有运行一致才能对外输出结果。由两套 "二取二" 系统组合，采用热备或并用的方式，即构成二乘二取二系统。

二乘二取二系统一般分为 Ⅰ 系、Ⅱ 系，通过 "单系保证安全，双系提高可靠性" 实现整体系统的安全性和可靠性。系统具有完备的自检功能，保证了整体系统具有较高的安全性。

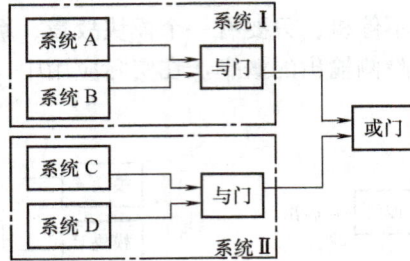

图 3-9 二乘二取二系统结构

3. 三取二系统

三取二系统，又称为三机表决系统，如图 3-10 所示，采用三台计算机同时工作，三取二系统 CPU 之间是通过两两相互比较保证整体系统的安全性，当有两个结果相同（包括三个结果相同）时，认为正确无误方可输出。当某一个 CPU 故障或运行产生差错时，该 CPU 将被屏蔽，另外两个 CPU 相当于组成一个二取二的系统，不需要切换，在没有降低系统安全性的前提下保证了整体系统的高可靠性。

图 3-10 三取二系统结构

除硬件冗余，在系统内还可采用软件冗余技术，如双套软件冗余、信息冗余等，进一步提高系统安全性和可靠性。

五、计算机联锁系统结构

计算机技术和通信技术的发展，使计算机联锁控制系统成为行车指挥控制系统的基础和重要组成部分，并向高效率、高安全、高可靠及信息化、智能化、网络化和综合自动化的方向发展。通过与运行图管理系统、旅客向导服务系统、车次号跟踪系统联网，构成全方位的计算机综合控制、管理系统。

联锁系统是实现以进路控制为主要内容的联锁功能控制系统。联锁系统是以色灯信号机、转辙机和轨道电路（或计轴）作为室外三大基础设备，以电气设备或电子设备实现联锁功能，采取集中控制方式对轨道区段状态、信号状态和道岔状态进行监测，并对信号机和道岔实施控制的系统。

1. 系统结构

计算机联锁控制系统的组成方式多种多样，应用的核心计算机系统也千差万别，作为车站联锁控制系统，基本由以下三部分组成：

1）人机会话层：操作人员通过操作向联锁机构输入操作信息和接收联锁机构输出的反映设备工作状态和行车作业情况的表示信息。

2）联锁机构：联锁机构是联锁系统的核心，联锁机构除了接收来自人机会话层的操作信息外，还接收来自监控层的反映信号机、转辙机和轨道电路状态的信息，根据对输入的操作信息和状态信息，以及联锁机构的当前内部信息进行处理，产生相应的输出信息，即信号控制命令和道岔控制命令，并交付监控层的控制电路予以执行。

3）监控层：接收来自联锁层的控制命令，经过信号机控制电路，改变信号显示；接收来自联锁层的道岔控制命令，经过道岔控制电路，驱动道岔转换；向联锁机构传输信号状态信息、道岔状态信息，以及轨道电路状态信息。

计算机联锁系统硬件组成如图 3-11 所示。

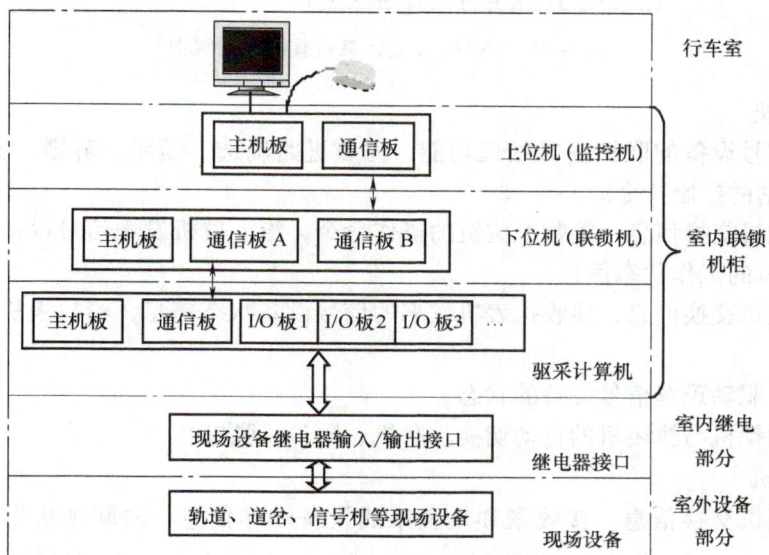

图 3-11　计算机联锁系统硬件组成

2. 双机热备系统举例

TYJL- Ⅱ型系统是铁道科学研究院通信信号研究所研制的国内第一个实现双机热备功能的计算机联锁系统，在国内城轨车辆段应用较多，结构如图 3-12 所示。

（1）监控机

1）它是计算机联锁系统的人机接口，接收人工操作命令，提供图像显示。

2）根据操作员的始终端按钮初选进路。

3）与联锁机交换信息，发送操作命令给联锁机，接收联锁机发来的站场信息及微机设备工作状态信息。

4）发送站场信息及操作信息给维修机，接收维修机传来的时钟信息。

5）构成局域网与其他信息系统接口。

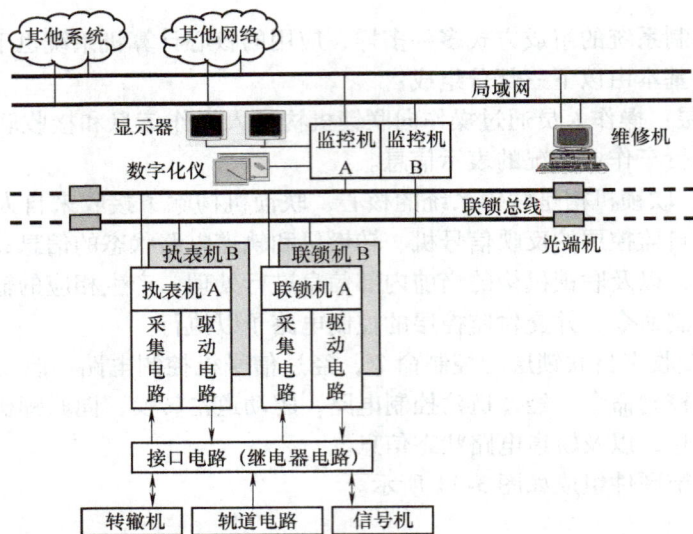

图 3-12　TYJL-Ⅱ型计算机联锁系统结构

（2）联锁机

1）实现信号设备的联锁逻辑处理功能，完成进路确选、锁闭、解锁，发出开放/关闭信号和动作道岔的控制命令。

2）与上位机交换信息，接收上位机的操作命令，给上位机发送信号设备状态信息以及联锁机、执表机的工作状态信息。

3）与执表机交换信息，接收执表机发来的信号设备状态信息，给执表机发送设备动作信息。

4）采集、驱动现场信号设备的状态。

5）控制联锁机与执表机的自动切换、联机、同步、脱机。

（3）执表机

1）与联锁机交换信息，接收联锁机发来的设备动作信息，向联锁机发送设备的状态信息。

2）采集、驱动现场信号设备的状态。

（4）电务维修机

电务维修机是车站计算机联锁系统的辅助设备，帮助电务人员维修计算机联锁系统。维修机通过与主备监控机通信，主要实现以下功能：

1）实时反映主备联锁系统的运行状态。

2）再现一个月之内的系统运行状态。

3）与远程维修中心建立拨号网络，实现远程诊断。

联锁系统平时由主机控制现场设备，备机工作在联机同步状态不控制设备，备机故障后则自行脱机。处于脱机状态时，必须由电务人员修复或确认无故障后，备机转入联机状态与恢复主备通信，待双机设备状态完全一致时，确认主备机联机同步工作，转入热备状态。

除硬件冗余外，系统还采用软件冗余技术提高系统的安全性。联锁程序采用双软件结构，采集数据和输出控制命令采用双格式并在不同缓冲区存储，输入、输出程序采用与之对应的双通道安全校核的处理方式，采集数据、联锁运算的中间变量和输出控制命令采用安全侧唯一的编码方式。通过上述措施防止因硬件故障或软件错误而造成的非安全性输出。

3. 二乘二取二系统举例

DS6-60 型计算机联锁系统是北京全路通信信号研究设计有限公司在引进、消化和吸收国际先进计算机联锁技术基础上，研发的一个符合欧洲铁路安全标准、满足"故障—安全"要求、具有"二乘二取二"安全冗余结构的联锁系统。DS6-60 型计算机联锁系统机柜布置如图 3-13 所示，其中联锁机机柜如图 3-14 所示。

电源柜	联锁柜	输入输出柜
逻辑电源1	联锁Ⅰ系	Ⅰ系输出1
逻辑电源2	联锁Ⅱ系	Ⅱ系输出1
电务维修终端	联锁A系	输出防雷1
接口电源1	联锁B系	Ⅰ系输入1
接口电源2	ARCNET HUB1	Ⅱ系输入1
	ARCNET HUB2	输入防雷1

图 3-13　DS6-60 型机柜布置图

DS6-60 型计算机联锁系统由 5 个部分组成，分别为电源子系统、控显子系统、联锁子系统、输入/输出子系统和电务维修子系统，核心部分为控显机、联锁机、输入/输出柜。

（1）控显机

控显机为车务值班人员办理行车作业提供人机界面，主要功能有：与联锁机通信，从联锁机接收站场实时变化信息、操作提示和报警信息；向联锁机发送按钮命令信息；完成控制台的站场图形显示、操作提示和报警信息的文字和语音输出；鼠标操作和按钮信息处理等。

（2）联锁机

联锁机通过光纤与输入子系统连接，接收输入子系统采集的现场信号设备状态；通过光纤与控显机连接，接收控显机下发的控制台操作命令，根据按钮命令进行联锁运算，产生输出命令；通过光纤与输出子系统连接，发送输出命令到输出子系统，由输出子系统驱动继电器动作，实现对道岔和信号机的控制。

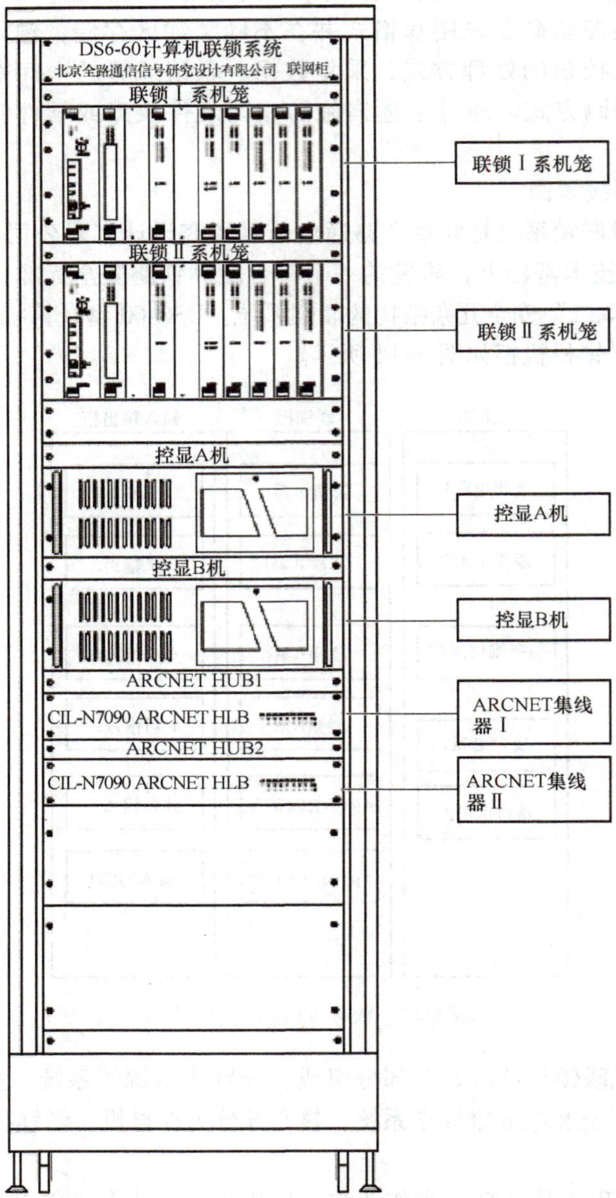

图 3-14　DS6-60 型联锁机机柜

联锁子系统由联锁Ⅰ系机笼、联锁Ⅱ系机笼组成。两系机笼中硬件设备完全相同。

联锁双系的工作方式为并行主从系统，根据开机顺序，首先投入运行的为主系，后投入的为从系。在运行中，从系与主系保持同步，如果其中一系发生故障，按故障程度不同降级为待机或退出运行，另一系自动升为主系，维持系统控制功能。故障系退出运行后，由WatchDog 自动复位，重新投入使用。

（3）输入/输出柜

DS6-60 计算机系统输入/输出柜由输出子系统和输入子系统组成。

输出子系统由Ⅰ系输出机笼、Ⅱ系输出机笼和输出防雷机笼组成。输出机笼由输出底板、I/O 部电源板、I/O 部 CPU 板、若干块输出接口板、与输出接口板数量相同的输出端子板组成。其中输出板和输出端子板的数量由站场规模决定，单机笼最多可插入 10 块输出板。

输入子系统结构同上。

DS6-60 系统控显机采用双机热备结构，联锁机及输入/输出部分均为二乘二取二结构，分为Ⅰ系和Ⅱ系，各系内部为二取二结构，任何一系都可以独立工作，双系采用主从方式运行，任一系检测到严重故障都会主动切换，保证系统功能正常执行，使系统具有高可靠性。

双系中每系均包括两个独立的 CPU 单元，两个 CPU 单元实现二取二比较，只有两个 CPU 的运算结果一致才能对外输出；双系中每系两个 CPU 单元的软件分别采用不同编译器编译，可以有效防止编译器产生共模错误，使系统具有高安全性。

输入采集单元采用静态采集方式，由输入采集机笼内的两个独立 CPU 单元分别进行采集，由联锁逻辑部对采集结果进行比较，若一致，认为采集数据有效，否则采集数据无效，构成二取二"故障—安全"采集。

输出单元采用双断控制，动态和静态两路驱动串联输出，静态和动态输出分别由输出机笼内的两个独立的 CPU 单元控制，当一路输出无效时，总输出则为无效，构成硬件相异的二取二"故障—安全"输出。

课题 3　车辆段联锁关系

一、基本联锁关系

联锁关系的基本内容包括：

1）不允许建立会导致列车、机车车辆冲突的进路。

防护进路的信号开放前，须检查其敌对信号处于关闭状态；信号开放后，应将其敌对信号锁闭在关闭状态，不允许办理与之相敌对的进路。

2）进路上的道岔必须被锁闭在与所办理进路相符合的位置。

车辆段联锁设备通过按压控制台按钮或者利用鼠标单击计算机屏幕上的有关按钮办理进路，当有关道岔转换至开通进路的位置并锁闭后，才能开放信号。图 3-15 为某车辆段出入口，当图中 10 号道岔处于直向位置时，信号机 D14 不能开放。

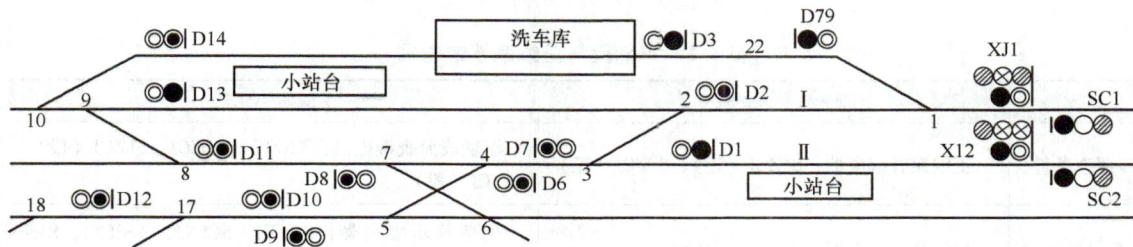

图 3-15　车辆段信号平面图（部分）

3）信号机的显示必须与进路的开通状态相符合。

车辆段中，调车信号机的显示不表示道岔开通方向，但有些信号机，例如进段信号机的显示，须指示所防护进路中道岔开通方向。如图 3-15 所示，进段信号机 XJ1 显示一个黄灯表示允许列车进入车辆段，显示两个黄灯表示 1 号道岔开通侧向，指示列车进入洗车线。

在车辆段联锁设备中，防护进路的信号机显示允许灯光时表示进路已经准备好，允许列车进入。防护进路的信号开放应满足以下技术条件：

① 进路上各区段空闲时才能开放信号。

② 进路上有关道岔在规定位置才能开放信号。

③ 敌对信号未关闭时，防护进路的信号机不能开放。

④ 进路中涉及侵限绝缘时，还需要检查侵限绝缘相关轨道区段空闲。

二、特殊联锁关系

车辆段通过国产计算机联锁设备实现联锁关系，与正线联锁相比，在设备组成及联锁关系方面有很大区别，因此车辆段联锁设备需要有与正线、洗车线等的接口电路，通过敌对照查形式保证列车投入和退出运营的正常作业。

1. 与正线的接口

列车在车辆段内以地面信号显示为主体信号，以人工驾驶模式运行。由于列车在正线与车辆段内的驾驶模式不同，通常在车辆段的出、入段线外侧设置转换轨，用于列车进、出段作业的驾驶模式转换。在转换轨处需设置车地通信设备，实现列车与控制中心的通信。列车在转换轨处"登记"或"注销"后，转换驾驶模式，进入正线 ATC 监控区或车辆段内。

图 3-16 是某车辆段与正线连接部分，表 3-1 为相关继电器。

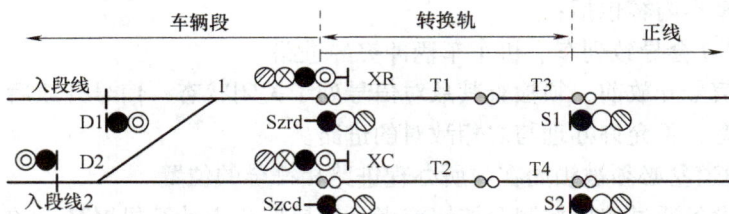

图 3-16　某车辆段局部

D—调车信号机　Szrd—上行总入段线信号机　Szcd—上行总出段线信号机　XR—下行入段线信号机

XC—下行出段线信号机　S—上行信号机　T—计轴区段

表 3-1　车辆段与正线联系继电器

	正线→车辆段	车辆段→正线
照查条件	正线照查继电器：S1ZCJ（正）、S1ZCJ（正）	车辆段照查继电器：XRZCJ、XCZCJ、S1ZCJ（段）、S1ZCJ（段）
列信复示及灯丝状态	列信复示继电器：S1LXJ、S2LXJ 灯丝继电器：S1DJ、S2DJ	列信复示继电器：SRLXJ、SCLXJ、SzrdLXJ、SzcdLXJ 灯丝继电器：SRDJ、SCDJ、XRDJ、XCDJ

（续）

	正线→车辆段	车辆段→正线
转换轨占用/空闲状态	轨道继电器：T1GJ、T2GJ、T3GJ、T4GJ	

（1）基本原则

1）办理进路时，需检查转换轨空闲、敌对进路未建立、终端信号机灯丝状态良好等条件后才能锁闭进路、开放信号。

2）同一条出入段线路上同一时间内的出段进路与入段进路相互敌对。

3）系统发生故障时，应使系统维持在安全状态或转向并锁定在安全状态，实现"故障—安全"原则。

（2）出段照查条件

自动触发或人工排列以 S2（或 S1）为终端的进路，需检查 S2ZCJ（正）、T2GJ、T4GJ［或 S1ZCJ（正）、T1GJ、T3GJ］吸起，进路才能锁闭，Szcd（或 Szrd）开放。进路锁闭后，S2ZCJ（段）［或 S1ZCJ（段）］落下，进路解锁后自动吸起。

人工排列以 Szcd（或 Szrd）为终端的进路时，也需检查 S2ZCJ（正）［或 S1ZCJ（正）］在吸起状态。进路锁闭后，XCZCJ（或 ZRZCJ）落下，进路解锁后自动吸起。

车辆段将 S2ZCJ（段）、XCZCJ 及 S1ZCJ（段）、ZRZCJ 前接点作为照查条件送入正线联锁系统。

（3）入段照查条件

列车从正线进入车辆段，办理以 XR（或 XC）为终点的进路，需检查 S1ZCJ（正）、T1GJ、T3GJ［或 S2ZCJ（正）、T2GJ、T4GJ］吸起；进路锁闭后，驱动 S1ZCJ（正）［或 S2ZCJ（正）］落下。

2. 与洗车线（机务段）的接口

两者采用相同的接口电路，包括 WJTJ［微机驱动洗车线（机务段）同意继电器］、JTJ［洗车线（机务段）同意继电器］电路，如图 3-17 所示。

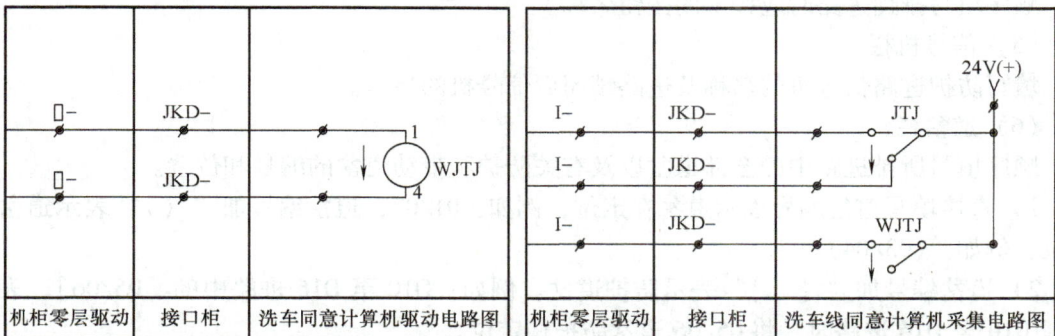

图 3-17 与洗车线（机务段）接口采集、驱动电路

1）微机采集到 JTJ 吸起后，点亮"洗车同意"白灯，当列车进入洗车库或办理取消后，"洗车同意"灯灭。

2）向洗车线办理调车进路时，须检查 JTJ 在吸起状态后，信号才能开放。

3）向洗车线调车进路锁闭后，驱动 WJTJ 吸起并自闭，此时洗车线无法取消同意。车完全进入洗车线且进路解锁后 WJTJ 落下，或者由信号楼值班员执行"总取消 + 进路终端按钮"办理取消作业才能落下。

三、联锁表

联锁表，又称为进路表，根据车辆段信号平面布置图编制，表示了进路、道岔、信号机之间的基本联锁关系。

1. 联锁表组成

城市轨道交通车辆段联锁表基本与铁路车站联锁表结构相同，由以下几部分组成：

（1）方向栏

填写进路性质（包括接车、发车、调车等）及运行方向。

（2）进路栏

逐条列出联锁范围内的全部列车和调车的基本进路。

1）列车进路：列车接至×股道时，应写作"至×股道"；列车由×股道发车时，应写作"由×股道"。

2）调车进路：

由 D×× 信号机调车时，应写作"由 D××"，例如"由 D3"；调车至某一顺向调车信号机时，应写作"至 D××"，例如由 D3 "至 D12"；向洗车线、进段信号机等处调车且进路右侧没有同方向信号机时，应写作"向 D××"，例如由 D3 "向 D7"。

（3）进路方式栏

当进路的同一个始端和同一个终端间存在两条或两条以上进路方式时，一般将对平行作业影响小、走行距离比较短、经过道岔比较少的进路确定为基本进路。

联锁表中除列出基本进路外，还应列出一条主要变通进路作为第二种进路方式，在进路方式栏中，用"1"表示基本进路，用"2"表示变通进路。

（4）排列进路按下按钮栏

顺序填写排列进路时应按下的按钮名称。

（5）信号机栏

填写防护进路信号机的名称及进路锁闭后信号机的显示。

（6）道岔栏

顺序填写所排进路中的全部道岔以及有关防护和带动道岔的编号和位置。

1）直接填写道岔编号表示道岔在定位，例如：01/02；道岔编号加"（ ）"表示道岔在反位，例如：（03/04）。

2）道岔编号加"［ ］"表示防护道岔。例如：D10 至 D16 进路中的［05/06］，表示办理 D10 至 D16 进路时，将 05/06 道岔防护在定位。

为了保证列车、调车作业安全，办理进路时将某些不在进路上的道岔转换至规定位置并锁闭，称为防护道岔。防护道岔不能被带到规定位置时该进路应不能锁闭；信号开放后，如防护道岔失去表示，该防护进路的信号应自动关闭。

3）道岔编号加"｛ ｝"表示带动道岔。

为了满足平行作业的需要，办理进路时将某些不在进路上的道岔转换至规定位置并对其实行锁闭，称为带动道岔。与防护道岔不同的是，对于带动道岔只发出转换命令不检查是否转换至规定位置；带动道岔失去表示不影响已经开放的信号。

说明：举例联锁表中不涉及带动道岔。

（7）敌对信号栏

填写与防护进路的信号有敌对关系的信号机名称。

两条进路道岔位置相同又有重叠部分时互为敌对进路，防护进路的信号互为敌对信号。

1）无条件敌对：直接填写敌对信号名称。例如：办理 D4 至 D15 进路时，D8 为敌对信号，不允许同时开放。

2）条件敌对：敌对信号名称之前加 "＜＞"，并在其中填写条件。例如：办理 D4 至 D15 进路时，"＜10＞D17" 表示 09/10 道岔在定位时 D17 是敌对信号，09/10 道岔在反位时 D17 可以开放。

（8）轨道区段栏

填写排列进路所应检查的轨道区段名称，包括侵限绝缘所涉及的不在进路范围内的轨道区段名称。

1）调车进路最后一个轨道区段为咽喉区无岔区段及停车线时，办理进路不检查该区段。例如：办理 D4 至 D15 进路时，仅检查 3DG 空闲，不检查 3/10WG。

2）条件侵限：有条件地检查侵限绝缘另一侧的轨道区段。例如：办理 D18 至 D10B 进路时，"＜18＞18DG" 表示 17/18 在定位（包括失表）时须检查 18DG 空闲，17/18 在反位时不检查 18DG 空闲。

3）无条件侵限：无条件检查侵限绝缘另一侧的轨道区段。例如：办理 D22A 至 D13 进路时，"＜＞29DG" 表示无条件检查 29DG 空闲。

（9）迎面进路栏

填写停车线股道号，表示禁止由另一咽喉向该停车线同时办理对向列车或调车进路。

说明：贯通式车辆段涉及迎面进路，在举例联锁表中不涉及。

（10）其他联锁栏

填写办理进路需要检查的其他联锁条件，包括与进入洗车线时得到"洗车同意"命令、办理列车出段作业时检查正线联锁相关条件、办理列车进段作业时检查相关调车信号机开放等。

在铁路车站的联锁表中：

JK——表示所排进路与局部控制方式为敌对；

BS——表示所排进路须检查闭塞条件；

F——表示所排进路与非进路调车为敌对；

Y——表示所排进路末端应延续至另一咽喉区的有关线路；

T——表示本联锁区向其他区域排列进路时应先取得对方同意。

（11）进路号码栏

按顺序将所有进路编号。

2. 联锁表

表 3-2 为附图 1 所示车辆段联锁表。

表3-2　车辆段联锁表

方向	进路方向	进路方式	排列进路按下按钮	信号机名称	信号机显示	表示器	道岔	敌对信号号	轨道区段	迎面进路 列车	迎面进路 调车	其他联锁	进路号码
JD1	到ⅠG	1	JD1A, D6LA	JD1	L				ⅠG			与D6联锁	1
JD2	到ⅡG	1	JD2A, D5LA	JD2	L				ⅡG			与D5联锁	2
D3	向D7	1	D3A, D7A	D3	B		01/02	D7	1DG, D7G			洗车库按钮	3
D3	至D12	1	D3A, D11A	D3	B		(01/02)	D11	1DG, 2DG				4
D4	至D15	1	D4A, D8A	D4	B		03/04	D8, <10>D17	3DG				5
D4	至D10	1	D4A, D9A	D4	B		(03/04)	D9	3DG,				6
D5	至D10	1	D5A, D9A	D5	B		03/04	D9	4DG				7
D6	至D12	1	D6A, D11A	D6	B		01/02	D11	2DG				8
D7	至D1	1	D7A, D3A	D7	B		01/02	D3	1DG				9
D8	至D2	1	D8A, D4A	D8	B		03/04	D4	3DG				10
D9	至D5	1	D9A, D5A	D9	B		03/04	D5	4DG, ⅡG			与正线联锁	11
D9	至D2	1	D9A, D4A	D9	B		(03/04) -	D4	4DG, 3DG				12
D10	至D14	1	D10A, D13A	D10	B		07/08, 05/06	D13	6-7DG				13
D10	至D16	1	D10A, D16A	D10	B		07/08, [05/06]	D24A, <(11)>D21	6-7DG, 5-8DG				14
D11	向D6	1	D11A, D6A	D11	B		01/02	D6	2DG, ⅠG			与正线联锁	15
D11	至D1	1	D11A, D3A	D11	B		(01/02)	D3	2DG, 1DG				16
D12	至D16	1	D12A, D16A	D12	B		05/06, 07/08	D24A, <(11)>D21	5-8DG				17
D12	至D14	1	D12A, D13A	D12	B		(05/06), [07/08]	D13	5-8DG, 6-7DG				18
D13	至D9	1	D13A, D10A	D13	B		05/06, 07/08	D10	6-7DG				19
D13	至D11	1	D13A, D12A	D13	B		(05/06), [07/08]	D12	6-7DG, 5-8DG				20
D14	至D20	1	D14A, D20A	D14	B		09/10	D23A, D22A, D21A, D20A, D17A, D18A, D19A, D15A, D16A, <(17)>D13A,D14A, D12A, D11A, D25	9DG				21

（方向栏：接车、由、调车、列车）

（续）

方向		进路	进路方式	排列进路按下按钮	信号机 名称	信号机 显示	信号机 表示器	道岔	敌对信号	轨道区段	迎面进路 列车	迎面进路 调车	其他联锁	进路号码
由调车	D14	至 D18	1	D14A, D17A	D14	B		(09/10)	D17	9DG, 10DG				22
	D15	至 D18	1	D15A, D17A	D15	B		09/10	D17	10DG				23
	D16	至 D24B	1	D16A, D24AA	D16	B		11/12	D24A, D24C	11DG				24
	D16	至 D22	1	D16A, D21A	D16	B		(11/12)	D21	11DG, 12DG				25
	D17	至 D8	1	D17A, D15A	D17	B		09/10	D15, <3>D4	10DG				26
	D17	至 D13	1	D17A, D14A	D17	B		(09/10)	D14	10DG, 9DG				27
	D18	至 D24	1	D18A, D24A	D18	B		13, 15, 17/18	D13A, D14A, D12A, D11A, D25	13-14DG, 15-16DG, 18DG				28
	D18	至 D10B	1	D18A, D10AA	D18	B		13, (15), 16	D10A	13-14DG, 15-16DG, <18>18DG				29
	D18	至 D9B	1	D18A, D9AA	D18	B		13, (15), (16)	D9A	13-14DG, 15-16DG, <18>18DG				30
	D18	至 D8B	1	D18A, D8AA	D18	B		(13), 14	D8A	13-14DG, 15-16DG				31
	D18	至 D7B	1	D18A, D7AA	D18	B		(13), (14)	D7A	13-14DG, 15-16DG				32
	D19	至 D22	1	D19A, D21A	D19	B		11/12	D21	12DG				33
	D20	至 D23	1	D20A, D23A	D20	B		17/18	D23A, D22A, D21A, D20A, D17A, D18A, D19A, D15A, D16A	17DG				34
	D20	至 D24	1	D20A, D24A	D20	B		(17/18)	D13A, D14A, D12A, D11A, D25	17DG, 18DG, <15>15-16DG				35
	D21	至 D19	1	D21A, D19A	D21	B		11/12	D19	12DG, D9G			洗车库按钮	36
	D21	至 D11	1	D21A, D12A	D21	B		(11/12), 07/08, 05/06	D16, D12	12DG, 11DG, 5-8DG				37
	D21	至 D9	1	D21A, D10A	D21	B		(11/12), (07/08), [05/06]	D16, D10	12DG, 11DG, 5-8DG, 6-7DG				38
	D23	至 D23B	1	D23A, D23AA	D23	B		19, 24, 30	D23A, D23C	19DG, 24DG, 30DG, D23AG, 29DG				39

（续）

方向		进路	进路方式	排列进路按下按钮	信号机			道岔	敌对信号	轨道区段	迎面进路		其他联锁	进路号码
					名称	显示	表示器				列车	调车		
	D23	至D22B	1	D23A, D22AA	D23	B		19, 24, (30)	D22A, D22C	19DG, 24DG, 30DG, D23AG, 29DG				40
	D23	至D21B	1	D23A, D21AA	D23	B		19, (24), 29	D21A, D21C	19DG, 24DG, 29DG				41
	D23	至20B	1	D23A, D20AA	D23	B		19, (24), (29)	D20A, D20C	19DG, 24DG, 29DG				42
	D23	至D17B	1	D23A, D17AA	D23	B		(19), 21, 25	D17, D17C	19DG, 21DG, 25DG, D17AG, 26DG, 28DG				43
	D23	至D18B	1	D23A, DA18A	D23	B		(19),21,(25),28	D18A, D18C	19DG, 21DG, 25DG, D17AG, 26DG, 26DG				44
	D23	至D19B	1	D23A, DA19A	D23	B		(19),21,(25),(28)	D19A, D19C	19DG, 21DG, 25DG, D17AG, 26DG, 26DG				45
调车由车	D23	向D15A	1	D23A, D15AA	D23	B		(19), (21), 26	D15A	19DG, 21DG, 26DG, 25DG				46
	D23	至D16B	1	D23A, D16AA	D23	B		(19), (21), (26)	D16A, D16C	19DG, 21DG, 26DG, D16AG, 25DG				47
	D24	至D13B	1	D24A, D13AA	D24	B		20, 22, 27	D13A	20DG, 22DG, 27DG, D13AG				48
	D24	至D14B	1	D24A, D14AA	D24	B		20, 22, (27)	D14A	20DG, 22DG, 27DG, 23DG, D14AG				49
	D24	至D12B	1	D24A, D12AA	D24	B		20, (22)	D12A	20DG, 22DG, 23DG, 27DG, D12AG				50
	D24	至D11B	1	D24A, D11AA	D24	B		(20), 23	D11A	20DG, 23DG, 22DG, D11AG				51
	D24	至D26	1	D24A, D25AA	D24	B		(20), (23)	D25, <(31) >D27	20DG, 23DG, 22DG				52
	D25	至D17	1	D25A, D18A	D25	B		(23), (20), 17/18, 15, 13	D24, D18	23DG, 20DG, 18DG, 15-16DG, 13-14DG, 22DG				53

（续）

方向		进路	进路方式	排列进路按下按钮	信号机			道岔	敌对信号	轨道区段	迎面进路		其他联锁	进路号码
					名称	显示	表示器				列车	调车		
调车	D25	至D13	1	D25A, D14A	D25	B		(23),(20),(17/18),09/10	D24, D20, D14	23DG, 20DG, 18DG, 17DG, 9DG, 22DG, <15>15-16DG				54
	D7A	至D17	1	D7AA, D18A	D7A	B		(14),(13)	D18	13-14DG, 15-16DG				55
	D8A	至D17	1	D8AA, D18A	D8A	B		14,(13)	D18	13-14DG, 15-16DG				56
	D9A	至D17	1	D9AA, D18A	D9A	B		(16),(15),13	D18	15-16DG, 13-14DG, <18>18DG				57
	D10A	至D17	1	D10AA, D18A	D10A	B		16,(15),13	D18	15-16DG, 13-14DG, <18>18DG				58
	D11A	至D17	1	D11AA, D18A	D11A	B		23,(20),17/18,15,13	D24, D18	23DG, 20DG, 18DG, 15-16DG, 13-14DG, 22DG				59
	D11A	至D13	1	D11AA, D14A	D1A	B		23,(20),(17/18),09/10	D24, D20, D14	23DG, 20DG, 18DG, 17DG, 9DG, 22DG, <15>15-16DG				60
	D12A	至D17	1	D12A, D18A	D12	B		(22),20,17/18,13	D24, D18	22DG, 20DG, 18DG, 15-16DG, 13-14DG, 23DG, 27DG				61
	D12A	至D13	1	D12AA, D14A	D12A	B		(22),20,(17/18),09/10	D24, D20, D14	22DG, 20DG, 18DG, 17DG, 9DG, 23DG, 27DG, <15>15-16DG				62
	D13A	至D17	1	D13AA, D18A	D13A	B		27,22,20,17/18,15,13	D18	27DG, 22DG, 20DG, 18DG, 15-16DG, 13-14DG, 23DG				63
	D13A	至D13	1	D13AA, D14A	D13A	B		27,22,20,(17/18),09/10	D24, D20, D14	27DG, 22DG, 20DG, 18DG, 17DC, 9DC23DG, <15>15-16DG				64

（续）

方向	进路	进路方式	排列进路按下按钮	信号机 名称	信号机 显示	信号机 表示器	道岔	敌对信号	轨道区段	迎面进路 列车	迎面进路 调车	其他联锁	进路号码
D14A	至D17	1	D14AA, D18A	D14A	B		(27), 22, 20, 17/18, 15, 13	D24, D18	27DG, 22DG, 20DG, 18DG, 15-16DG, 13-14DG, 23DG				65
D14A	至D13	1	D14AA, D14A	D14A	B		(27), 22, 20, (17/18), 09/10	D24, D20, D14	27DG, 22DG, 20DG, 18DG, 17DG, 9DC23DG, <15>15-16DG				66
D15A	至D13	1	D15AA, D14A	D15A	B		26, (21), (19), 17/18, 09/10	D23, D20, D14	26DG, 21DG, 19DG, 17DG, 9DG, 25DG				67
D16A	至D13	1	D16AA, D14A	D16A	B		(26), (21), (19), 17/18, 09/10	D23, D20, D14	26DG, 21DG, 19DG, 17DG, 9DG, 25DG				68
D17A	至D13	1	D17AA, D14A	D17A	B		25, 21, (19), 17/18, 09/10	D23, D20, D14	25DG, 21DG, 19DG, 17DG, 9DG, <>26DG				69
D18A	至D13	1	D18AA, D14A	D18A	B		28, (25), 21, (19), 17/18, 09/10	D23, D20, D14	28DG, 25DG, 21DG, 19DG, 17DG, 9DG, <>26DG				70
D19A	至D13	1	D19AA, D14A	D19A	B		(28), (25), 21, (19), 17/18, 09/10	D23, D20, D14	28DG, 25DG, 21DG, 19DG, 17DG, 9DG, <>26DG				71
D20A	至D13	1	D20AA, D14A	D20A	B		(29), (24), 19, 17/18, 09/10	D23, D20, D14	29DG, 24DG, 19DG, 17DG, 9DG				72
D21A	至D13	1	D21AA, D14A	D21A	B		29, (24), 19, 17/18, 09/10	D23, D20, D14	29DG, 24DG, 19DG, 17DG, 9DG				73
D22A	至D13	1	D22AA, D14A	D22A	B		(30), 24, 19, 17/18, 09/10	D23, D20, D14	30DG, 24DG, 19DG, 17DG, 9DG, <>29DG				74
D23A	至D13	1	D23A, D14A	D23A	B		30, 24, 19, 17/18, 09/10	D23, D20, D14	30DG, 24DG, 19DG, 17DG, 9DG, <>29DG				75

调车

（续）

方向	进路	进路方式	排列进路按下按钮	信号机 名称	信号机 显示器	信号机 表示器	道岔	敌对信号	轨道区段	迎面进路 列车	迎面进路 调车	其他联锁	进路号码
D24A	至 D11	1	D24A, D12A	D24A	B		11/12, 07/08, 05/06	D16, D12	11DG, 5-8DG				76
D24A	至 D9	1	D24AA, D10A	D24A	B		11/12, (07/08), [05/06]	D16, D10	11DG, 5-8DG, 6-7DG				77
D16B	至 D16D	1	D16BA, D16DA	D16B	B								78
D17B	至 D17D	1	D17BA, D17DA	D17B	B								79
D18B	至 D18D	1	D18BA, D18DA	D18B	B								80
D19B	至 D19D	1	D19BA, D19DA	D19B	B								81
D20B	至 D20D	1	D20BA, D20DA	D20B	B								82
D21B	至 D21D	1	D21BA, D21DA	D21B	B								83
D22B	至 D22D	1	D22BA, D22DA	D22B	B								84
D23B	至 D23D	1	D23BA, D23DA	D23B	B								85
D24B	至 D24D	1	D24BA, D24DA	D24B	B								86
D16C	至 D16A	1	D16CA, D16AA	D16C	B			<(26) >D23					87
D17C	至 D17A	1	D17CA, D17AA	D17C	B			<25 >D23					88
D18C	至 D18A	1	D18CA, D18AA	D18C	B			<28 >D23					89
D19C	至 D19A	1	D19CA, D19AA	D19C	B			<(28) >D23					90
D20C	至 D20A	1	D20CA, D20AA	D20C	B			<(29) >D23					91
D21C	至 D21A	1	D21CA, D21AA	D21C	B			<29 >D23					92
D22C	至 D22A	1	D22CA, D22AA	D22C	B			<(30) >D23					93
D23C	至 D23A	1	D23CA, 23AA	D23C	B			<30 >D23					94
D24C	至 D24A	1	D24CA, D23AA	D24C	B			<11 >D16					95

由 调 车

课题4　车辆段联锁设备基本操作

车辆段（停车场）内每天进行大量列车进出车辆段作业及车辆段内调车作业，主要以人工办理为主，由人工保证列车在车辆段（停车场）内运行安全。在部分新建城市轨道交通的车辆段（停车场）中，配置了全自动运行区域，列车在全自动区域具备 CBTC 控制下的 ATP/ATO 功能以及 ATS 监控功能，由信号系统防护列车运行安全，并能以 ATO 模式自动完成进出车辆段（停车场）的运行功能。

一、TYJL-Ⅱ型典型显示及操作（非全自动车辆段）

1. 屏幕显示

屏幕显示按站场图形布置，平时显示的灰色光带为基本的轨道图形，在屏幕上绝缘用竖线表示，灰色为普通绝缘，红色带圆圈为超限绝缘。

（1）轨道区段

平时轨道区段为粗线，当该区段的轨道继电器前后接点校核错误时显示为细线。

灰色光带——基本图形；

白色光带——进路在锁闭状态；

红色光带——轨道区段有车占用，或区段故障；

绿色光带——区段出清后尚未解锁状态；

蓝色光带——进路初选状态；

青色光带——接通光带。

（2）信号机

1）信号机显示。

关闭——红色或蓝色灯光；

开放——绿色、黄色、双黄、白色灯光等；

引导信号——红色＋白色灯光；

灯丝断丝——红色闪光；

白色外框（方形）——表明信号处于封闭状态，按钮失效；

粉红色外框（圆形）闪光——表明信号前后接点校核错。

2）信号机名称显示。

信号机旁平时不显示名称号，只有在信号开放、信号前后接点校核错、灯丝断丝或办理进路时显示。单击"信号名称"按钮可显示信号名称。信号名称显示的含义如下：

绿色闪光——办理列车作业，始端或终端按钮按下，进路尚未排通；

黄色闪光——办理调车作业，始端或终端按钮按下，进路尚未排通；

粉红色闪光——办理总取消；

红色闪光——办理总人解，正在延时解锁；

黄色——提示该信号在开放状态或相应股道有机占，信号前后接点校核错或断丝；

浅灰色——办理总人解时，等待输入口令。

深灰色——按下"信号名称"按钮，显示全部信号名称。

（3）道岔

道岔岔尖处用缺口表示道岔位置，无缺口的一侧表示道岔开通位置。当道岔无表示时，道岔岔尖处闪白色光，挤岔时岔尖闪红色光，同时出现道岔名称。单击"道岔名称"时，在显示器上道岔岔心处的短绿光带表示定位，短黄光芎表示反位。

道岔名称有以下含义：

黄色——道岔正在转换；

红色——道岔单独锁闭；

白色——道岔封闭；

灰色——按下道岔名称按钮，显示全部道岔名称。

道岔单独锁闭的含义是指可通过该道岔锁定位置排进路，但不能操纵；道岔封闭是指不能通过该道岔排进路，但道岔可以单独操纵。道岔封闭是专为电务人员维修道岔而设的。

（4）进出段显示

1）进段指示——正线衔接站办理并锁闭了向进段信号机的进路时，显示指向车辆段的白色箭头，提示车辆段排列进段进路，并锁闭相应出段操作。

2）出段指示——正线衔接站办理并锁闭了以出段信号机为始端的进路时，显示指向正线衔接车站的白色箭头，提示车辆段排列出段进路。

3）通知出段——车辆段根据"出段指示"办理了以出段信号机为终端的出段进路时，显示指向正线衔接车站的绿色箭头。

（5）洗车作业显示

洗车库同意车辆段洗车请求——显示白灯。

2. 按钮设置

信号按钮——屏幕上列车信号机即列车按钮，使用鼠标右键单击，调车信号机是调车按钮，用鼠标左键单击。

道岔按钮——屏幕上道岔岔尖处为道岔按钮，双动道岔两端均为道岔按钮，单击任意一个均可。

功能按钮——包括"总取消""总人解""道岔总定""道岔总反""道岔单锁""道岔单解""封闭""清封闭""区段故障解锁"等按钮。办理时，先单击功能按钮，屏幕上出现该功能的提示，再单击有关的道岔或信号按钮，办理相关作业。

其他按钮——包括"上电解锁""区段解锁""信号名""道岔名""接通光带""清提示""清按钮""车次""破封检查"等，单击后完成相应功能。例如单击"信号名"按钮后屏幕上出现所有信号机名称，再次单击则显示消失。

洗车请求按钮和取消按钮——单击"洗车请求"按钮，通知洗车库请求洗车，在洗车库办理洗车同意后，可排列洗车进路；单击"取消"按钮并确认，可取消洗车请求。

3. 典型操作举例

（1）办理进路

办理进路的基本方法是顺序单击进路的始端、终端按钮。

例如单击 D4 信号，相应的 D4 信号名称闪光，并在屏幕下端提示："始端—D4"，再单击终端信号按钮，例如单击 D8 信号，相应的 D8 信号名称闪光，屏幕下端提示变为："始端—D4- - -终端—D8"。若满足选路条件，则开始转换道岔、锁闭进路、开放信号。若选路条件不满足，则提示"——按钮不符"或"——选路不通"或"——有区段锁闭"或"——有区段占用"或"——有道岔要点"等，并给出道岔或区段名称。

（2）单独操纵和单独锁闭道岔

道岔区段在解锁状态时，允许办理单独操纵道岔。

顺序单击"总定位"（总反位）按钮和"道岔"按钮，屏幕提示处显示"道岔总定（总反）……C×××"。在道岔转换过程中，屏幕道岔岔尖处闪白光，同时道岔号显示黄色。

单击"单独锁闭"按钮和"道岔"按钮，屏幕提示处显示"单独锁闭……C×××"，同时显示红色道岔号。单锁后，不能再单独操纵道岔，但还可通过该道岔排列进路。单击"单独解锁"和"道岔"按钮，该道岔解锁。

（3）封闭信号和封闭道岔

先单击"封闭"按钮，再单击"信号"按钮或道岔按钮，这时信号机外套上白色方框，道岔名显示白色，表明信号机按钮已不能再进行操作，也不能再通过该道岔排进路。

（4）进路的"取消解锁"和"人工解锁"

误办的进路，需要变更时，在进路未锁闭前可单击本咽喉的"总人解"或"总取消"按钮取消，然后还需单击"清"按钮；锁闭后的进路需单击"总取消"或"总人解"按钮和"始端"按钮取消进路；当接近区段有车占用时，必须单击"总人解"按钮和"进路始端"按钮，延时30s或3min后解锁。

（5）引导接车

当某轨道区段影响进段信号机开放时，可使用引导接车。

确认要办理的进路空闲，将道岔单操至需要位置后，单击该进段信号的"引导"按钮，按屏幕提示输入口令，屏幕显示"OK"后进路锁闭，开放引导信号。

二、iLOCK 型典型显示及操作（具备全自动车辆段功能）

1. 站控/遥控转换

控制权转换操作窗口及表示灯显示如图3-18、图3-19所示。

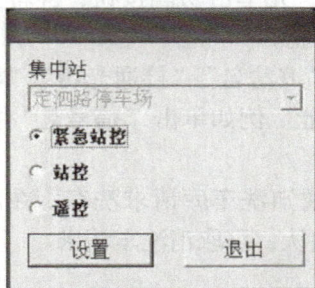

图3-18 站控/遥控转换　　　　图3-19 站控/遥控表示灯

1）站控：指 ATS 系统工作正常时，单击"站控"按钮将联锁机切换到"站控"模式，"站控"表示灯显示黄灯，此时 ATS 现地工作站既作为联锁上位机提供联锁的全部功能操作，又作为 ATS 车站终端提供 ATS 车站级别的所有功能。

2）遥控：指 ATS 系统工作正常时，单击"遥控"按钮将联锁机切换到"遥控"模式，"遥控"表示灯显示绿灯，此时 ATS 控制权转由中心控制，ATS 子系统根据行车计划，自动执行相应控制，实现全自动控制工作模式。

3）紧急站控：指 ATS 系统出现故障无法使用时，单击"紧急站控"按钮将联锁机切换到"紧急站控"模式，"紧急站控"表示灯显示红灯，ATS 现地工作站转为联锁上位机提供联锁的全部功能操作。

4）转换条件。

站控转为遥控需检查的条件包括引导总锁、强扳道岔授权、自动折返进路、自动进路、引导进路、与中心通信状态、紧急关闭、车站扣车命令。

紧急站控不允许直接转为遥控，必须先转为站控，当上述条件全部满足时，才可以将控制权转为遥控。

任何时刻，车站可以无条件将控制权从中心控制转为站控或紧急站控。

2. 屏幕显示

（1）信号机

信号机亮灯时，屏幕上信号复示器与室外信号机显示一致。

信号机灭灯时，屏幕上信号复示器在点亮灯位画"×"。

（2）轨道区段

紫色——轨道区段处于占用状态；

红色——计轴处于 CBTC 模式下逻辑区段占用状态；

白色——轨道区段处于出清状态，是一条锁闭进路的一部分；

绿色——轨道区段处于出清状态，故障锁闭；

闪烁——轨道区段被 ATS 切除跟踪，以当前颜色闪烁；

默认色——轨道区段处于出清状态。

（3）道岔

紫色——道岔区段处于占用状态；

红色——道岔区段被 CBTC 报告占用；

白色——道岔区段未占用，处于正常锁闭状态（如有单独锁闭，道岔名为红色）；

绿色——道岔区段未占用，处于故障锁闭状态；

黄色——道岔区段未占用，处于单独锁闭状态；

闪烁——道岔区段被 ATS 切除跟踪，以当前颜色闪烁；

默认色——道岔区段未占用且未锁闭。

3. 报警

当联锁邻站通信发生故障时，发出报警，如图 3-20 所示，红色表示灯表示双网通信中断，黄色表示灯表示单网通信中断。

4. 典型操作

（1）设置进路

屏幕上信号机旁的绿色按钮为列车按钮，单击信号机相当于调车按钮，如图 3-21 所示。

在屏幕下方的功能条选择"进路建立"按钮（默认状态为"进路建立"），单击"始端"按钮，按钮处于被按下状态，同时符合进路办理条件的所有终端按钮闪烁，单击"终端"按钮,排列进路,开放信号。

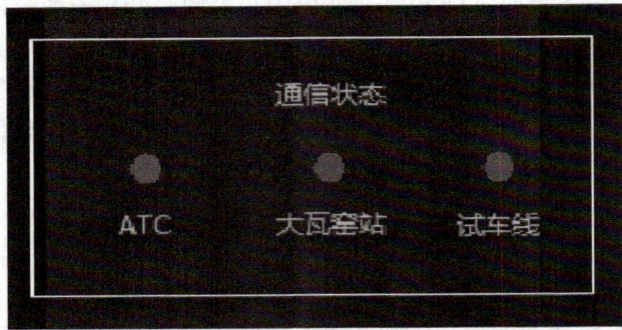

图 3-20 通信中断报警

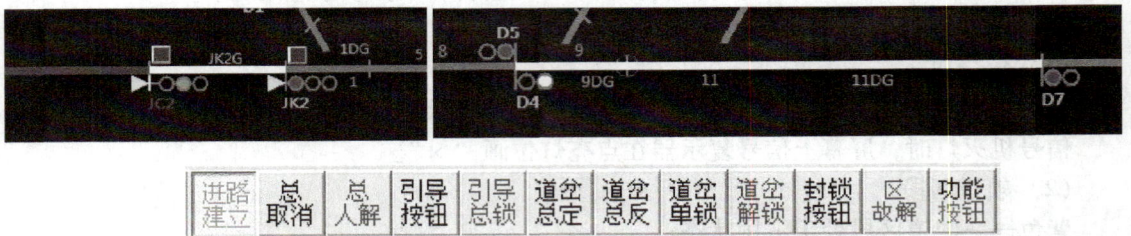

图 3-21 办理进路举例

(2) 取消/人工解锁进路

信号开放后接近区段空闲时,单击"总取消"按钮和"进路始端"按钮后,信号立即关闭,进路解锁。

当接近区段有车占用时,应使用人工解锁方式解锁进路。单击"总人解"按钮,输入口令"1234"并确认,再单击"进路始端"按钮,信号立即关闭,对应的信号机灯柱变为黄色,信号机旁显示"Y"标记,同时站场图右上方延时解锁倒计时开始。当倒计时为零时,进路自动解锁,如图 3-22、图 3-23 所示。

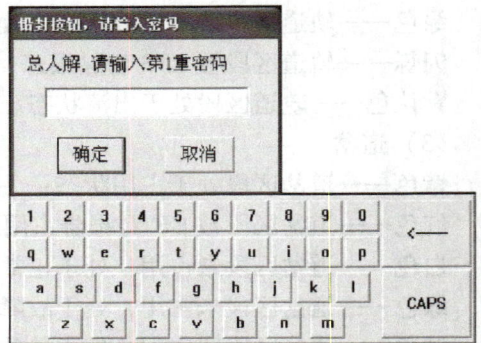

图 3-22 输入口令窗口

图 3-23 延时解锁

(3) 引导进路锁闭

当信号机故障或轨道区段故障不能正常办理进路时,由操作人员确认故障区段空闲,可采用引导进路锁闭方式开放引导信号。

单击功能条中的"引导按钮"按钮，在弹出的窗口中输入口令并确认，然后单击站场图下方引导按钮框中对应信号机的"引导"按钮，办理引导进路锁闭，如图 3-24、图 3-25 所示。

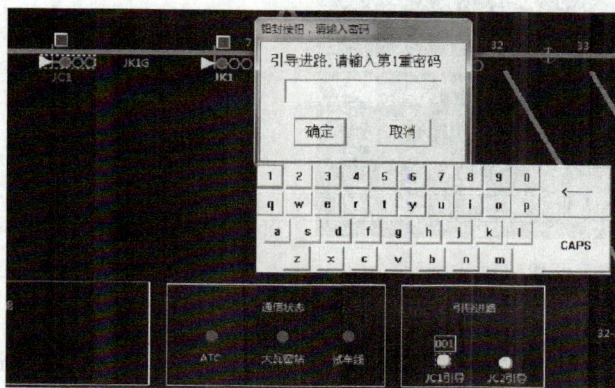

图 3-24 办理引导进路

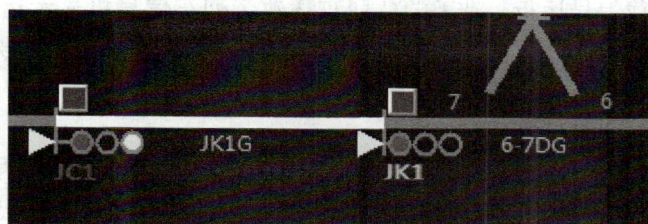

图 3-25 开放引导信号

（4）封锁

当进路锁闭、信号开放后，可使用"封锁"操作使已开放的信号关闭，或在进路未办理前执行封锁操作，使经过该设备的所有进路均不能建立。

单击功能条中的"封锁按钮"，然后单击站场图中对应的信号机或道岔，相应设备粉红色闪烁，表示对该设备进行封锁操作，如图 3-26 中 D3、5/6 道岔。

被封锁的道岔可以单独操纵。在进路未办理前封锁信号机，仅允许办理以该信号机为终端的进路。

（5）区故解

在联锁上电、列车通过后部分区段不解锁时，可采取区段故障解锁的方式解锁相应区段。

单击功能条中的"区故解"按钮，左键单击需要区故解的区段（图 3-27），在弹出的确认框中两次输入口令，执行区段故障解锁命令，如图 3-28 所示。

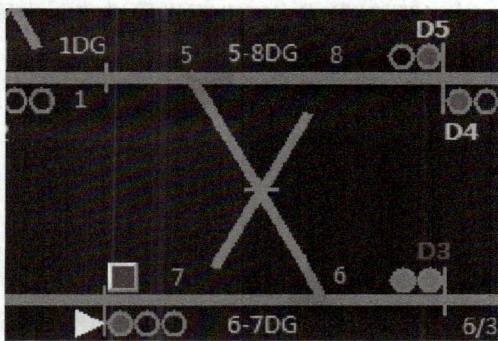

图 3-26 封锁设备

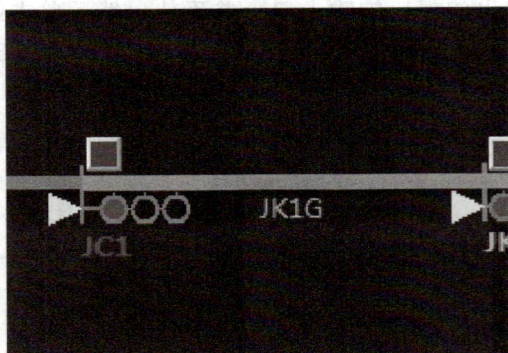

图 3-27　故障区段（绿光带）

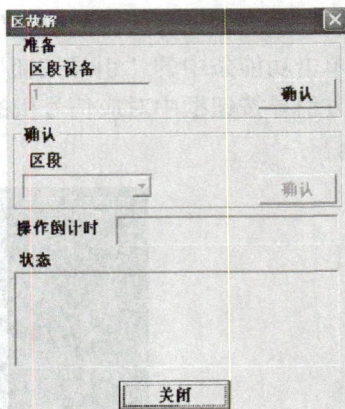

图 3-28　区故解确认窗口

5. 出/入库作业

具备全自动控制条件的车辆段内采用列调分离的方案，CBTC 列车运行采用列车进路控制，非 CBTC 列车运行采用列车或调车方式。

列车进路排列后，该列车进路的始端信号机亮灯，列车进路内的顺向调车信号机灭灯。

CBTC 列车凭车载信号运行，非 CBTC 列车凭轨旁列车信号机显示运行，列车进路内顺向调车信号机随列车进路解锁而顺序亮灯。列车进路部分解锁、调车信号亮灯后，即可办理以此调车信号机为始端的调车进路。

（1）出库流程

由 ATS 自动触发或人工办理出库的列车进路（出库信号机至出段信号机），出库信号机显示黄灯，进路内顺向调车信号机灭灯。停车列检库双列位移库调车和出库列车进路均可由 ATS 自动触发或人工办理。

出库信号开放后，司机驾驶列车以 RM 模式向前运行，经过两个应答器获得位置，列车在库线内升级为 CBTC 级别，驾驶模式转换为 CM 或 AM。

CBTC 列车按照 ZC 发出的移动授权计算防护曲线并控制列车，由司机驾驶或 ATO 驾驶运行至转换轨。

（2）入库流程

列车以 CBTC 级别运行进入转换轨。

由 ATS 触发或人工办理进段进路，进段信号机显示绿灯。ZC 为列车延伸移动授权，列车按照移动授权向前运行。

办理进库进路后，进库信号机显示黄灯，进路内顺向调车信号机灭灯。ZC 为列车延伸移动授权，列车按照移动授权向前运行。

列车按照 ZC 发出的移动授权计算防护曲线并控制列车，由司机驾驶或 ATO 驾驶向库线运行。

列车按照移动授权运行达到库前，按照运营要求一度停车，由司机确认转换为 RM 模式，运行进入停车列检库/洗车库。

想一想　　全自动车辆段有哪些优点？

【**知识拓展**】

1973 年，铁道部指示当时的电务工程总队在以往设计的继电式电气集中电路基础上，设计了一套便于推广使用的大站电气集中标准电路，定名为"电号 6502"。1977 年铁道部决定，今后车站信号设备新建和大修时，均以"电号 6502"为主要形式，这就是 6502 电气集中定型电路，是我国应用最普遍的一种继电式电气集中联锁。

国产的计算机联锁设备从界面设计到操作原则、从基本功能到联锁关系、从软件结构到接口电路，基本上都最大程度借鉴了 6502 的设计理念，并在实现 6502 全部功能的基础上，发挥计算机和网络的优势进行了功能扩展，提高系统的安全性与可靠性。因此学习 6502 电气集中知识，有助于掌握联锁关系的本质、探究联锁系统的设计理念。

1. 6502 电气集中电路结构

6502 电气集中电路采用站场型网路式结构，电路图形结构形状模拟了站场线路和道岔位置的形状，每条站场线路有 15 条网路线相对应。这样的电路结构，使信号机、道岔、轨道区段选用相应的定型组合，按照站场形状拼接，使设计过程比较容易，而且相同用途的继电器可以接在同一条网路线上，避免反复检查同样的条件，简化了电路，减少了继电器接点，使电路规律性强，安全程度高。从图 3-29 可以看出，计算机联锁软件中同类型设备采用相同软件模块，各模块按照站场型网路式结构连接。

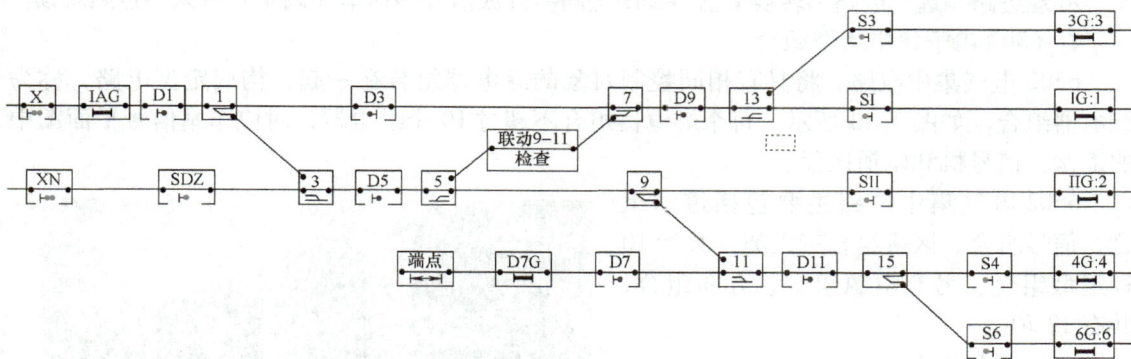

图 3-29　某型计算机联锁软件结构

6502 电气集中电路包括选择组和执行组两部分，共 15 条网路线，此外还有道岔控制电路和信号机点灯电路等单元电路，计算机联锁与现场设备的接口电路基本上完全借用了6502 的道岔控制电路和信号机点灯电路。

（1）选择组电路

选择组电路包括记录电路、选岔电路和开始继电器（KJ）电路。

1）记录电路由按钮继电器电路和方向电路组成，用于记录按钮按下的动作，记录进路的性质和方向。

2）第 1~6 网路线是选岔电路，称为六线制选岔电路，按照操作意图选择进路中各道岔的定位操纵继电器（DCJ）或反位操纵继电器（FCJ）及进路中各信号点的进路选择继电器（JXJ）。

3）第 7 网路线是 KJ 励磁电路，通过判断进路中各道岔 DCJ 与 DBJ、FCJ 与 FBJ 动作一致，确定进路中各道岔转换至要求的位置，实现对进路选排一致性的检查。

（2）执行组电路

选择组电路完成选路后，由执行组电路实现检查联锁关系、锁闭进路、开放信号以及解锁进路等工作。

1）第 8 网路线是信号检查继电器（XJJ）励磁电路，用于检查进路空闲、道岔位置正确、没有建立敌对进路以及侵限绝缘条件。

2）第 9、10 网路线是区段检查继电器（QJJ）和股道检查继电器（GJJ）的励磁、自闭电路，用于实现锁闭进路中各轨道区段、锁闭另一咽喉迎面敌对进路、防止进路迎面错误解锁等功能。

3）第 11 网路线是信号继电器（XJ）励磁电路，实现接通信号机点灯电路、开放信号的功能。

4）第 12、13 网路线是解锁网络，用于实现进路的锁闭及自动解锁、取消解锁、人工解锁等功能。

5）第 14、15 网路线是控制台光带表示灯电路，其中 14 线用于控制白光带、15 线用于控制红光带。

执行组电路除上述 8 条站场型网路线外，还包括道岔控制电路、信号机点灯电路、表示灯电路、报警电路等。

（3）电路动作顺序

6502 电气集中电路结构严密、动作层次分明，按照 15 条网路线的顺序，遵循以下规律：

办理进路→选出进路→转换道岔→锁闭进路→开放信号→列车（调车）进入→进路解锁。

2. 6502 电气集中定型组合

6502 电气集中电路，将具有相同控制对象的继电器组合在一起，构成定型电路，称为继电器组合，如图 3-30 所示，每个继电器组合不超过 10 个继电器，对应车站信号平面图中的道岔、信号机和轨道区段。

6502 电气集中电路主要包括道岔组合、信号组合、区段组合三大类，共计 10 种定型组合，另有电源组合、方向组合，共有 12 种。

（1）信号组合

信号组合包括四种列车信号组合及两种调车信号组合：列车信号主组合 LXZ、一方向列车信号辅助组合 1LXF、二方向列车信号辅助组合 2LXF、引导信号组合 YX、调车信号组合 DX、调车信号辅助组合 DXF，共计六种。其中 DX 如图 3-31 所示。

图 3-30　6502 电气集中车站电路

（2）道岔组合

道岔组合包括单动道岔组合 DD、双动道岔主组合 SDZ、双动道岔辅助组合 SDF，共计三种。其中 DD 如图 3-32 所示。

（3）区段组合

轨道区段组合有一种：区段组合 Q。

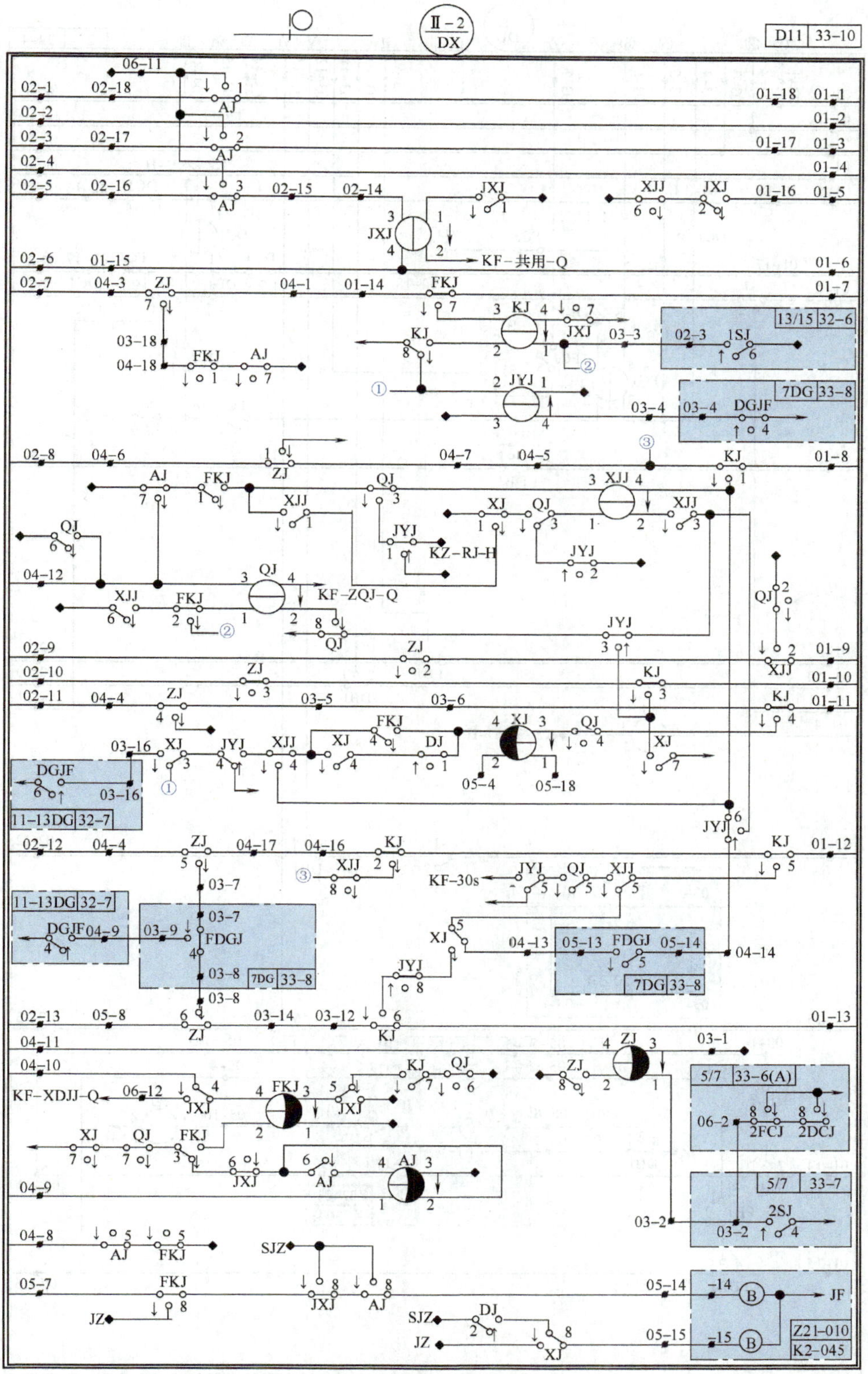

图 3-31 调车信号组合 DX

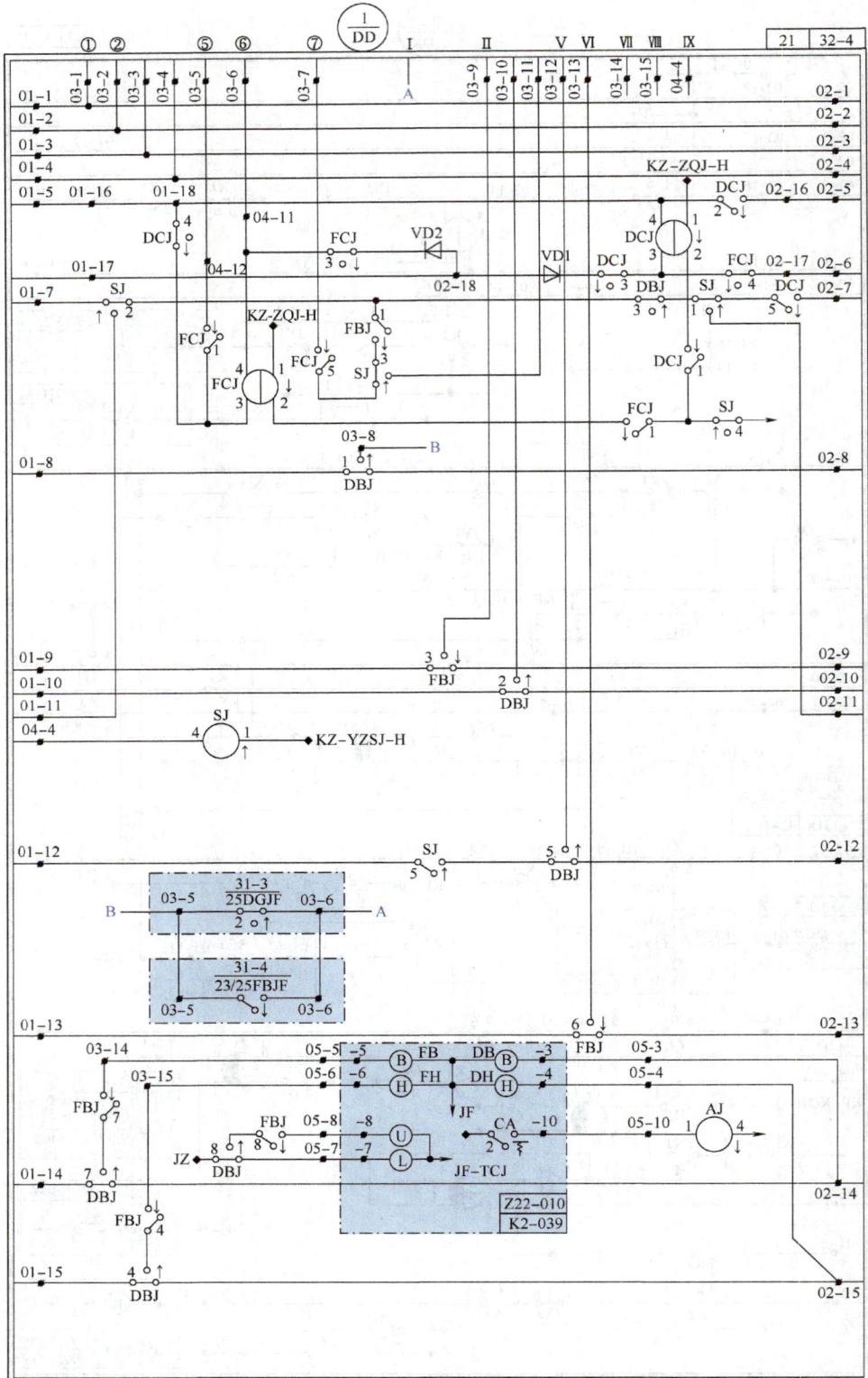

图 3-32 单动道岔组合 DD

【课后习题】

一、填空

1. （　　　　　　）是城市轨道交通系统中对车辆进行运营管理、停放及维修保养的场所。

2. 车辆段内主要行车岗位包括（　　　　　　）、（　　　　　　）、车辆轮值工程师、正线/车场派班员、调车员（调车长）、工程车司机、电列车司机。

3. 城市轨道交通的调车作业主要是在（　　　　）和（　　　　）进行。

4. 发车计划由车场调度员根据（　　　　　　）、运营检修车安排、车场线路存车情况等编制。

5. 车辆段由三个部分组成：（　　　　　　）、线路部分和车库部分。

6. 车辆段试车线主要用于测试列车的（　　　　　　　　　　）功能。

7. 为了保证列车、调车作业安全，只有在（　　　　　　）、道岔位置正确、（　　　　　　）处于关闭状态时，防护进路的信号才能开放。

8. 办理列车进段时，当有关信号机、轨道电路或道岔等故障时，进段信号不能正常开放，应使用（　　　　　　　　）的方式将列车接入车辆段内。

9. （　　　　　　）指的是系统在规定时间内、在规定条件下完成规定功能的能力。

10. 计算机联锁为了提高可靠性和安全性，主要采用了双机热备系统、（　　　　　）系统、（　　　　　　）系统来达到上述指标要求。

二、判断

1. 一条线路设一个车辆段，线路长度超过25km时，可以考虑另设一个停车场。　　　　　　　　　　　　　　　　　　　　　　　　　　　　　（　　）

2. 列车停放及列检作业库采用一线两列尽端式布置，或一线三列贯通式布置。（　　）

3. 列车出段凭信号机的显示，在出段线的无码区按限速人工驾驶方式运行（限速25km/h）。　　　　　　　　　　　　　　　　　　　　　　　　　　（　　）

4. 车辆段内可使用辙叉号为7#或9#的道岔，每组道岔设一台转辙机。（　　）

5. 可靠性指的是当系统的任何部分发生故障时，其后果不会导致人身伤亡或财产重大损失的性能。　　　　　　　　　　　　　　　　　　　　　　　　　（　　）

6. 联锁表，又称为进路表，表示了进路、道岔、信号机之间的基本联锁关系。（　　）

7. 列车在车辆段内以地面信号显示为主体信号，以人工驾驶模式运行。（　　）

8. 道岔封闭的含义是指可通过该道岔锁定位置排进路，但不能操纵。（　　）

9. 道岔单独锁闭是指不能通过该道岔排进路，但道岔可以单独操纵。（　　）

10. iLOCK型联锁操作屏幕上信号机旁的绿色按钮为列车按钮，点击信号机相当于调车按钮。　　　　　　　　　　　　　　　　　　　　　　　　　　　（　　）

三、简答

1. 简要说明车辆段各行车岗位的职责。

2. 简要说明列车由正线进入车辆段回库的过程。

3. 简要说明库内列车出段进入正线运营的过程。

4. 简要说明设备维护部门检修设备需要执行的手续。

5. 简要说明设备维护部门进入正线抢修设备需要执行的程序。

6. 信号开放/自动关闭的条件有哪些?

7. 计算机联锁系统主要包括哪几部分?

8. 联锁关系的基本内容有哪些?

9. 联锁表中"D10 至 D16"进路的各栏目分别表示什么含义?

10. 什么是站场型网路式结构?

04

单元4 正线信号系统——联锁设备

【学习导入】

城市轨道交通的正线完成运送乘客的任务以安全、准点、舒适、快捷的运营服务为宗旨。由于列车在正线运营速度快、密度大，而且无须办理列车的越行或交汇，因此正线信号设备完全不同于车辆段信号设备，尤其在新建的城市轨道交通正线中，逻辑区段取代了闭塞分区，车载信号取代了地面信号，无线传输取代了数字轨道电路，更多的技术先进、安全可靠的信号设备得到了应用。

【学习目标】

1. 熟悉正线信号平面图中各符号的表示意义。
2. 掌握正线信号机的命名方法。
3. 掌握正线道岔的命名方法。
4. 掌握正线轨道区段的命名方法。
5. 掌握正线联锁设备的基本功能。
6. 掌握正线联锁系统的组成。
7. 了解不同公司正线联锁设备的特点。
8. 掌握联锁表的结构。
9. 能正确解释联锁表中各部分的含义。
10. 了解正线联锁设备的基本操作。

【基本知识】

课题1 正线信号平面图认知

一、方向

在《地铁设计规范》中规定：地铁在正线上应采用双线、右侧行车制。南北向线路应以由南向北方向为上行方向，由北向南为下行方向；东西向线路应以由西向东为上行方向，由东向西为下行方向。环形线路应以列车在外侧轨道线的运行方向为上行方向，内侧轨道线的运行方向为下行方向。

在实际使用中，有的城市轨道交通规定以某个方向为上行方向。当车辆段位于线路末端站之后时，可规定以列车向车辆段方向运行为上行方向，远离车辆段为下行方向。

对于正线的信号设备，有的城市轨道交通规定：上行设备编号采用双数，下行设备编号采用单数。

二、线路平纵断面

线路的空间位置用中心线描述。

1. 纵断面（线路坡道）

线路纵断面是线路中心在垂直面上的投影。信号平面图中用坡度描述线路纵断面，图4-1是附图4的局部。

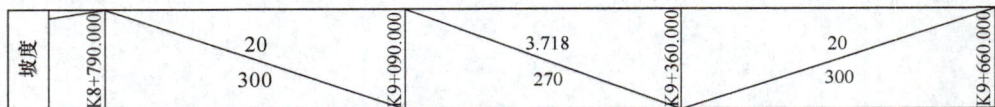

图4-1 线路坡道示意图

图4-1中各部分的含义：K8+790至K9+090为下坡道，坡道长度300m，坡度为20‰；K9+090至K9+360处为下坡道，长度为270m，坡度为3.718‰；K9+360至K9+660是长度为300m、坡度为20‰的上坡道。

2. 平面（线路曲线）

线路平面是线路中心在水平面上的投影。信号平面图中用曲线半径等指标描述曲线。图4-2为附图4局部，该线路运行方向为从右向左。

图4-2中各部分的含义："R-550"位于中心线上方，表示K11+719.019至K11+552.055是半径为550m、向列车运行方向右侧弯曲的曲线；"R-350"位于中心线下方，表示K11+531.743至K11+350.838是半径为350m、向列车运行方向左侧弯曲的曲线；中心线表示相应的线路为直线。

有的正线信号平面图如图4-3所示，不仅表示了曲线的弯曲方向，还标出了更为详细的曲线数据，图中 a 是偏角，R 是设计圆曲线半径，T 指切线长度，L 是曲线长度。

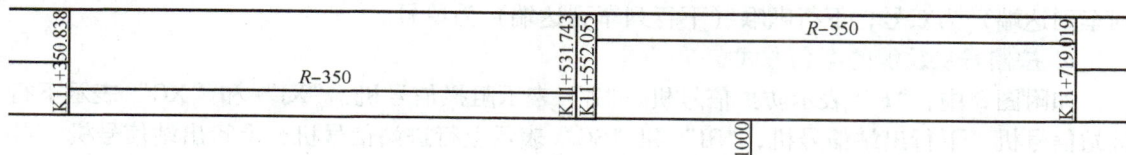

图 4-2　线路曲线示意图 1

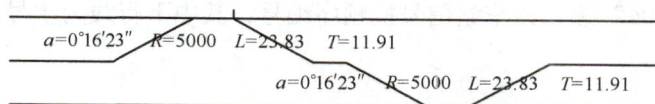

$a=0°16'23''$　$R=5000$　$L=23.83$　$T=11.91$

$a=0°16'23''$　$R=5000$　$L=23.83$　$T=11.91$

图 4-3　线路曲线示意图 2

三、信号设备坐标

如附图 3、附图 4 所示，在信号平面图的上方和下方，用表格形式标出正线所有信号设备的名称和坐标位置。

有的线路使用百米标，例如，在附图 3 中，A 站 JZ11 的位置是 "5 + 38"，表示位于距正线坐标原点 538m 处；D 站 JZ11 的位置是 "41 + 64"，表示位于距正线坐标原点 4164m 处。

有的线路使用公里标，例如附图 4 中，应答器 FB0809 的位置是 "K8 + 952"，表示 FB0809 位于线路 8km + 952m 处。

四、车站及联锁区

城市轨道交通正线的车站设置在客流量大的集散点，车站的间距应根据实际需要确定，市区 1km 左右，郊区不宜大于 2km。

根据信号联锁设备的管辖区域，将正线划分为若干联锁区，如附图 4 所示，虚线表示了联锁区的分界，每个联锁区内设置一个设备集中站，联锁区按设备集中站的名称来命名。

车站名下方的数字表示车站中心在正线的坐标，可使用百米标或公里标。车站名称下方有 "⊕" 表示该站为设备集中站。

为了便于接发车作业和维修管理，车站的信号设备应有统一的名称，比较典型的命名规则是 XYYZZ 或 XXYYZZZZ。其中 X（或 XX）代表设备类型；YY 代表车站编号；ZZ（或 ZZZZ）代表设备在某站的具体编号，下行线路及下行咽喉为单数，上行线路及上行咽喉为双数。

五、信号机

正线信号机主要包括防护信号机、阻挡信号机，根据信号系统设计的需要，还可设置进、出站信号机。区间的预告信号机，通过信号机以及联锁区分界处的虚拟信号机，各信号机显示意义见单元 2。

信号机的命名主要有以下几种形式：

1. 按顺序编号的命名方式

如附图 2 中各信号机，"X" 表示信号机，后面的数字为信号机序号，上行咽喉（上行列车到达端）为双号，下行咽喉（下行列车到达端）为单号。

2. 按信号机功能的命名方式

如附图 3 中，"F"表示防护信号机，"Z"表示阻拦信号机，"XJ"和"XC"表示下行进站信号机、下行出站信号机，"SJ"和"SC"表示上行进站信号机、上行出站信号机。

3. 按 XYYZZ 或 XXYYZZZZ 形式的命名方式

如附图 4 中的 X1001、S1004，其中"X"和"S"分别表示下行和上行，"10"表示车站编号，"01"和"04"表示该车站信号机顺序编号，其中下行线为单号，上行线为双号。

六、道岔

正线一般仅在设备集中站设有道岔。

1. 道岔的定位

正常情况下，在操作终端上道岔有定位和反位两个位置，而在室外则以左位/右位、直股/曲股等区分道岔开通方向。道岔定位的概念来自于非集中道岔，道岔除使用、清扫、检查或修理时外，经常保持的位置为定位。在正线及车辆段集中控制的道岔，可不保持定位。

2. 道岔的命名

道岔的命名主要有以下几种形式：

（1）数字编号

有的城轨公司遵循了铁路车站道岔编号的原则：由站外向站内用阿拉伯数字顺序编号，下行咽喉为单号，上行咽喉为双号，双动道岔连续编号，如附图 2 所示的正线道岔。

有的城轨公司则规定：下行正线的道岔使用单号、上行正线的道岔使用双号，如附图 3 及图 4-4 所示的正线道岔。

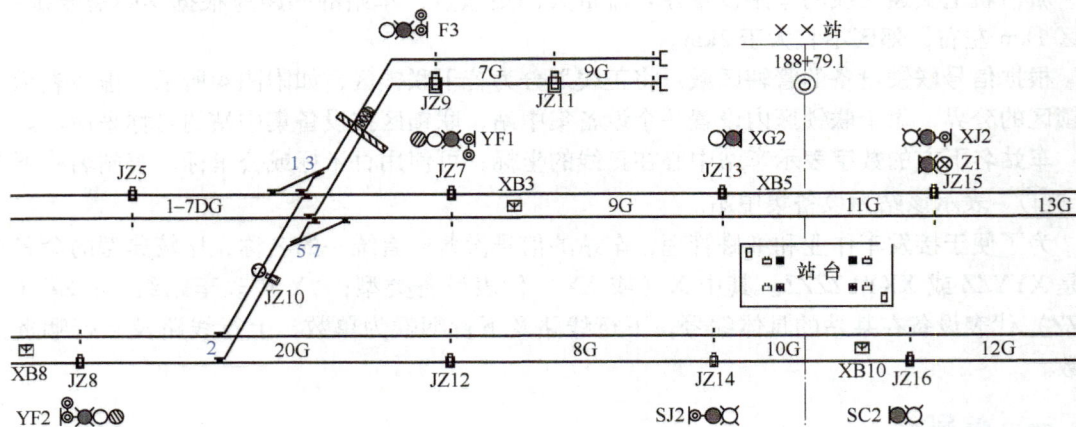

图 4-4　正线道岔编号举例

（2）字母 + 序号

使用"字母 + 数字"的命名规则，用字母表示道岔，字母或者来自于转辙机的英文（Switch Machine），或者来自于拼音（daocha）；序号一般由四位组成，前两位表示车站编号，后两位表示道岔编号。例如附图 4 中的 SW1001、图 4-5 中的 W1002 以及图 4-6 中的 D0302。

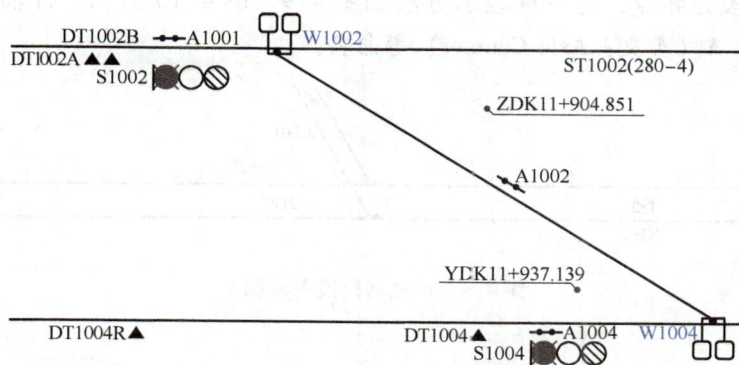

图 4-5　道岔名称举例 1

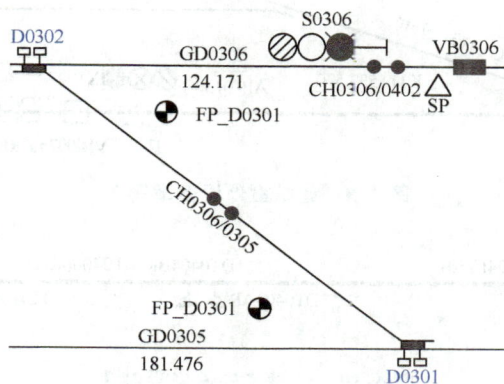

图 4-6　道岔名称举例 2

七、列车占用检测设备

城市轨道交通正线的列车占用检测设备主要有数字轨道电路和计轴系统两种形式。

1. 表示方法

（1）数字轨道电路

正线数字轨道电路如图 4-7 所示，每个轨道区段分界处设置"S 棒"（相当于电气绝缘节），既用于轨道电路接收和发送设备与钢轨的连接，又作为绝缘分割相邻轨道电路。

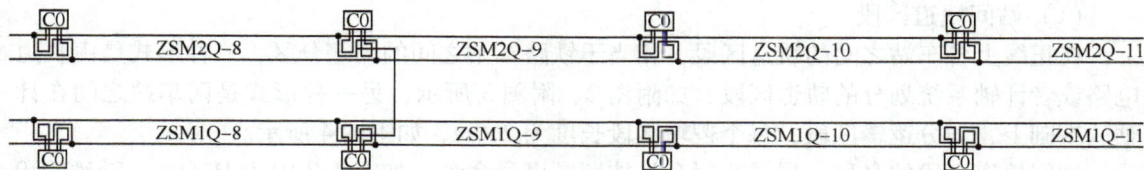

图 4-7　数字轨道电路举例

（2）计轴设备

计轴系统室外设备在信号平面图中的符号如图 4-8 所示，其中"▯"表示计轴器，

"▪" 表示计轴区段分界点，另一种表示方法如图 4-9、图 4-10 所示。计轴点可以使用 JZ（拼音：jizhou）、A（英文：Axle Counter）等命名。

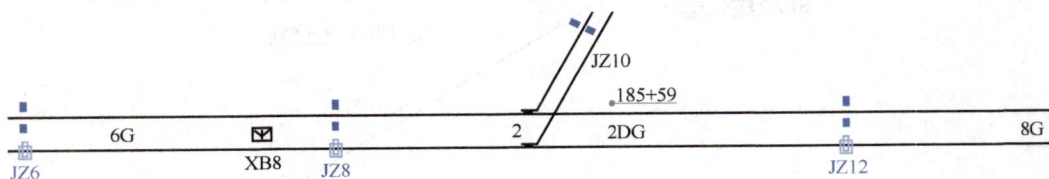

图 4-8　计轴室外设备举例 1

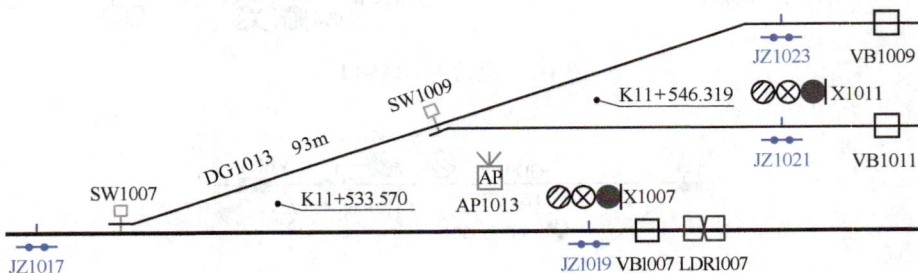

图 4-9　计轴室外设备举例 2

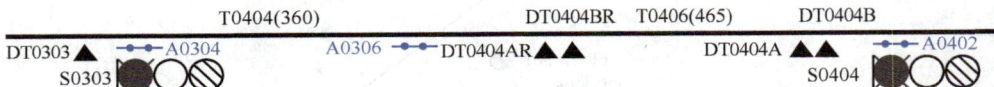

图 4-10　计轴室外设备举例 3

（3）侵限绝缘（或计轴点）

信号平面图中涉及侵限绝缘（或计轴点）时，在绝缘（或计轴点）符号之外加圆圈，如图 4-11 所示，表示相邻轨道区段之间存在特殊联锁关系。

图 4-11　侵限绝缘（计轴点）

2. 命名方式

（1）站间轨道区段

在正线上各车站之间的轨道区段，相当于铁路车站之间的闭塞分区，一种形式是由轨道电路或者计轴系统划分的轨道区段，如附图 2、附图 3 所示；另一种形式是两车站之间在计轴的基础上，划分逻辑区段，每个逻辑区段长度为 200m，如附图 4 所示。

站间轨道区段的名称，根据所属车站按照顺序号命名，如图 4-7 中 ZSM2Q-8、ZSM2Q-9 所示，也可以将设备集中站之间的轨道区段统一编号，如附图 3 所示的 1G、3G、5G、7G 等，或者按照 "XYYZZ" 规则命名，如图 4-10 中的 T0404、T0406。

当两站之间设置为一个计轴区段，并根据信号系统设计将该计轴区段划分为若干逻辑区段时，可以采用附图 4 中所示 G0905-A、G0905-B、G0905-C 的命名方式。

（2）道岔区段

包含有道岔的轨道区段（包括计轴区段）称为道岔区段。道岔区段的名称，可以遵循铁路车站道岔区段的命名规则，用 DG 作为轨道区段名称的典型特征，如图 4-4 中的 1-7DG、图 4-8 中的 2DG 以及附图 4 中的 DG1003，也可以用 ST（Switch Track Circuit）等作为轨道区段名称的特征，如图 4-5 中 ST1002。

八、应答器（信标）

应答器（有的称为信标）是安装在线路沿线用于反映线路绝对位置的物理标志。信标分有源信标和无源信标两种，有源应答器通过车地通信向列车发送可变信息，无源应答器为列车提供精确的绝对位置以及线路的坡度、弯度等信息。

1. 有源应答器

有源应答器在有的信号系统中称为动态信标（Dynamic Transponder，DT）、可变应答器（Variable Balise，VB）等，信号平面图中的符号如附图 3、附图 4 所示，有的城市轨道交通信号系统使用"▲"作为有源应答器的符号。

2. 无源应答器

无源应答器在有的信号系统中称为静态信标（Static Transponder，FT）、固定应答器（Fixed Balise，FB）等，信号平面图中的符号如附图 3、附图 4 所示，有的城市轨道交通信号系统使用"△"作为无源应答器的符号。

应答器的应用数量及设置位置是由信号系统的设计来决定的，除上述外，还可设置轮轨校正应答器、预告应答器等。

九、站台设备

站台上根据设计需要，设置以下与信号系统有关的设备：

1）紧急停车按钮（Emergency Stop Button，ESB），有的简称 EB、ESP，每个站台两端为每条正线设置一个，共四个，如附图 3 中的"⬤"图 4-12 中的"⬆"，实现在站台对列车紧急停车的控制。

2）发车计时器（Platform Departure Indicator，PDI），有的称为发车指示器（TDT），如附图 3 中的"▯""▤"，以倒计时等方式指示列车出发。

3）列车自动折返按钮（Turnback Button，TB），又称无人折返按钮（DRB），如附图 3 中的"▱"、图 4-12 中的"⬆"，通过操纵该按钮，实现了列车自动折返至另一站台的功能。

4）屏蔽门（Plateform Screen Door，PSD），屏蔽门与信号系统联锁，进站列车没有精确对位时不能自动打开屏蔽门，没有检测到屏蔽门关闭时列车不能由站内发出。

5）旅客导向牌，如附图 3 中的"⬒"，根据设计需要设置，向旅客显示距下趟车到达本站的时间、下趟列车的目的地、列车接近及停站提示以及办理扣车、跳停、车站封锁、区间封锁等特殊作业情况下，显示"请勿上车"等信息。

上述设备在有的信号平面图中仅标出符号，有的信号平面图按照"XYYZZ"规则命名，如图 4-12 所示。

TDT	ESP		PSD		ESP
TDT0302	ESP0302		PSD0302		ESP0304
ESP0301			PSD0301	ESP0303	TDT0301
ESP			PSD	ESP	TDT

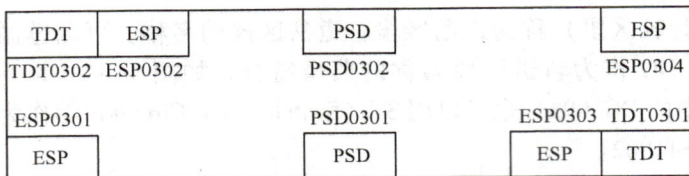

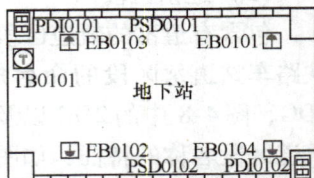

图 4-12　城市轨道交通车站站台示意图

想一想　站台各设备与列车运行有哪些关系？

十、无线接入设备

如单元 2 所述，WLAN、泄漏同轴电缆、裂缝波导管等均可提供 CBTC 系统中相应的无线数据传输服务，实现车地双向通信及列车定位，沿线路设置相应无线接入设备，如附图 4 中的"📡"，其中 AP（Access Point）即无线接入点。

课题 2　正线计算机联锁

一、正线信号系统的组成

早期城市轨道交通正线的信号系统以轨道电路为基础，获取列车占用情况、划分闭塞分区、向列车传输列控信息，而 CBTC 系统突破了固定闭塞的局限性，实现了移动闭塞，充分利用通信传输手段，实时地进行列车与地面间的双向通信联络，使得后续列车能够及时获取与前行列车的实际间隔距离，通过计算给出后续列车的最佳制动曲线，提高区间通行能力。由于车地间通信信息量大，地面可以实时地向车载信号设备传递车辆运行前方线路限速情况，指导列车按线路限制条件运行，大大提高了列车运行安全性。

正线信号系统如图 4-13 所示。

轨旁设备主要包括列车自动监控（ATS）子系统、计算机联锁（CI）子系统、区域控制器（ZC）、点式 ATP 地面设备、连续式 ATP 地面设备、轨旁无线电台和应答器设备等。

用于正线的计算机联锁子系统与车辆段联锁在原理上相似，即在信号机、道岔和进路之间建立一定的相互制约关系，以保证列车在进路上的运行安全，不同之处在于正线的计算机联锁是 ATC 系统的基础，联锁功能设计的优劣直接影响 ATC 系统的行车安全、折返功能和行车间隔。

我国城市轨道交通正线联锁设备存在多种类型，国外设备曾经占据主导位置，如 US&S 公司的 MicroLok Ⅱ 型计算机联锁系统、西门子公司的 SICAS 型计算机联锁系统、庞巴迪公司的 R4 计算机联锁等。近年来国产联锁设备越来越多地应用于城市轨道交通，如由中国铁路通信信号集团公司（简称中国通号）研究设计院研制的 DS6-60 型、卡斯柯公司的 VPI-3 型以及北京交大微联科技有限公司的 EI32-JD 型计算机联锁系统等。

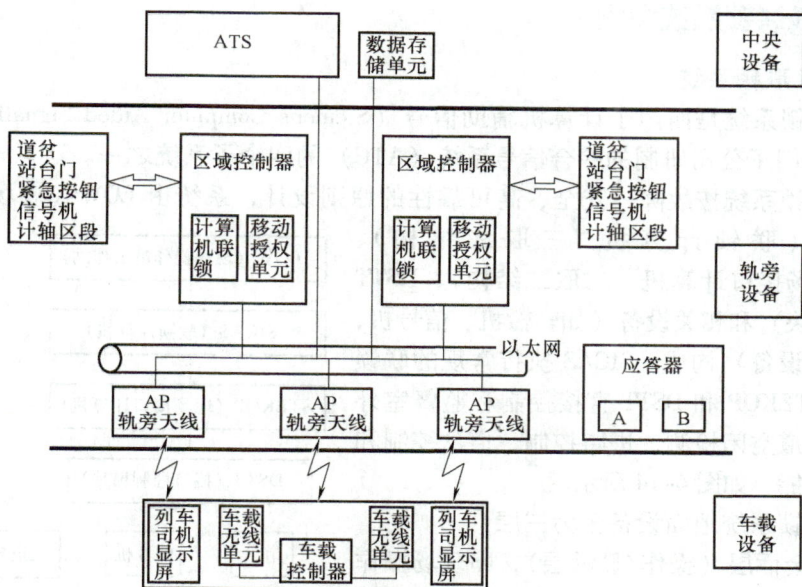

图 4-13　正线信号系统举例

二、正线联锁系统硬件要求

城市轨道交通正线计算机联锁子系统的硬件应符合以下要求:

1)CI 硬件体系结构应具有层次结构,可分为人机对话层、安全运算层和执行表示层。人机对话层由操作显示设备、系统诊断维护设备组成,安全运算层由联锁计算机组成,执行表示层由采集驱动设备组成。

2)安全运算层计算机应采用二乘二取二或三取二硬件冗余结构。

3)执行表示层可采用带 CPU 的智能单元,也可采用不带 CPU 的电子电路实现。

4)人机对话层的操作显示设备应采用冗余结构。

5)人机对话层的操作显示设备可与 ATS 系统操作表示设备合并设置。合并设置操作显示设备时,由 ATS 系统按照 ATS 规范提供操作、表示界面。

6)系统应配置冗余的电源。

7)对于二乘二取二计算机联锁,执行表示层的主体电路也应是二乘二取二冗余结构。对于驱动电路,主体电路即除最终产生驱动继电器电压的器件组外的其他电路。

8)执行层对结合继电器的物理驱动宜采用双断方式,即所有由电子电路驱动的继电器不采用公共的驱动回线。驱动继电器对应执行层的双系宜采用分线圈使用。

9)CI 采集的继电器应通过采集继电器接点的方式直接证明继电器状态。对于涉及安全的非由 CI 驱动的关键继电器(轨道继电器、道岔表示继电器等),CI 的每一系均应采用同时采集这些继电器的前后接点或双接点采集的方式并予以校核。其中定位表示、反位表示继电器及其他有动作关联的继电器可采用后接点串接后由 CI 采集的方式。

10)其他设备的故障,不得影响联锁设备的正常工作。

三、正线联锁系统举例

1. SICAS 联锁系统

SICAS 联锁系统是西门子计算机辅助信号（Siemens Computer Aided Signalling）系统的英文缩写，西门子公司研制的综合信号系统（ATC）的四个子系统之一。

SICAS 联锁系统按故障—安全、高可靠性的原则设计，系统由 LOW（现场操作员工作站）、SICAS（联锁计算机，三取二结构）、STEKOP（现场接口计算机，二取二结构）、DSTT（接口控制模块）和相关设备（如转辙机、信号机、数字轨道电路设备）构成。SICAS 执行常规的联锁功能，通过 STEKOP 和 DSTT 直接控制和监督室外设备，完成轨道空闲检测、进路控制、道岔控制和信号机控制功能，如图 4-14 所示。

SICAS 联锁系统地面设备分为三层：

1）人机会话层（操作/显示层），即现场操作员工作站（Local Operator Workstation，LOW），是信号系统网络的区域终端设备。

图 4-14　SICAS 型计算机联锁总体结构

SICAS 联锁系统的本地操作和表示通过 LOW 完成，每个联锁站设置一套 LOW 设备，由计算机终端和记录打印机组成。主要任务是接受来自控制台、键盘或鼠标器等的操作输入，判断操作输入能否构成有效的常规命令及安全相关命令，并将操作命令转换成约定的格式传输给联锁计算机；接收来自联锁计算机的表示信息，转换成显示器或控制台能够接受的格式，在显示屏以站场图形式显示联锁设备状态和列车运行信息。总之，人机对话计算机的功能是传送和生成操作命令、表示信息。

2）联锁运算层（信号逻辑层），主要功能是接收来自 LOW 的操作指令和来自现场的设备状态信息，进行联锁逻辑运算，排列、监督和解锁进路，动作和监督道岔，控制和监督信号机，防止同时排列敌对进路，向 ATC 发出进入进路的许可，并将产生的结果状态和故障信息传送至 LOW。

3）控制器层（现场元件监控层），即通常所说的接口电路，由分散式电子接口模块组成，连接联锁计算机与室外设备。控制命令经由控制器层转换和发送到现场设备，监控对象包括信号机、转辙机和轨道占用检查设备等。

SICAS 系统硬件包括 SICAS IC 计算机和 SICAS ECC 机柜。

SICAS IC 是一个二乘二取二多样化计算机系统。一个二取二系统包含两台同样的计算机对，每对都有两个不同的 ICs。ICs 系统的多样化是通过使用不同的操作系统（LINUX®，Windows®）以及不同的处理器（LINUX®，Windows®）来实现的，如图 4-15 所示。

SICAS ECC 计算机如图 4-16 所示，用于室外设备和轨道空闲检测的接口连接，分为基本层、扩展层和电源层。

2. EI32-JD 型计算机联锁

随着卡斯柯、北京交控、浙大网新等国内信号系统集成商逐渐掌握城轨信号系统的核心技术，iLOCK、EI32-JD 等国内联锁厂家的计算机联锁系统在我国城市轨道交通中得到越来越

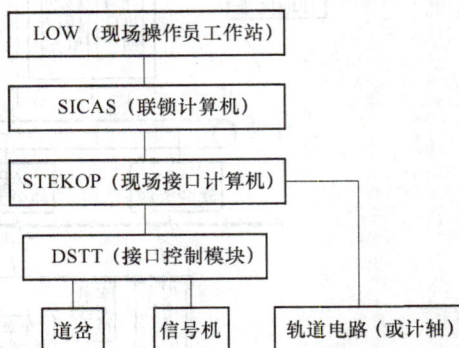

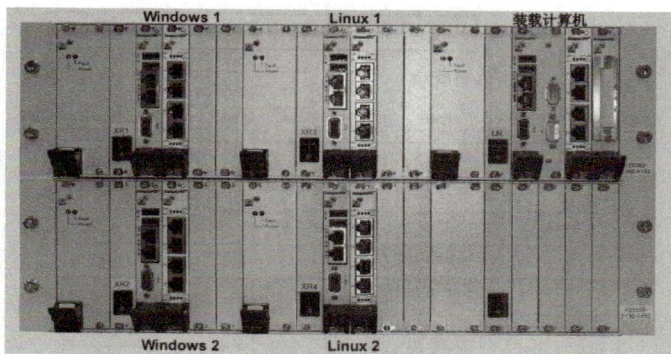

图 4-15　SICAS IC 计算机

图 4-16　SICAS ECC 计算机

多的应用，这些计算机联锁系统在国内的普速、高速铁路具有比较成熟的应用和维护经验。

EI32-JD 型计算机联锁系统是由日本信号株式会社和北京交大微联科技有限公司联合开发研制的计算机联锁系统，该系统符合铁道部（铁路总公司）颁布的《计算机联锁技术条件》，采用日本信号株式会社开发研制的 EI32 电子联锁系统硬件系统，北京交大微联科技有限公司开发研制的软件系统，实现了一套性能可靠、功能完善、操作简单、维护方便、符合故障—安全要求的车站联锁系统。

EI32-JD 型计算机联锁硬件结构、设备外观如图 4-17、图 4-18 所示。

（1）操作表示机

操作表示机又称上位机，如图 4-19 所示，与联锁计算机（包括驱动采集机）构成上下位控制的分层结构。

操作表示机采用 PC 系列工业控制计算机，主要作用是为值班员提供操作显示界面。操作表示机从联锁计算机取得站场当前状态，驱动站场屏幕显示器、采集操作信息传输给联锁计算机、将当前联锁状态信息传输给电务维修机和监测机。

操作表示机为双机热备。设备的倒接无需人工干预，也不对正常行车造成干扰。

（2）联锁机

联锁计算机简称联锁机，如图 4-20 所示，接收来自操作表示机传来的操作命令和驱动采集机传来的室外信号设备状态，进行联锁运算，向驱动采集机传输室外信号设备动作命令，同时向操作表示机传输表示信息。

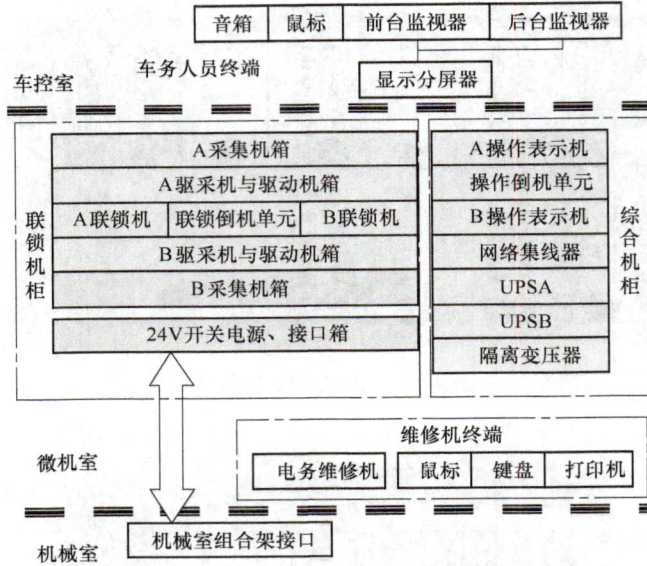

图 4-17　EI32-JD 型计算机联锁硬件结构

图 4-18　EI32-JD 型计算机联锁设备

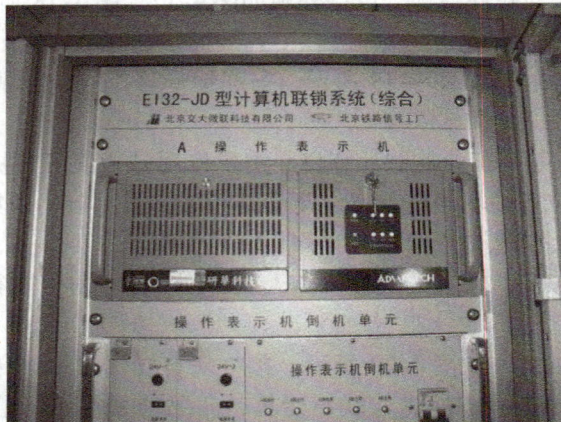

图 4-19　操作表示机

图 4-20　Ⅰ系、Ⅱ系联锁机

联锁机为二乘二取二结构，由Ⅰ系、Ⅱ系组成，每系的核心部件为二取二安全型 CPU 板，集成了完全相同的两套计算机系统，包括时钟、RAM、ROM 和必要的接口电路，还集成了实现双机校核的总线比较电路。CPU-A 和 CPU-B 硬件完全相同，所装系统软件和应用软件完全相同。正常情况下，A、B 两套 CPU 电路应当工作完全相同，此时，由该板驱动一个继电器，称作正常继电器，证明该 CPU 板双套电路工作正常并且同步，可以运用。只有正常继电器接点闭合，才能给该板输出部分供电，形成真实的输出，从硬件上保证设备的安全。

Ⅰ系、Ⅱ系之间为热备关系，只有主系统对外的输出被采纳，备用系统的输出虽然也被送到局域网上，但不被取用，仅用于联锁机双系统之间的校验。当联锁机的主系统发生故障时，才自动地倒向备用系统。

（3）驱采机

驱动采集计算机（简称驱采机）也采用日本信号株式会社研制的 EI-32 型计算机联锁系统系列产品，同为二乘二取二容错结构。它的作用为采集室外信号设备的状态，通过 LAN 通信，将采集到的站场状态传送到联锁机；接收联锁机传送的控制命令，并根据控制命令控制相应驱动电路，驱动室外信号设备动作。

采集电路在驱采机的控制下，采集组合架继电器状态；驱动电路在驱采机的控制下，驱动组合架继电器动作。

一个采集机箱可插 11 块采集电路板，每块采集板有 64 路采集，如图 4-21 所示。联锁机通过采集机箱的接口电路采集组合架继电器接点状态，每个采集点都通过两路进行采集，即双套采集，两路采集结果通过 LAN 通信传送到联锁机，联锁机以此作为联锁运算的依据。

一个驱动机箱可插 11 块驱动电路板，每块驱动板有 16 路输出，如图 4-21 所示，驱动板前面板有两类指示灯，其中一类在前面板上端（1 个绿灯、1 个红灯），用以表明驱动板是否正常工作，如果绿灯点亮，则该板工作正常，如果红灯点亮，则该板故障。联锁机通过驱动机箱的接口电路驱动组合架 JPXC-1000 型继电器，两路驱动电路的输出并联后再驱动继电器，即双套驱动。当某路驱动故障时，另一路仍可继续工作。

（4）分线柜

分线柜如图 4-22 所示，用于实现采集板、驱动板与继电器之间的连接，从组合架室内分线盘到采集电路、驱动电路间通过32芯电缆相连。组合架继电器与采集、驱动电路间一一对应，接口信息表描述采集电路与被采集继电器，驱动电路与被驱动继电器的关系。

图 4-21　采集板及驱动板

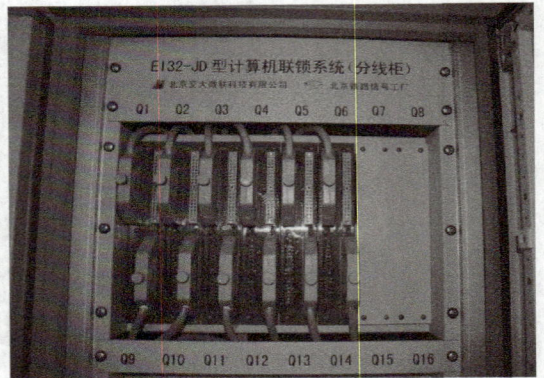

图 4-22　分线柜

（5）维修机

维修机通过电务维修网与操作表示机相连，功能如下：

1）接收操作表示机传来的站场状态信息、操作信息、提示信息、故障信息等。

2）显示站场运行状况、车站值班员操作信息、故障信息、系统运行状况等。

3）记录一个月的历史信息，可查看一个月内站场运行状况、车站值班员操作信息、故障信息等。

4）为微机监测、远程控制系统提供接口。

四、正线地面信号系统举例

1. 正线信号系统实例 1

系统整体结构如图 4-23 所示。

整条线路由五个子系统来管理，包括：

1）交大微联的 ATS（列车自动监控）子系统。

2）日本信号的 ATP/ATO（列车自动防护/驾驶）子系统。

3）交大微联的 CI（计算机联锁）子系统。

4）交大微联的 MSS（维护支持）子系统。

5）DCS（数据通信）子系统。

线路的运营管理主要依赖于覆盖整条线路的有线传输网络，该网络为各子系统之间提供双向信息传输。

通过无线自由波（2.4GHz）为信号轨旁子系统和车载子系统之间提供了双向无线信息传输。沿着全线分布的轨旁无线电台保证了无线网络对整条线路的覆盖，该无线网络传送连续的 CBTC 信息。

ATS 设备位于控制中心、备用控制中心、各车站和车辆段；ATP/ATO 位于 6 个设备集中站和 1 个车辆段内的试车线；CI 位于 6 个设备集中站、1 个车辆段和 1 个停车场；MSS 除位于各设备集中站外，还在各个维护工区设有终端，用于监测全线信号系统的工作状态。

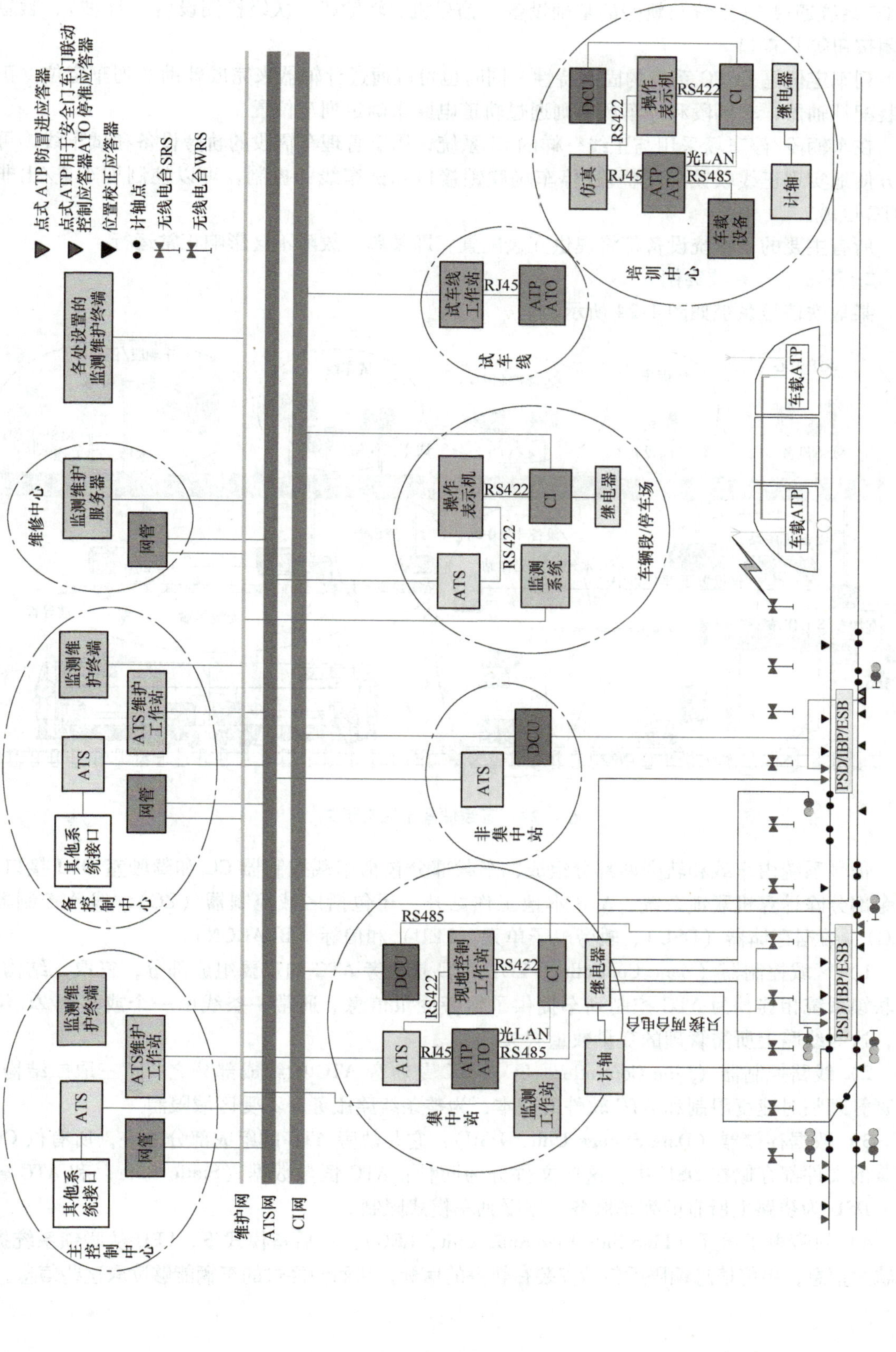

图 4-23　正线信号系统实例 1

CBTC 系统通过 CI 系统与轨旁的基础设备 [信号机、转辙机、次级检测设备（计轴）、紧急关闭按钮等] 接口。

列车定位是 CBTC 系统的固有特性，同时也可以通过计轴器来完成辅助的列车定位。正线装配计轴器，车辆段和停车场内则通过轨道电路来确定列车位置。

在车辆段/停车场采用与正线一样的 CI 系统，用于管理车辆段的轨旁设备和试车线，可以方便地实现正线联锁和车辆段/停车场联锁接口和试车线的控制，可以控制列车进/出非 CBTC 区域。

所有主要的子系统设备都将提供冗余配置，即某单一故障不会影响正常运行。

2. 正线信号系统实例 2

某地铁信号系统如图 4-24 所示。

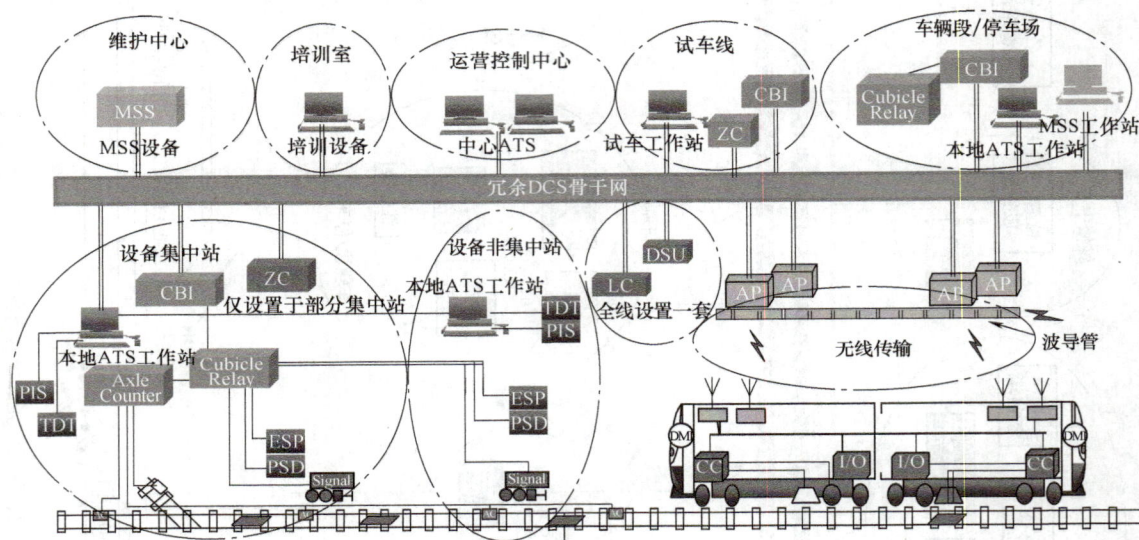

图 4-24　正线信号系统实例 2

信号系统由车载和轨旁两部分组成，车载部分包括车载控制器 CC 和驾驶室 DMI 接口，轨旁部分除计算机联锁系统、ATS 本地工作站外，还包括区域控制器（ZC）、线路控制器（LC）、数据存储器（DSU）、轨旁电子单元（LEU）和信标（BEACON）。

1）区域控制器（Zone Controller，ZC）：ZC 是轨旁 ATC 的重要组成部分，三取二结构，与联锁系统相连，为 ATC 控制列车提供了轨旁变量信息。通常一条线由一个或多个 ZC 组成，这与线路上所需管理的变量数量有关。

2）线路控制器（Line Controller，LC）：LC 是轨旁 ATC 的组成部分之一，三取二结构，负责管理临时速度限制和 ATC 软件的版本，为整条线路服务，不受区域限制。

3）数据存储器（Data Storage Unit，DSU）：它是轨旁 ATC 的组成部分之一，所有供 CC 下载的文件都存储在 DSU 中。这些文件分为两种：ATC 恒量数据（Static Data）和 ATC 软件。DSU 为线路上所有的列车服务，不受列车模式限制。

4）轨旁电子单元（Line Side Electronic Unit，LEU）：在后备模式下，LEU 从联锁系统提取轨旁信息，再将信息编码后传给安装在轨旁的信标，从而使经过的车辆能够读取这些信息。

5）信标（EuroBalise Beacon，BEACON）：根据功能的不同，信标又可分为重新定位信标、移动列车初始化信标、准确停车信标和固定列车初始化信标四种。

想一想　　对比不同城市轨道交通，思考正线信号系统的发展趋势是什么？

课题3　正线联锁关系

一、正线联锁（CI）系统功能

1. 一般要求

1）系统是实现车站联锁的信号系统，CI 将控制范围内信号机、列车占用检测装置及道岔等信号设备构成一种既相互联系又相互制约的关系。CI 应保证进路行车安全，提高运输效率，改善劳动条件，并具备大信息量和联网能力。

2）系统应满足 24h 不间断运行的要求。

3）系统的监控容量应满足正线车站、车辆段/停车场的建设规模和运输作业的需要。

4）系统应具有与 ATS 校核时钟的能力。

5）系统可与 ATS 系统配合，实现站控/遥控的转换。

6）系统主要通过进路控制列车的运行。在 CBTC 模式下，CI 系统允许多列车运行到同一条进路内，按照移动闭塞行车；在降级模式下，CI 系统只允许一列列车运行到该进路内，按照固定闭塞行车。

2. 系统功能

（1）基本功能

用于列车占用检测的区段，可分为逻辑区段和物理区段。CI 系统可提供封锁区段、解封区段功能。区段封锁后，CI 系统不应排列经过该区段的进路。

（2）信号机功能

1）信号应不出现乱显示即不符合规定的信号显示。在组合灯光开放和关闭时，应避免因灯丝故障导致信号显示升级。

2）系统检测到信号机显示与预期结果不一致时，应控制该信号机显示禁止信号。

3）系统应能接收地面 ATP 提供的信号机的列车接近信息，控制进路始端信号机转换不同的显示。

4）系统可提供信号机封锁、信号机解封功能。信号机封锁后，不能再排列经过该信号机的进路。

5）系统可提供信号关闭功能。

6）系统应具备信号重复开放的功能。办理了重复开放手续，防护该进路的信号机应检查信号开放条件满足后开放。

7）进路信号开放，应持续检查信号开放联锁条件满足。

8）进路的始端信号机，在信号关闭后，除本规范明确的情况外，不经再次办理，不应自动重复开放信号。

9）信号灯丝监督应符合下列规定：

① 列车信号机和调车信号机应设灯丝监督。

② 信号机在开放列车允许信号灯前，应检查红灯灯丝完好。

③ 在信号开放允许信号灯后，应不间断地检查灯丝完好。

④ 当开放的信号灯断丝时，应控制信号机显示禁止信号。

⑤ 系统可提供信号机灯光测试功能。进行灯光测试时，CI 点亮控制区域内的全部信号机。

（3）道岔功能

1）系统应具备道岔位置信息，包括道岔定位、道岔反位、道岔四开，并能提供道岔挤岔表示。

2）道岔的转换。

① 系统应具备操作道岔的功能，包括人工单独操纵（对应定操和反操命令）、进路选动和进路带动。道岔单独操纵的优先级高于进路的选动和带动。

② 进路控制方式操纵道岔时，进路上的道岔应顺序选出，动作电流应错开启动峰值。

3）系统应能够通过进路锁闭、区段锁闭、人工单独锁闭、引导总锁或其他锁闭的方式对道岔进行锁闭。道岔一旦被锁闭，道岔不能操纵。

4）系统应具备单独锁闭和单独解锁的功能。道岔单独锁闭后可以排列经过该道岔所在位置的进路。

5）系统可提供道岔封锁、道岔解封功能。道岔封锁后，CI 系统不应排列经过该道岔的进路。

（4）进路功能

1）系统应具备列车进路、引导进路和调车进路。

① 正线 CI 系统应具备列车进路、引导进路；车辆段和停车场联锁系统应具备调车进路，车辆段和停车场联锁系统可提供列车进路和引导进路。

② 系统应为不同控制等级的列车办理不同性质的列车进路，CI 系统应为 CBTC 控制级列车提供 CBTC 列车用进路，CBTC 列车用进路的办理和开放可检查进路内方首区段的空闲，不检查进路内其他区段的空闲。

2）进路的办理。

① 系统应能提供人工办理、ATS 自动办理进路的功能。

② 进路人工模式和自动模式之间的转换，可单独转换，也可按照联锁区统一转换。

③ 系统为 CBTC 列车提供进路和非 CBTC 列车提供进路的办理操作方式应相同。

④ 系统应能选出与操作意图相符的进路，依次确定进路的始端、终端，只能自动地选出一条基本进路。

⑤ 一条进路办理之后，不得同时开通其敌对进路。

3）进路的锁闭。

① 系统应具备进路锁闭的功能。进路锁闭在进路选通且有关联锁条件具备时构成。

② 系统应具备进路接近锁闭的功能。接近锁闭在信号开放后接近区段有车占用时构成；当接近区段未设置轨道检测装置时，接近锁闭应于信号开放后立即构成。

4）进路的解锁。

① 正常解锁：锁闭的进路在其防护信号机因列车占用正常关闭后，能随着列车的正常运行分段自动解锁，解锁时有条件的区段应采用三点检查；进路中存在多列车时，进路应随最后一列车的运行解锁。

② 人工解锁/取消进路：CI 系统应具备取消进路、人工解锁及区段故障解锁的功能。进路接近锁闭后，人工解锁可采用延时解锁或在收到列车停车保证的情况下立即解锁。

5）系统可提供自动通过进路的功能，处于自动通过模式的进路不随列车运行自动解锁，其防护信号机的显示随着列车的运行自动开放或关闭。

6）系统可根据需要提供自动折返进路功能。办理自动折返进路后，CI 系统自动排列列车进入折返线和驶出折返线的进路，并开放信号。当折返轨多于一个时，CI 系统可提供全自动折返进路功能，办理全自动折返进路后，CI 系统根据折返线的使用情况选择合适的折返线，排列折返进路。

7）系统应具备引导进路功能，可提供引导总锁功能，引导总锁将 CI 系统控制范围内的道岔全部锁闭。正线仅在进路引导的情况下才能开放引导信号。

（5）保护区段功能

系统应能够提供不同路径的保护区段，当保护区段与后续进路方向一致时，二者可以重复锁闭。

1）保护区段的设置：

① 为非 CBTC 控制级列车办理列车进路时，保护区段随着列车进路的建立而建立，进路始端信号开放需要检查保护区段锁闭且空闲。

② 为 CBTC 控制级列车办理进路时，保护区段随着列车的走行而建立，进路始端信号机的开放宜不检查保护区段。

③ 当保护区段不唯一，CI 系统可根据操作意图设置不同的列车保护区段；当保护区段唯一，联锁自动设置保护区段。

2）保护区段的锁闭：保护区段空闲且道岔转换到保护区段所需位置，相关联锁条件满足后，保护区段锁闭。

3）保护区段的解锁：

① 列车进入列车进路停稳后，保护区段自动解锁。

② 保护区段被后续进路重复锁闭时，保护区段随着后续进路的正常解锁而自动解锁。

③ 保护区段随着主进路的取消或人工解锁而自动解锁。

3. 其他功能

1）系统应具备站台紧急关闭接口功能。

办理了紧急关闭作业，对相应的引入该站台的和由此站台出发的非 CBTC 列车用进路（不含引导）的信号机应立即关闭；由此站台出发的 CBTC 列车用进路的信号应立即关闭。

2）系统应具备站台门接口功能。

① 系统应采集站台门的状态，站台门条件不满足的站台，对相应的引入该站台的和由此站台出发的非 CBTC 列车用进路（不含引导）的信号机应立即关闭；由此站台出发的 CBTC 列车用进路的信号应立即关闭。由于站台门条件不满足引起的信号关闭，在站台门条件满足后，CI 系统可自动重开信号。

② 系统可根据来自 ATP 系统的站台门命令开关站台门。

③ 系统可提供扣车接口功能。办理了扣车作业后，CI 系统可关闭对应站台的出发信号机；由于扣车引起的信号机关闭，在扣车取消后可自动重开信号。

> 想一想　　正线的联锁系统与车辆段的联锁系统有哪些不同？

二、西门子联锁系统功能

中国城市轨道交通协会技术装备专业委员会发布的《城市轨道交通装备技术规范》对我国城市轨道交通正线联锁系统功能做了总体要求，而在早期引进的国外联锁系统中，不论在系统功能还是文字表述上，都存在某些特殊之处。下面以西门子公司 SICAS 联锁系统为例进行说明。

1. 进路设置

为确保城市轨道交通高密度行车下的安全，SICAS 联锁系统与 ATP 相结合，进路由防护信号机防护，但列车在进路中的运行安全由 ATP 负责。SICAS 联锁系统共有四种进路设置方式。

（1）ATS 的自动列车进路

ATS 按照运行图，根据列车的车次号，结合列车的运行位置，发送排列进路的命令给SICAS 联锁，自动排列进路。

（2）RTU 的自动列车进路

当中央 ATS 系统故障或与 OCC 中央设备的传输通道故障时，司机在列车人工输入目的地码，车站 ATS 的远程终端单元（RTU）能根据从轨旁 PTI 环线（即车—地通信轨旁接收设备）接收到目的地码，向 SICAS 联锁发布排列进路命令，自动排列进路。

（3）追踪进路

SICAS 联锁自有的功能，在列车占用触发轨时，SICAS 可向带有追踪功能的信号机发布排列进路命令，自动排列出一条固定的进路，开放追踪进路的信号。

（4）人工排列进路

可由操作员在获得操作权的 LOW（现地操作工作站）或中央 ATS 的 MMI（人机接口）上，通过鼠标和键盘输入排列进路命令，人工排列进路。

人工排列进路始终优先，自动列车进路与追踪进路功能是对立的，对于单个信号机而言，选择了自动排列进路，就不能选择追踪进路。操作员可在 LOW 或 MMI 输入命令，开放、关闭信号机的自动排列进路或追踪进路功能。

2. 进路排列的条件

1）进路中的道岔没有被征用在相反的位置上。

2）进路中的道岔没有被人工锁定在相反的位置上。

3）进路中的道岔区段、轨道区段没有被封锁。

4）进路中的信号机没有被反方向进路征用。

5）进路中的监控区段没有被进路征用。如：列车正在通过进路的监控区段或列车通过进路后，监控区段不能正常解锁，出现绿光带现象，则进路不能排列。

6）进路的非监控区段没有被其他方向进路征用。例如要排列进路的轨道区段（含保护区段）被其他方向的进路征用或其他方向进路的轨道区段在解锁时出现非正常解锁且这些区段刚好属于要排列的进路的某些区段，则进路不能排列。注：如果进路的非监控区段是被同方向的进路征用，则可以再次征用。

7）从洗车厂接收到一个允许洗车的信号（只适用于排列进洗车线的进路）。

8）与相邻联锁通信正常（只适用于排列跨联锁区的进路）。

9）防淹门打开且未请求关闭（只适用于排列通过防淹门的进路）。

10）与车厂的照查功能正常（只适用于排列进车厂的进路）。

符合以上条件，进路能排列。进路在排列过程中，进路的道岔（含侧防道岔）能自动转换至进路的正确位置。

3. 有关概念

（1）进路的组成

进路一般由三部分组成，分别为主进路、保护区段及侧面防护。主进路是指进路上从始端信号机至终端信号机的路径，分为监控区段（含道岔区段）、非监控区段。保护区段是指终端信号机后方的一至两个区段。侧面防护由道岔、信号机及轨道区段的单个元素或组合元素组成。

（2）多列车进路

SICAS 联锁中一般不设通过信号机，只设置防护信号机，有些进路包含了若干个轨道区段（多至十几个轨道区段以上）。由于城市轨道交通运行间隔小、车流密度大，列车运行安全由 ATP 系统保护，因此一条进路中允许多个列车运行。如图 4-25 所示，S1→S2 为多列车进路，只要监控区空闲即可排出以 S1 为始端的进路，开放 S1。

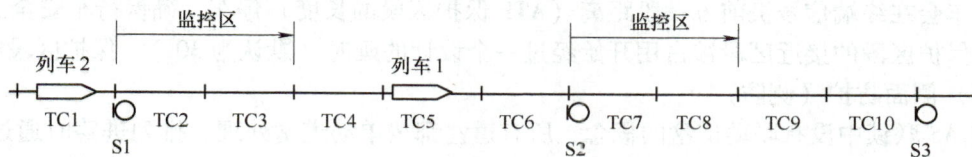

图 4-25　多列车进路示意图

对于多列车进路，当列车 1 出清监控区后，即可排列第二条相同始端的进路。进路排出后，只有当列车 2 通过后才能解锁。

（3）联锁监控区段

为了提高建立进路的效率，联锁系统把进路的区段分为监控区段和非监控区段两部分。进路建立后，当列车没有出清监控区段时，该进路不能再排列。当列车出清监控区段进入非监控区段时，即使非监控区段还没有全部解锁，该进路仍可再次排列，且信号能正常开放。

在无岔进路中，通常始端信号机后两个区段为监控区段，如图 4-25 所示，其他为非监控区段。

在有岔进路中，从进路的第一个轨道区段开始，一直到最后一个道岔区段的后一区段为止都是监控区段，其他为非监控区段。

监控区段的长度应足够完成列车驾驶模式的转换。列车通过监控区段后自动将运行模式转换为 ATO 自动驾驶模式或 SM 模式（ATP 监督下的人工驾驶模式），列车之间的追踪保护就由 ATP 来实现。

监控区段有故障，信号只能达到非监控层或引导层。非监控区段有故障，信号能正常开放，但列车以 SM、ATO 或 AR 模式驾驶时，由于具有 ATP 的保护功能，列车会在故障区段的前一区段自动停稳。

（4）保护区段

保护区段（Overlap）也叫重叠区段，如图 4-26 所示，设置保护区段的目的是避免列车由于某种原因不能在信号机前方停车而冲出信号机导致危及列车安全的事故发生。

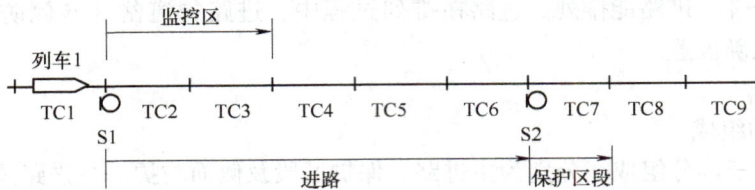

图 4-26　进路保护区段示意图

进路可以带保护区段或不带保护区段排出。对于短进路，保护区段与进路同时建立；为了不妨碍其他列车运行，对于长进路，可以通过目的轨的占用来触发使保护区段延时设置。

如进路短，排列进路时带保护区段；多列车进路无保护区段时，进路的防护信号机可以正常开放。

当 SICAS 联锁不能提供保护区段或其侧防条件不满足时，ATP 会计算出自己的保护区段，列车会在终端信号机前方一段距离（ATP 保护区段的长度）停车，确保行车安全。

从保护区段的接近区段被占用开始经过一个设计的延时（默认为 30s），保护区段解锁。

（5）侧面防护（侧防）

SICAS 联锁中没有联动道岔的概念，所有道岔都按单动道岔处理。排列进路时通过侧面防护把相关的道岔及信号机锁闭在联锁要求的位置，以避免其他列车从侧面进入进路，确保安全。侧面防护包括主进路的侧面防护和保护区段的侧面防护，如图 4-27 所示。

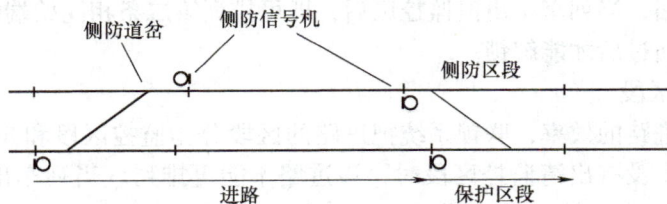

图 4-27　侧面防护示意图

侧面防护的任务是通过转换、锁闭和检查相邻分歧道岔位置，切断所有通向已排进路的路径。如果侧防道岔实际位置与要求的位置不一致，则发出转换道岔命令，当命令不被执行时（如道岔已锁闭），操作命令被储存，直到达到要求的终端位置。否则通过取消或解锁该进路来取消操作命令。

侧面防护也可由位于进路需要侧面防护方向的主体信号机显示禁止信号来完成。

道岔为一级侧面防护，信号机为二级侧面防护。排列进路是首先确定一级侧面防护，再确定二级侧面防护。没有一级侧面防护时，则将信号机作为侧面防护。

（6）进路的解锁

SICAS 联锁中正常的进路解锁采用类似国内铁路集中联锁的三点检查方式，列车出清后，后方的进路元素自动解锁。

人工取消多列车进路时，进路的第一个轨道电路必须空闲。如果接近区段逻辑空闲，进路及时解锁，如果接近区段非逻辑空闲，进路延时 60s 解锁。

多列车进路排出后，如果进路中有列车运行，则人工取消进路时只能取消最后一次排列的进路至前行列车所在位置的部分，其余部分随前行列车通过后自动解锁。

进路解锁后，相应的侧防道岔、侧防信号机及保护区段都随之解锁。

（7）轨道区段的 Kick-off 功能

1）物理空闲和物理占用。

轨道区段的物理空闲是指列车检测设备（轨道电路、计轴设备等）反映室外的轨道电路区段实际没有被列车占用的状态，此时轨道继电器处于吸起状态。

轨道区段的物理占用是指列车检测设备（轨道电路、计轴设备等）反映室外的轨道电路区段实际被列车占用的状态，此时轨道继电器处于落下状态。

2）逻辑空闲和逻辑占用。

轨道区段物理占用时，系统认为该区段也处于逻辑占用状态。

当轨道区段从物理占用状态切换为物理空闲状态时，系统将结合相邻区段的状态变化判断是否符合列车运行轨迹（列车通过和列车折返轨迹），如果符合则系统认为该区段逻辑空闲，否则认为该区段逻辑占用。此项功能可以根据相邻轨道区段"出清"和"占用"的变化序列进行判断，即不合理的序列将导致系统输出"逻辑占用"状态，可以避免轨道电路分路不良带来的不安全因素。

为了更好地判断逻辑空闲状态，系统引进了 Kick-off 状态。一般每个轨道区段均有两个 Kick-off 状态，每端一个，分别记录本区段与相邻轨道区段被同时占用的状态。当区段物理空闲且有两个 Kick-off 状态时，系统认为该区段逻辑空闲并重置 Kick-off，否则认为逻辑占用。

在计轴系统中，不存在"分路不良"情况，可关闭逻辑空闲/占用的处理功能，此时轨道空闲检测处理功能的"逻辑出清"和"逻辑占用"输出与"物理出清"和"物理占用"输入是一致的。

4. 与其他设备接口

（1）与车辆段联锁接口

正线车站与车辆段的信号接口设有相互进路照查电路，操作人员只有确认设置于控制台或计算机屏幕的照查表示灯显示后才能开放信号。主要联锁关系包括：

1）不能同时向对方联锁区排列进路。

2）当进路中包含对方轨道电路时，必须根据对方相关轨道电路空闲信息进行进路检查，进路排出后须将排列信息传送至对方并要求对方排出进路的另一部分。

3）列车入段时，车辆段必须先排接车进路，正线车站才能排列入段进路，以减少对咽喉区的影响。

（2）与洗车机接口

只有得到洗车机给出的同意洗车信号时，才能排列进入洗车线的进路，否则，不能排列进路。

（3）与防淹门接口

在特别情况发生时，SICAS 联锁通过与防淹门的接口保证列车运行安全。联锁设备与防淹门间传递的信息包括防淹门"开门状态"信息、"非开状态"信息、"请求关门"信号以及信号设备给出的"关门允许"信号。其基本联锁关系主要表现为：

1）只有检测到防淹门的"开门状态"信息而且未收到"请求关门"信号时才能排列进路。

2）信号机开放后，收到防淹门"非开状态"信息时，立即关闭并封锁信号机。

3）信号机开放后，收到防淹门"请求关门"信号时，关闭并封锁始端信号机并取消进路（接近区段有车时延时 30s 取消进路），通过轨道电路确认隧道内没有列车后立即发出"关门允许"信号，否则需要防淹门操作人员人工确认列车运行情况并根据有关规定人工关门。

（4）与 ATC 接口

SICAS 联锁与 ATC 的连接通过逻辑的连接来实现，响应来自 ATS 的命令，进行联锁逻辑运算，在满足安全的前提下，控制进路、道岔和信号机，并将轨道电路、道岔、信号机的状态信息提供给 ATS、ATP、ATO，主要设备状态信息包括：

信号机的状态——信号机的开放、关闭；

道岔位置——道岔的定位、反位、四开、挤岔；

轨道电路状态——占用、锁闭、空闲。

（5）与相邻联锁系统接口

城市轨道交通正线车站被划分为数个联锁区，各联锁区的相互连接经由联锁总线通过连接中央逻辑层实现，联锁边界处的每个设备均以其进路特征反映至相邻联锁系统。

当一条进路的始端信号机和终端信号机位于不同联锁区时，进路由始端信号机所在的联锁区来设定，进路包括带有自身联锁区内进路部分和相邻联锁区内进路部分的连接点，两部分相互作用实现 SICAS 联锁的链接。

> **想一想** 在保障安全的前提下，正线信号系统通过哪些方式提高列车运行效率？

三、联锁表举例

正线联锁表与车辆段联锁表有较大的差异，根据正线信号平面布置图编制，表示了正线进路、道岔、信号机及相关设备之间的基本联锁关系。

1. 进路联锁表组成

1）进路号码：将联锁区的所有进路顺序编号，包括列车进路和折返进路。

2）进路：进路始端信号机至终端信号机。

列车进路的终端信号机为反向信号机，如无反向信号机，则使用顺向信号机。折返进路的终端信号机为顺向信号机。

3）进路性质：包括基本进路、折返进路及反向进路。

4）排列进路按钮：顺序填写办理该进路使用的按钮。

5）信号机：填写防护进路信号机的名称，及信号开放后的显示。

6）道岔：填写进路中道岔及防护道岔的名称、位置。

7）敌对信号：防护敌对进路的信号名称。

8）侵限区段：进路中存在侵限绝缘（或侵限计轴点）时，填写与进路侵限的区段名称。

9）轨道区段：按进路始端至终端的顺序，填写信号开放需检查空闲的区段名称。其中CBTC 模式和降级模式检查的区段不同。

10）保护区段：填写保护区段名称及相关信息。

保护区段是在设定的停车位置之外的一段轨道区段，不授权列车进入，但需要为接近的列车进行锁闭，以确保列车运行安全。

① 区段名称：该进路保护区段名称。

② 保护区段道岔：保护区段锁闭道岔的名称及位置。

③ 开始解锁区段：列车进入该区段后，保护区段开始延时解锁。

11）接近区段：信号开放后，接近区段被占用，进路转入接近锁闭。

12）进路延时解锁时间：45s。未收到列车停稳信息时，人工确认列车停稳后，人工解锁进路的延时时间。

13）保护区段延时解锁时间：列车进入"开始解锁区段"后，保护区段延时解锁时间。收到列车停稳信息时不延时，未收到停稳信息时根据设计要求。

14）其他联锁：影响信号开放及开放后紧急关闭的条件，包括屏蔽门条件、扣车条件等。办理折返进路时，需要关闭的前方信号。

15）自动通过功能：设置为"自动进路"后，进路自动建立。当列车通过后，进路不解锁。当列车离开规定区段后进路重新自动建立。

16）ATS 自动进路开始触发区段：填写列车进入该区段后自动触发进路的轨道区段名称。

除进路联锁表外，正线联锁表还包括引导进路表、自动折返进路表。

1）引导进路：填写开放引导信号应检查的联锁条件。附图 4 中，S1003、X1005、X1007、X1009、X1011、S1004、X1006、X1008、X1010、X1012 具有开放引导信号条件。

2）自动折返进路：对有折返功能的车站，根据其折返方式，可设置某种自动折返进路。在自动折返设置之后，一旦进入折返线的进路其触发轨道被占用而且该进路建立的联锁条件满足，由联锁设备自动办理该进路；在折返轨被占用之后，如果出折返线的进路其联锁条件满足，由联锁自动办理出折返线的进路。

ATS 还提供设置全自动折返进路的操作。全自动折返是指联锁根据当前车站信号设备的状态在多种折返模式中自动选择一种最优方式完成折返进路的办理。

2. 正线联锁表举例

附图 4 联锁区的联锁表部分内容见表 4-1、表 4-2、表 4-3、表 4-4。

表 4-1　基本进路表（CBTC 模式）

联锁区	进路号码	进路	进路性质	排列进路按下按钮	信号机 名称	信号机 显示	道岔	敌对信号	侵限区段	轨道区段
	1	X0901-X0801	基本进路	X0901A, X0801A	X0901	L		VS09, S0701		C0901
	2	X1001-X0901	基本进路	X1001A-X0901A	X1001	L		VS09		G1001
	3	S1003-S1019	折返进路	S1003A-X1005A	S1003	L	SW1001	X1005		G1005, DG1007-A, G1011
	4	S1003-S1013	基本进路	S1003A-S1013A	S1003	U	(SW1001), SW1003/SW1006, SW1004/SW1005, (SW1007), SW1009	X1009		G1005
	5	S1003-S1013	折返进路	S1003A-X1009A	S1003	U	(SW1001), SW1003/SW1006, SW1004/SW1005, (SW1007), SW1009	X1009		G1005, DG1007-B, DG1009-A, DG1013-B, 1G
	6	S1003-S1015	基本进路	S100A3-S1015A	S1003	U	(SW1001), SW1003/SW1006, SW1004/SW1005, (SW1007), (SW1009)	X1011		G1005
	7	S1003-S1015	折返进路	S1003A-X1011A	S1003	U	(SW1001), SW1003/SW1006, SW1004/SW1005, (SW1007), (SW1009)	X1001		G1005, DG1007-B, DG1009-A, DG1013-B, 2G

（续）

区段名称	保护区段侵限区段	保护区段锁闭道岔	开始解锁区段	接近区段	未收到停车保证信息	收到停车保证信息	其他联锁	自动通过进路功能	ATS 自动进路开始触发区段
C0801			C0803	C0903，C0905-A，C0905-B，C0905-C，C0905-D，C0905-E	45	0	C0903 紧急关闭，PSD0901，X0901 扣车	是	C0905-E
				G1003，G1005，DG1007-A，＜X1005 开放＞G1011-A					C1011-E
C0901			C0903	C1003，G1005，DG1007-B，DG1009-A	45	0	C1003 紧急关闭，PSD1001，X1001 扣车，S1003 不能同时开放	是	DG1009-A
				C1003，G1005，DG1007-B，DG1009-B，DG1010-C					DG1010-C
				G1003，G1001，C0905-E，C0905-D，C0905-C，C0905-B，C0905-A	45	0	G1003 紧急关闭，PSD1001，X1001 不能同时开放	否	C0905-A
				G1003，G1001，C0905-E，C0905-D，C0905-C，C0905-B，C0905-A	45	0	G1003 紧急关闭，PSD1001，X1001 不能同时开放	否	C0905-A
				G1003，G1001，C0905-E，C0905-D，C0905-C，C0905-B，C0905-A	45	0	G1003 紧急关闭，PSD1001，X1001 不能同时开放	否	C0905-A
				G1003，G1001，C0905-E，C0905-D，C0905-C，C0905-B，C0905-A	45	0	G1003 紧急关闭，PSD1001，X1001 不能同时开放	否	C0905-A
				G1003，G1001，C0905-E，C0905-D，C0905-C，C0905-B，C0905-A	45	0	G1003 紧急关闭，PSD1001，X1001 不能同时开放	否	C0905-A

表 4-2 基本进路表（降级模式）

联锁区	进路号码	进 路	进路性质	排列进路按下按钮	信号机名称	信号机显示	道 岔	敌对信号	侵限区段	轨道区段
	1	X0901-X0801	基本进路	X0901A, X0801A	X0901	L		V509, S0701		G0901, G0805, C0803
	2	X1001-X0901	基本进路	X1001A-X0901A	X1001	L		V509		G1001, G0905, G0903
	3	S1003-S1019	折返进路	S1003A-X1005A	S1003	L	SW1001	X1005	SW1001	G1005, DG1007, G1011
	4	S1003-S1013	基本进路	S1003A-S1013A	S1003	U	(SW1001), SW1003/SW1006, SW1004/SW1005, (SW1007), SW1009	X1009		G1005, DG1007, DG1009, DG1013, 1G
	5	S1003-S1013	折返进路	S1003A-X1009A	S1003	U	(SW1001), SW1003/SW1006, SW1004/SW1005, (SW1007), SW1009	X1009		G1005, DG1007, DG1009, DG1013, 1G
	6	S1003-S1015	基本进路	S100A3-S1015A	S1003	U	(SW1001), SW1003/SW1006, SW1004/SW1005, (SW1007), (SW1009)	X1011		G1005, DG1007, DG1013, 2G
	7	S1003-S1015	折返进路	S1003A-X1011A	S1003	U	(SW1001), SW1003/SW1006, SW1004/SW1005, (SW1007), (SW1009)	X1001		G1005, DG1009, DG1013, 2G

保护区段 区段名称	保护区段锁闭道岔	开始解锁区段	侵限区段	接近区段	进路延时解锁时间/s	保护区段延时解锁时间/s	其他联锁	自动通过进路功能	ATS自动进路开始触发区段
G0801		G0803		G0903, G0905	45	45	G0903 紧急关闭, PSD0901, X0901 扣车, C0803 紧急关闭, PSD0801	是	G0905
G0901		G0903		G1003, G1005, DG1007, <X1005 开放 >G1011	45	45	G1003 紧急关闭, PSD1001, X1001 扣车, G0903 紧急关闭, PSD0901, S1003 不能同时开放	是	G1011
				G1003, G1005, DG1007, DG1009				否	DG1009
				G1003, G1005, DG1007, DG1009, DG1010				否	DG1010
				G1003, G1001, G0905	45	45	G1003 紧急关闭, PSD1001, X1001 不能同时开放	否	G0905
				G1003, G1001, G0905	45	45	G1003 紧急关闭, PSD1001, X1001 不能同时开放	否	G0905
				G1003, G1001, G0905	45	45	G1003 紧急关闭, PSD1001, X1001 不能同时开放	否	G0905
				G1003, G1001, G0905	45	45	G1003 紧急关闭, PSD1001, X1001 不能同时开放	否	G0905

表 4-3　引导进路表（降级模式）

联锁区	进路号码	进路	进路性质	引导按钮	信号机 名称	信号机 显示	道岔	敌对信号	其他联锁
	3	S1003-S1019	引导进路	YA, S1003A, X1005A	S1003	H/U	SW1001	X1005	X1001 不能同时开放
	4	S1003-S1013	引导进路	YA, S1003A, X1013A	S1003	H/U	(SW1001), SW1003/SW1006, SW1004/SW1005, (SW1007), SW1009	X1009	X1001 不能同时开放
	6	S1003-S1015	引导进路	YA, S1003A, X1015A	S1003	H/U	(SW1001), SW1003/SW1006, SW1004/SW1005, (SW1007), (SW1009)	X1011	X1001 不能同时开放
	9	S1003-S1017	引导进路	YA, S1003A, X1017A	S1003	H/U	(SW1001), SW1003/SW1006, SW1004/SW1005, SW1007	X1007	X1001 不能同时开放
	11	S1003-S1018	引导进路	YA, S1003A, X1018A	S1003	H/U	(SW1001), SW1003/SW1006, SW1004/SW1005, SW1008	X1008	X1001 不能同时开放
	13	S1003-S1016	引导进路	YA, S1003A, X1016A	S1003	H/U	(SW1001), (SW1003/SW1006), (SW1004/SW1005), (SW1008), (SW1010)	X1012	X1001 不能同时开放
	15	S1003-S1014	引导进路	YA, S1003A, X1014A	S1003	H/U	(SW1001), (SW1003/SW1006), (SW1004/SW1005), (SW1008), SW1010	X1010	X1001 不能同时开放

表 4-4　自动折返进路表

联锁区	进路号码	进路	进路性质	自动折返按钮	进路列表	自动折返说明
	39, 19	ZDZ1	自动折返进路	ZDZ1A	S1004-S1017, X1007-X1001	站后折返
	45, 48	ZDZ2	自动折返进路	ZDZ2A	S1004-S1018, X1008-X1001	站后折返
	39, 19/45, 48	ZDZ3	自动折返进路	QZDZA	S1004-S1017, X1007-X1001/ S1004-S1018, X1008-X1001	全自动折返

课题 4 正线联锁设备操作

正线联锁设备有多种形式，在这部分以 SICAS 型、VPI-3 型、DS6-60 型为例，介绍正线联锁的基本操作，学习正线联锁设备的主要功能以及设计理念。

一、SICAS 联锁基本操作

1. 操作终端 LOW

LOW 的全称是 Local Operator Workstation，即现场操作员工作站。

LOW 是信号系统网络的区域终端设备，每个联锁站设置一套 LOW 设备。SICAS 联锁系统的本地操作和表示是通过 LOW 工作站来完成的。联锁等设备和行车状况（轨道占用、道岔开通位置和信号显示等）在显示器上以站场图形式显示，使用鼠标和键盘，在命令对话窗口上可以实现常规命令及安全相关命令的联锁操作。所有安全相关命令的操作、操作员登录/退出操作、设备故障报警等信息将被记录存档。根据实际控制需要，可以每个联锁系统拥有几个操作控制台，或者几个联锁系统采用一个控制台。

2. 屏幕显示

LOW 的屏幕显示由三部分组成，自上而下有基本窗口、主窗口和对话窗口。

（1）基本窗口

计算机启动进入后第一个出现的窗口为基本窗口，如图 4-28 所示。

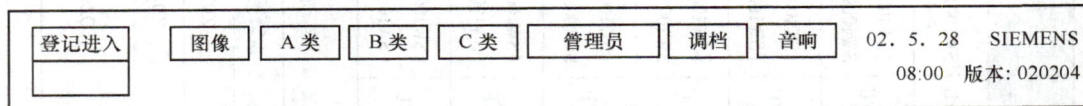

登记进入		图像	A 类	B 类	C 类	管理员	调档	音响	02. 5. 28 SIEMENS
									08:00 版本：020204

图 4-28   LOW 基本窗口

按钮的主要功能如下：

1）登记进入/登记退出按钮：系统将检查姓名及口令，如果正确，登记进入按钮将改为登记退出按钮，并且下面的输入框将使用者的姓名显示灰色，说明已成功登录 LOW，可以根据权限对 LOW 进行操作。

2）图像按钮：用于在主窗口中显示联锁区的站场图。

3）报警按钮：分为 A、B、C 三类，A 类级别最高，C 类级别最低。如果不存在报警，报警按钮显示灰色。一旦出现报警，相应级别的报警按钮开始闪烁并发出声音报警，报警级别越高，报警声越持久响亮。单击相应的报警按钮即可对报警进行确认，就可以打开相应的报警单，然后选择需要确认的报警信息，再在对话窗口中单击报警确认按钮就可以对报警进行应答。报警单中只要有一个报警未被应答，报警按钮会保持红色闪烁，当报警单中的所有报警都被应答，报警按钮呈永久红色，报警声被关闭。

4）管理员按钮：只有用管理员身份及密码登录进入时才显示出来，并可以设置或更改操作员的操作权利，不是管理员登录时，此按钮会显示灰色。

5）调档按钮：用于查询、打印联锁装置 48h 内的特别情况记录存档，例如来自现场设备或联锁的信息和报警、来自 RTU/ATS 的信息和报警、LOW 内部出现的错误、登记进入/

登记退出报告等。

6）音响按钮：单击该按钮可关闭报警声音，直到下一次报警出现。

7）日期和时间显示按钮：显示当前日期和时间。

8）版本号：显示现用的版本，版本号必须在故障信息报告中注明。

（2）主窗口

启动 LOW 后进入主窗口，显示整个联锁区线路、信号等设备状态，并能够选择元件进行操作。

（3）对话窗口

对话窗口主要由命令按钮栏、执行按钮、取消按钮、记事按钮以及综合信息显示栏组成。

1）命令按钮栏：可以显示当前的所有命令按钮，以供操作员选择，命令按钮栏可根据不同要素的选择，显示出所选要素的所有操作命令，如果没有选择任何要素，命令按钮栏显示的命令为对联锁的所有操作。

2）执行按钮：用于执行当前的操作，当单击了执行按钮时，当前的操作就会被联锁记录执行。

3）取消按钮：用于取消当前的操作。

4）记事按钮：用于打开记事输入框、记录情况（平时不用）。

5）综合信息显示栏：用于显示信号系统的各种供电情况以及自排、追踪情况。如果相应的供电正常，相应的显示为绿色字体，如果故障则显示红色字体，而如果没有打开自排功能，自排全开的字体为白色，一旦打开了自排功能则自排全开字体为绿色。对于追踪进路，如果打开追踪功能，追踪进路字体为黄色，没有打开追踪功能，则追踪进路字体为白色。

3. LOW 的操作命令

操作命令根据安全等级分为"常规操作命令"（用 R 表示）和"安全相关操作命令"（用 K 表示）。

安全相关操作命令是指该命令执行后可能会影响行车安全或设备安全的命令。安全相关命令只有在 LOW 上才可以操作，其安全责任主要由操作员负责，故必须确认相关的操作前提，并且须输入正确的命令，操作完毕后必须在值班日记中做好记录。

持有 LOW 操作证者，在 LOW 工作站上的操作命令见表 4-5。

表 4-5　LOW 工作站上的操作命令

相关设备	按钮名称	命令含义	安全相关命令	备　注
联锁	自排全开	本联锁区全部信号机处于自动排列进路状态	否	关闭所有具有自排功能的信号机的追踪进路功能
	自排全关	本联锁区全部信号机处于人工排列进路状态	否	
	追踪全开	本联锁区全部信号机处于联锁自动排列进路状态	否	关闭所有具有追踪功能的信号机的自排功能

（续）

相关设备	按钮名称	命令含义	安全相关命令	备注
联锁	追踪全关	本联锁区全部信号机取消联锁自动排列进路状态	否	
	关区信号	关闭并封锁联锁区全部信号机	否	
	交出控制	向 OCC 交出控制权	否	
	接收控制	从 OCC 接收控制权	否	控制中心（ATS）已交出控制权
	强行站控	在紧急情况下，车站强行取得 LOW 的控制权	是	强行站控后必须报告行调（C-LOW 无此命令）
	重启令解	系统重新启动后，解除全部命令的锁闭	是	指的是 SICAS 系统重新启动
	全区逻空	设定全部轨道区段空闲	是	
轨道区段	封锁区段	将区段封锁，禁止通过该区段排列进路	否	
	解封区段	取消对区段的封锁，允许通过该轨道区段排列进路	是	
	强解区段	解锁进路中的轨道区段	是	
	轨区逻空	把轨道区段设为逻辑空闲	是	
	轨区设限	设置该轨道区段的限制速度	是	无进路状态下使用
	轨区消限	取消对轨道区段的限制速度	是	
	终止站停	取消运营停车点	否	只能用于正常运营方向
道岔	单独锁定	锁定单个道岔，阻止电操作转换	否	
	取消锁定	取消对单个道岔的转换，道岔可以转换	是	
	转换道岔	转换道岔	否	
	强行转岔	轨道区段占用时，强行转换道岔	是	
	封锁道岔	将道岔封锁，禁止通过道岔排列进路	否	道岔可通过转换道岔命令进行位置转换
	解封道岔	取消对道岔的封锁，允许通过道岔排列进路	是	
	强解道岔	解锁进路中的道岔	是	接近区段有车延时 30s 解锁
	岔区逻空	把道岔区段设置为逻辑空闲	是	
	岔区设限	对道岔区设置限制速度	是	
	岔区消限	取消对道岔区段的限制速度	是	在 LCP 上用消限钥匙接通消限电路，并在 30s 内完成操作
	挤岔恢复	取消挤岔逻辑标记	是	

（续）

相关设备	按钮名称	命令含义	安全相关命令	备注
信号	关单信号	设置信号机为关闭状态	否	只能作用于已开放的信号机
	封锁信号	封锁关闭状态下的信号机	否	只能开放引导信号
	解封信号	取消对关闭状态下信号机的封锁	是	
	开放信号	设置信号机为开放状态	否	信号达到主信号层，没有被封锁
	自排单开	设置单个信号机为自动排列进路状态	否	信号机具备自排功能且追踪全开功能没有打开
	自排单关	设置单个信号机为人工排列状态	否	
	追踪单开	设置单个信号机为联锁自动排列进路状态	否	
	追踪单关	单个信号机取消由联锁自动排列进路状态	否	信号机具备追踪功能且自排全开功能没有打开
	开放引导	开放引导信号	是	

在操作 LOW 过程中，操作员必须确认进路要素以正确的方式显示，否则应立即停止和取消该项操作，并报告行车调度员。行车调度员根据具体情况，当确认 LOW 不能正常操作时，发布停止使用命令，按 LOW 设备故障进行处理，组织行车。

LOW 操作员在结束操作或临时离开车站控制室时，应将工作站退回到登录进入状态，严禁中断 LOW 工作，进行与行车无关的工作。

LOW 的设备管理人员或维修人员操作 LOW 时，应征得车站值班站长同意，并经行车调度员授权，以自己的用户名和口令登录进入系统后，在不影响行车的情况下方可进行操作。

4. 对进路的操作

（1）排列进路

在 LOW 排列进路，用鼠标的左键单击 LOW 主窗口上要排列进路的始端信号机，再用鼠标的右键单击要排列进路的终端信号机，所选始端信号机和终端信号机都会被打上灰色底色，然后在对话窗口中的命令显示栏（在 LOW 的左下角）用鼠标的左键单击"排列进路"的命令，最后用鼠标的左键单击对话窗口中的"执行"按钮即可。

联锁计算机就会自动检查该进路的进路建立条件，如果满足进路的建立条件，相应的进路会自动建立，并进入相应的监控层，如果达到了主信号层，且始端信号机正常时，始端信号机就会自动开放，但如果只达到了引导层，始端信号机不会开放，只能在满足开放引导信号的条件下人工开放引导信号。

（2）取消进路

在 LOW 上取消一条已排好的进路，用鼠标的左键单击 LOW 主窗口上该进路的始端信号机，再用鼠标的右键单击该进路的终端信号机，此时所选始端信号机和终端信号机都会被打上灰色底色，然后在对话窗口中的命令显示栏（在 LOW 的左下角）用鼠标的左键单击"取消进路"的命令，最后用鼠标的左键单击对话窗口中的"执行"按钮即可。

说明：在对 LOW 进行操作过程中，只有在排列进路及取消进路时，才会用到鼠标的右键，其他的操作都只用鼠标的左键。

5. 对道岔的操作

（1）显示意义

LOW 上的道岔结构如图 4-29 所示，显示意义见表 4-6。

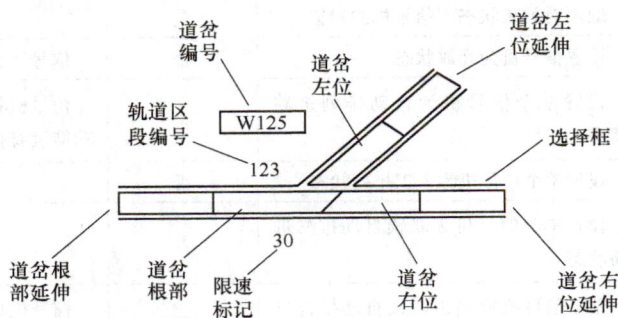

图 4-29　LOW 上的道岔结构

表 4-6　LOW 上道岔的显示意义

元　素	状　态	显 示 意 义
道岔编号	白色	道岔无锁定
	红色	道岔单独锁定
	稳定	正常
	闪烁	出现 Kick-off 储存故障
道岔编号框	显示	没有被进路征用
	不显示	被进路征用锁闭
岔体	黄色	常态、空闲、没有被进路征用
	绿色	空闲、被进路征用
	淡绿色	空闲、被进路征用为保护区段
	红色	占用、物理占用
	粉红色（中部）	占用、逻辑占用
	深蓝色（中部）	已被封锁，拒绝通过该区段排列进路
	灰色	无数据
道岔位置	有颜色显示	在左位或右位
	道岔左位闪烁（短闪）	道岔左位转不到位（左位无表示）
	道岔右位闪烁（短闪）	道岔右位转不到位（右位无表示）
	道岔左右位及延伸部分闪烁（长闪）	道岔挤岔

（2）基本操作

在 LOW 上对道岔进行操作，必须用鼠标的左键单击 LOW 主窗口上的道岔元件或道岔编号，此时所选元件被打上灰色底色，然后在对话窗口中的命令显示栏（在 LOW 的左下角）用鼠标的左键单击所需的命令，最后用鼠标的左键单击对话窗口中的"执行"按钮即可。

道岔区段设置了限速，限速的列车最高速度会以红色的 60、45、30、15 字体在相应的区段下方显示出来。此时，列车通过该道岔区段的最高速度不能大于此限制速度，可设置的速度分别为 60km/h、45km/h、30km/h、15km/h 四种。

6. 对轨道区段的操作

（1）显示意义

LOW 上的轨道区段组成如图 4-30 所示。

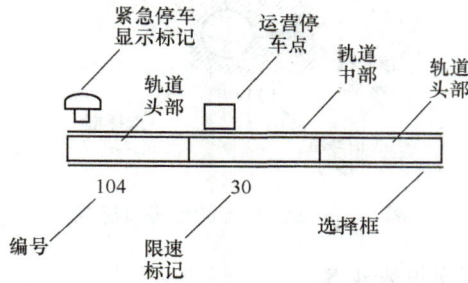

图 4-30　LOW 上的轨道区段组成

LOW 上轨道区段的显示意义见表 4-7。

表 4-7　LOW 上轨道区段的显示意义

元　素	显示及状态	显示意义
轨道区段	黄色	常态、空闲、没有被进路征用
	绿色	空闲、被进路征用
	淡绿色	空闲、被进路征用为保护区段
	红色	占用、物理占用
	粉红色（中部）	占用、逻辑占用
	深蓝色（中部）	已被封锁，拒绝通过该区段排列进路
	灰色	无数据
	稳定	表示正常
	闪烁	表示在延时解锁中
运营停车点	红色	常态，设置了停车点
	绿色	取消了停车点
紧急停车标记	站台区段会出现一个红色闪烁的	按压了紧急停车按钮，紧急停车生效
	红色闪烁的 消失	按压了取消紧停按钮，列车可正常运行
区段限速标记	区段下方显示红色字体的 60、45、30、15	列车以不大于此限速通过该区段

（2）基本操作

对轨道区段进行操作，用鼠标的左键单击 LOW 主窗口上的轨道元件或轨道编号，此时所选元件被打上灰色底色，然后在对话窗口中的命令显示栏用鼠标的左键单击所需的命令，最后用鼠标的左键单击对话窗口中的"执行"按钮即可。

7. 对信号机的操作

（1）显示意义

LOW 上的信号机组成如图 4-31 所示。

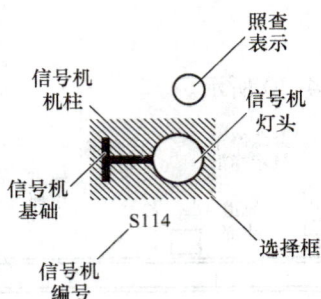

照查表示

信号机机柱

信号机灯头

信号机基础

S114

选择框

信号机编号

图 4-31　LOW 上的信号机组成

LOW 上信号机的显示意义见表 4-8。

表 4-8　LOW 上信号机的显示意义

元　素	显示及状态	显示意义
信号机编号	红色	处于人工排列进路状态
	绿色	处于自动排列进路状态
	黄色	处于追踪进路状态
	稳定	信号机正常
	闪烁	信号机红灯断主丝故障或绿灯/黄灯灭灯
信号机基础	绿色	主信号控制层（处于监控层：在进路状态）
	黄色	引导信号控制层（处于监控层：在进路状态）
	红色	非监控层（无进路状态或进路未建立）
	稳定	信号机正常
	闪烁	在延时中（进路延时取消，进路延时建立或保护区段延时解锁）
信号机机柱	绿色	信号机开放，且开放主信号
	黄色	信号机开放引导信号
	红色	信号机关闭，且未开放过（针对本次进路）
	蓝色	信号机关闭，但曾经开放过（针对本次进路：在重复锁闭状态）
信号机灯头	绿色	信号机处于开放主信号状态
	红色	信号机处于关闭状态（但可以开放引导信号）
	蓝色	信号机处于关闭状态，且被封锁（但可以开放引导信号）
照查显示	绿色	可排列相应进路入车辆段
	红色	不能排列相应进路入车辆段（车辆段已排列了进路）
	灰色	无数据

（2）基本操作

对信号机进行操作，用鼠标的左键单击 LOW 主窗口上的信号机元件或信号机编号，此时所选元件被打上灰色底色，然后在对话窗口中的命令显示栏用鼠标的左键单击所需的命令，最后用鼠标的左键单击对话窗口中的"执行"按钮即可。

（3）虚拟信号机

现场不设置信号机时，会由于进路太长导致运营效率降低，为解决这一问题，引入了虚拟信号机。虚拟信号机在 LOW 上的显示跟正常的信号机是一样的，功能也一样，只是在编号前加了一个"F"，如 FX302 等。

需要说明的是，虚拟信号机在现场设备中是不存在的。

8. 基本操作要求

在操作 LOW 过程中，操作员必须确认进路要素以正确的方式显示，否则应立即停止和取消该项操作，并报告行车调度员。行车调度员根据具体情况，当确认 LOW 不能正常操作时，发布停止使用命令，按 LOW 设备故障进行处理，组织行车。

LOW 操作员在结束操作或临时离开车站控制室时，应将工作站退回到登录进入状态，严禁中断 LOW 工作站工作，进行与行车无关的工作。

LOW 的设备管理人员或维修人员需操作 LOW 时，应征得车站值班站长同意，并经行车调度员授权，以自己的用户名和口令登录进入系统后，在不影响行车的情况下方可进行操作。

二、SICAS 联锁 LCP 盘操作

1. 紧急停车

1）有效操作紧急停车的前提条件是列车在 SM、ATO 及 AR 模式下驾驶。

2）紧急停车有效的区段范围是相应的站台区段及其相邻的区段（或者列车运行正方向离去的第一个区段）。

在必要时，可以按压站台的紧急停车箱里的按钮或 LCP 盘上的紧急停车按钮。

3）在 LCP 盘上对紧急停车的操作步骤及现象：

① 在 LCP 盘上按压相应的紧急停车按钮。

② LCP 盘上相应的紧急停车指示灯亮红灯，并发出电铃报警声音，同时在 LOW 上相应的站台区段出现红色🔨闪烁。

③ 执行切除报警操作，按压相应的切除报警按钮，消除报警声音。

4）在 LCP 盘上切除紧急停车功能的操作步骤及现象：

① 在 LCP 盘上按压相应的"取消紧停"按钮。

② LCP 盘上相应的紧急停车指示灯灭，并发出电铃报警声音，同时在 LOW 上相应的站台区段的红色🔨消失。

③ 此时应执行切除报警操作，按压相应的切除报警按钮，消除报警声音。

5）在站台上操作紧急停车按钮后，在 LCP 盘上出现的现象：

① 在站台上按压紧急停车箱里的按钮，LCP 盘上相应的紧急停车指示灯亮红灯，并发出报警声音，同时在 LOW 上相应的站台区段出现红色🔨闪烁。当执行切除报警操作后，电铃报警声音消除。

② 当需要切除紧急停车功能时，在 LCP 盘上按压相应的"取消紧停"按钮，LCP 盘上相应的紧急停车指示灯灭，并发出电铃报警声音，同时在 LOW 上相应的站台区段的红色🔔消失。当执行切除报警操作后，电铃报警声音消除。

2. 在 LCP 盘上进行扣车的操作及出现的现象

1）有效操作扣车的前提条件是列车在 SM、ATO 及 AR 模式下驾驶，列车未进入站台或停稳在站台时运营停车点未取消。满足以上两个条件，扣车操作才有效。

2）扣车的有效区段是站台区段。

3）"扣车"操作的步骤及现象：在 LCP 盘上按压相应的"扣车"按钮，在 LCP 盘上相应的扣车指示灯红灯闪烁（说明：如果是 OCC 扣车，LCP 盘上相应的扣车指示灯为稳定红灯），同时在 LOW 上发生 B 类报警，记录了对应的站台区段的扣车提示内容，并发出报警声音，此时应单击 LOW 基础窗口上的音响按钮，消除报警声音。

4）在 LCP 盘上对扣车进行"放行"操作的步骤及现象：在 LCP 盘上按压相应的"取消扣车"按钮，在 LCP 盘上相应的扣车指示灯灭，然后再按压相应的"扣车"按钮一次（复位），最后再按压相应的"取消扣车"按钮一次（复位）。同时在 LOW 上对应的 B 类报警有"扣车恢复"的提示信息。

5）扣车的原则：如果 LCP 盘上运营停车点指示灯亮黄灯，扣车操作有效；在 ATS 系统正常时，如果 LCP 盘上运营停车点指示灯黄灯灭，扣车操作无效，因为此时运营停车点已被取消。如果只是黄灯指示灯灯丝断丝，可以进行扣车操作；在 ATS 系统故障时，信号系统将自动进入 RTU 降级模式或 LOW 人工控制模式，此时只要运营停车点未取消，扣车操作有效。

> 💡 **想一想**　　LCP 盘和 IBP 盘有什么关系？

三、VPI-3/iLOCK 型联锁操作举例

VPI-3 型计算机联锁系统由卡斯柯信号有限公司研发，车站正线的车站操作员工作站（以下简称 HMI）由工控机、显示器、鼠标、键盘等设备组成。系统采用多窗口界面，在正常运行状态下，主窗口下方是命令工具条，上方是设备状态栏，中间显示站场图，主要包括站场显示、各类报警表示灯、状态表示灯及操作按钮等。HMI 子系统操作界面如图 4-32 所示。

1. 界面显示

（1）信号机

当系统工作正常时，轨旁信号机不点亮，列车运行以车载信号为行车信号。

当 CBTC 未正式投入使用，或主体信号发生故障时，系统将提供降级使用模式，通过办理相关手续点亮轨旁信号机，此时列车运行以轨旁信号显示为依据。在地面信号机点灯情况下，红灯信号和灭灯信号均视为禁止信号。

在 HMI 上，如果没有办理站间闭塞，没有办理全站点灯或者没有办理进路点灯手续，HMI 界面上显示信号机联锁逻辑实际状态并在信号机上画"×"，表示室外不点灯；当点灯时，隐藏"×"。

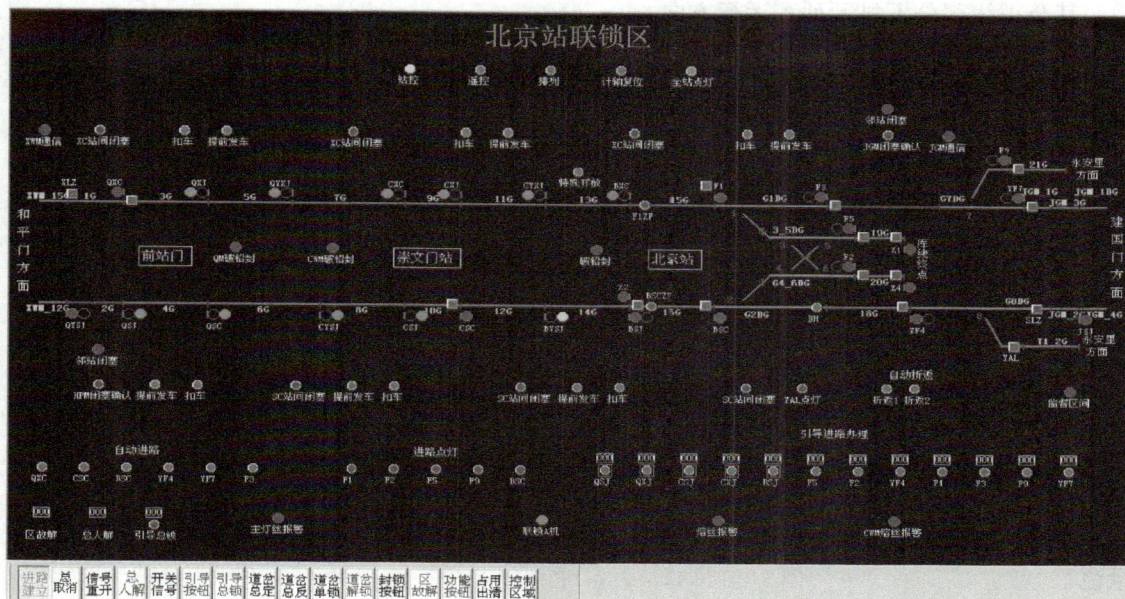

图 4-32　HMI 子系统操作界面举例

（2）道岔

当道岔处在定位状态时道岔号显示绿色，处在反位状态时道岔号显示黄色，显示位置和信号平面图上的开通方向一致。

道岔在四开位置超过 15s 时，道岔名和岔尖呈红色闪烁，同时发出"道岔挤岔"语音报警和电铃，弹出"报警确认"对话框，操作人员按下该按钮，语音报警切除；道岔修复后，语音再次响起，弹出"报警确认"对话框，操作人员再次按下"报警确认"对话框，切断语音。道岔显示正常开通方向，道岔号码变为绿色或黄色，该道岔恢复使用。

当以进路控制方式操纵道岔时，进路上的道岔顺序选出。为使动作电流错开启动峰值，每次最多同时启动 2 组道岔，每次间隔时间为 300ms。

当联锁道岔处于区段占用、区段锁闭（进路锁闭）、保护进路锁闭以及人工单独锁闭时，道岔不能动作。

（3）列车占用信息

联锁系统所采用的列车占用信息是基于计轴信息、ATP 的闭塞信息和计轴的工作状态组合运算后得出的。HMI 按照计轴区域划分的长度显示每个分区的状态：占用、空闲、锁闭等。

闭塞分区空闲时显示蓝色光带；当有车占用时，闭塞分区显示红色光带；当区段锁闭时，区段显示白色光带或绿色光带，其中白色光带表示该区段锁闭并且不能用"区故解"方式解锁，绿色光带表示该区段锁闭并且可用"区故解"方式解锁。

（4）列车方向表示

仅在列车可折返的区段设置方向箭头，常态不显示，只有当进路建立并锁闭在一定的方向时才显示。列车运行方向用箭头表示，绿色（⬅）表示正向，黄色（➡）表示反向。

其余正线部分不显示列车运行方向。

（5）设备状态表示灯

操作界面中设备状态表示灯主要有"主副电源"表示灯、"联锁机A机/联锁机B机"表示灯、"上/下行通信"表示灯、"邻站闭塞"表示灯、"停稳"表示灯、"安全门状态"表示灯、"隔断门状态"表示灯、"监督区间"表示灯、"破铅封"表示灯、"紧急关闭"表示灯、"保护进路"表示灯和延时解锁倒计时框等。

（6）按钮及其表示灯

操作界面中按钮均带有表示灯，主要包括列车按钮、引导按钮、引导总锁按钮、全站封锁按钮、站控按钮和遥控按钮等。

2. 中心控制（遥控）与车站控制（站控）的转换

遥控转为站控或站控转为遥控，均由车站值班员根据中心调度员命令，采用按下"站控"或"遥控"按钮来完成，按钮表示灯同时给出车站状态显示。

（1）中心控制转为车站控制

车站信号设备处于中心控制状态时，"站控"按钮灯为灰色，"遥控"按钮灯为绿色。

车站值班员根据中心的调度命令，先单击"功能按钮"图标，再单击"站控"按钮灯，输入相应口令后按下"确定"键，"站控"按钮灯显示黄色，"遥控"按钮灯显示灰色。在车站控制状态下，车站值班员可办理以下作业：

1）进路始、终端按钮方式排列进路及取消。

2）自动进路、自动折返设置。

3）进路点灯和全站点灯/灭灯，重复开放信号及关闭。

4）自动站间闭塞办理及解除。

5）扣车及取消扣车、提前发车。

6）引导信号及引导总锁闭建立及取消。

7）单独操纵道岔及单独锁闭道岔和解锁。

8）区段人工解锁、上电解锁。

9）显示信号名、道岔名、轨道区段名，车次窗。

10）站控/遥控转换。

车站由中心控制转为车站控制后，除扣车命令以外的中心控制状态下的所有自动触发命令均被取消，如果中心有扣车命令，则车站保留该扣车命令，且该命令应由中心取消，只有在"中心故障"表示灯点亮时，车站才可取消该扣车命令。

（2）车站控制转为中心控制

车站未办理站间闭塞、自动进路、自动折返进路、引导、引导总锁、扣车等作业时方可进行转换，否则信息提示窗口给出报警。

车站值班员根据中心的调度命令，先单击"功能按钮"图标，再单击"遥控"按钮灯，输入口令后按下"确定"键，"遥控"按钮灯显示绿色，"站控"按钮灯显示灰色，车站控制转为中心控制。

车站联锁系统处于中心控制状态时，正常运营的各种进路均由ATS系统自动办理；车站值班员只是利用HMI监督列车运行和ATS系统办理进路的情况。在中心控制状态下，车站值班员可办理以下作业：

1）单独锁闭道岔及解锁。

2）显示或隐藏信号名、道岔名、轨道区段名、车次窗。

3）操作控制权的切换。

4）站控/遥控转换。

3. 典型操作举例

（1）扣车

每个车站的上、下行发车口各设一套"扣车"按钮灯，常态为灰色。

在每个车站的操作员工作站和控制中心 ATS 均可进行扣车操作。其中，中心在站控/遥控状态下均可实现扣车功能，车站扣车功能只能在站控状态下实施。车站办理了扣车作业，表示灯点为黄色；若在遥控状态下中心办理了扣车作业，该表示灯点为绿色；若在站控状态下中心和车站都办理了扣车作业，该表示灯点为红色。

在自动站间闭塞模式下，当信号机内方有进路时，人工关闭车站正方向出站（或出站兼防护）信号机（所防护的进路继续保持进路的锁闭），即可实现扣车作业。

取消"扣车"作业由办理方实施，通过单击"总取消"按钮再单击"扣车"按钮即可。

终止扣车作业后，检查有关联锁条件满足时，在站间闭塞模式下，相应的出站（或出站兼防护）信号机自动开放。

（2）提前发车

在车站和控制中心均可进行提前发车操作。在站控/遥控状态下中心均可实现提前发车功能，车站提前发车功能只能在站控状态下实施。车站操作的"提前发车"按钮灯点为黄色；若在遥控状态下中心办理了提前发车作业，该按钮灯点为绿色；表示灯点亮 3s 后自动恢复常态。提前发车功能仅控制发车计时器，不与信号机发生关系。

（3）自动进路

值班员单击"功能按钮"图标，再单击相应"自动进路"按钮表示灯，"自动进路"按钮灯绿色闪光，此时若满足联锁条件，相应进路自动建立、锁闭并开放信号，按钮灯转为绿色稳定灯光。

在 CBTC 模式下，自动进路在列车顺序占用、出清后进路区段保持锁闭，其防护信号机的显示一直保持开放，不随列车的运行而自动关闭或开放。在后备模式下，自动进路在列车顺序占用、出清后进路区段保持锁闭，其防护信号机的显示根据区段占用情况自动开放或关闭信号。

自动进路建立后进路空闲时，值班员单击"总取消"图标，再单击相应"自动进路"按钮灯，"自动进路"按钮灯恢复灰色，该进路转为普通列车进路，在列车顺序占用、出清后进路自动解锁；若进路占用时办理取消自动进路功能，则列车出清进路后，一般进路不能正常解锁，需要采用总取消或总人解方式将进路解锁。

（4）自动折返

值班员单击"功能按钮"图标，再单击相应"自动折返"按钮灯，"自动折返"按钮灯点为黄色，此时若满足联锁条件，由联锁自动进行进路建立、锁闭并开放信号。

在"自动折返"进路设置前若相应进路已存在，此时办理自动折返进路，则原进路转为自动折返进路。

自动折返进路由多条进路组成，随自动折返按钮的按下和列车运行循环选路；在列车顺序占用、出清后进路自动分段解锁。并能按顺序在收到列车停稳信息后排列自动折返的其他进路。

有两条（或以上）折返线的车站，根据需要设自动折返进路按钮，同时只能有一个按钮有效。

（5）全站点灯

值班员单击"功能按钮"图标，再单击"全站点灯"按钮灯，屏幕上弹出"操作确认窗口"，值班员确认办理后，该设备站所辖范围内的所有闭塞、进路点灯均启用，"全站点灯"按钮灯点为绿色，此时室外信号机点亮相应状态灯光，室内 HMI 上信号机灯位给出相应颜色显示。

（6）进路点灯

"进路点灯"只能在站控下办理该操作。

值班员单击"功能按钮"图标，再单击"进路点灯"，该按钮显示红色。该"进路点灯"所定义范围内的顺向信号机点亮。如果之前进路已锁闭且信号开放条件成立，则信号机显示从"×"转为正常显示。如果没有进路，则办理该范围内的进路，在检查联锁条件且进路锁闭之后，信号机开放并点灯。

（7）自动闭塞

"自动闭塞"操作只能在站控下办理。

值班员单击"功能按钮"图标，再单击"自动闭塞"，如果该区间无车，则该灯显示红色；如果区间有车，则弹出"操作确认窗口"，需要值班员人工确认列车已经停止后，才能办理该操作。一旦该操作有效，则相关信号机点亮。

对于无进路的区间，办理了"自动闭塞"操作后，如果区间无车，则出站信号机呈绿色闪烁；如果区间有车，则出站信号机点红灯；对于有进路的区间，办理了"自动闭塞"操作后，如果进路已经办理，则条件满足后，信号机直接点绿灯并闪烁；如果进路未办理，则出站信号机点红灯。

（8）闭塞确认

"闭塞确认"操作只能在站控下办理。

值班员单击"功能按钮"图标，再单击"闭塞确认"，该灯显示红色。该操作需要办理的前提是，邻站要办理往本站的"站间闭塞"，此时需要本站的值班员按下"闭塞确认"后，邻站的操作才能最终有效。

除上述外，其余如排列进路、转换道岔、引导接车等操作与6502、计算机联锁基本一致。

4. 应急盘

当"联锁机 A 机"指示灯和"联锁机 B 机"指示灯都灭（即联锁机 A 机和联锁机 B 机的工作继电器都落下），系统会自动切换到应急盘控制状态，通过应急盘可办理道岔单操和引导接车。

当全站处于应急盘控制状态时，应急盘上的"VPI 故障"表示灯亮红色；值班员可办理单操道岔和引导接车，具体操作如下：

1）同时按下"总定"（或"总反"）和相应道岔的道岔按钮，将道岔单操至所需的位置。

2）再按下"引导总锁"按钮，此按钮表示灯亮红色，表示全站处于引导总锁状态。

3）然后再按下相应的"引导"按钮，此按钮表示灯亮黄色，松开此按钮，该按钮的黄色表示灯熄灭。

4）引导信号开放，进站信号机显示白灯。如要关闭引导信号时，需在人工确认列车已完全进入股道或列车确实还没进站的情况下，再次按下"引导总锁"按钮，引导总锁表示灯熄灭，引导信号关闭。

当系统恢复正常后，需要人工干预才能切换到计算机工作状态，只需按压一下应急盘上的"VPI 恢复"按钮，待"VPI 故障"表示灯熄灭后，就可恢复到计算机联锁工作状态。

需要说明的是，应急控制盘与 VPI 子系统不能同时操作，而且应急控制盘操作属于无联锁操作，其安全完全需要由人工保障。

四、DS6-60 型联锁操作举例

DS6-60 型计算机联锁由北京通号国铁城市轨道技术有限公司研发，其 ATS 车站终端人机界面如图 4-33 所示。

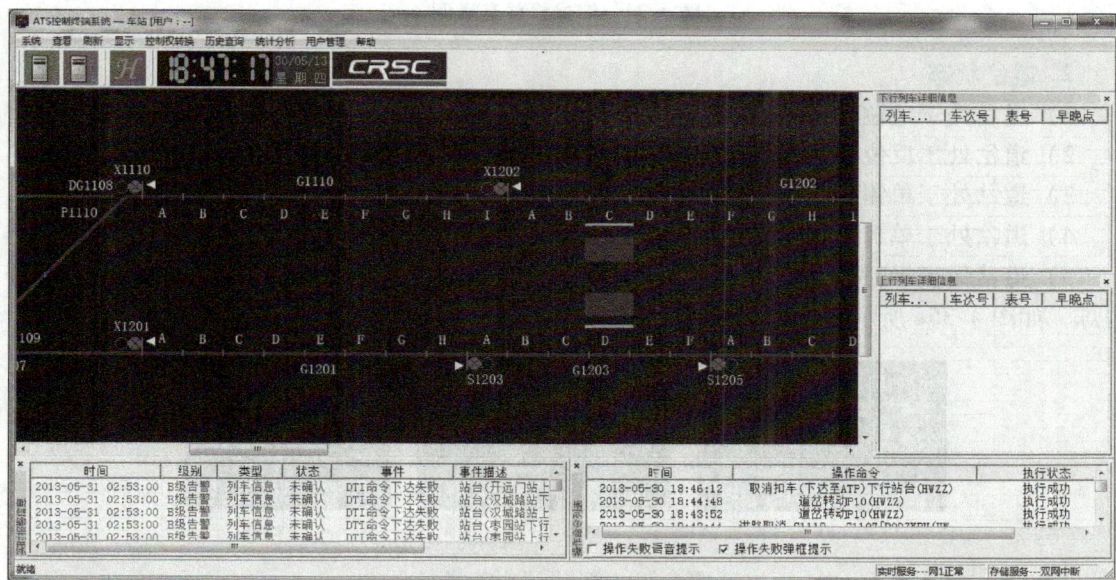

图 4-33　DS6-60 型联锁人机界面举例

1. 信号机状态

（1）自动信号模式显示

信号机的自动/人工信号模式状态用信号机旁边的黄色三角图形显示，如图 4-34a 所示。

1）黄色三角显示，表示该信号机为始端的进路中至少一条设置为禁止 ATS 自动触发；

2）黄色三角不显示，表示该信号机为始端的所有进路均设置为允许 ATS 自动触发。

（2）自动进路模式显示

信号机的自动进路模式用信号机旁的绿色箭头图形显示，如图 4-34b 所示。

1）绿色箭头显示，表示该信号机为始端的进路被 CI 设置了自动进路模式；

2）绿色箭头不显示，表示 CI 未设置自动进路模式；

3）绿色箭头闪烁，表示自动进路正在选路过程中。

（3）自动进路触发模式显示

信号机的进路自动触发模式状态用信号机旁边的黄色箭头表示。

1）黄色箭头显示，表示 CI 设置了该信号机为始端的进路自动触发模式；

2）黄色箭头不显示，表示 CI 未设置该信号机为始端的进路自动触发模式；

3）黄色箭头闪烁，表示自动触发进路正在选路过程中。

（4）封锁状态

信号机名称被红色方框包围，表示处于信号封锁状态，如图 4-34c 所示。

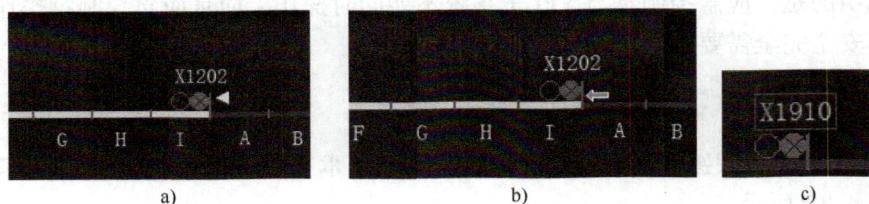

图 4-34　信号机状态举例

2. 道岔状态

1）道岔处于定位时，岔心至定位缺口连接，同时道岔名称为绿色，如图 4-35a 所示。

2）道岔处于反位时，岔心至反位缺口连接，同时道岔名称为黄色。

3）道岔处于单锁状态时，道岔名称显示为红色。

4）道岔处于单封（或封锁）状态时，道岔名称外加红色方框，如图 4-35b 所示。

5）道岔无表示时，道岔四开显示，道岔名称显示为白色，岔心被红色虚线边框包围并闪烁，如图 4-35c 所示。

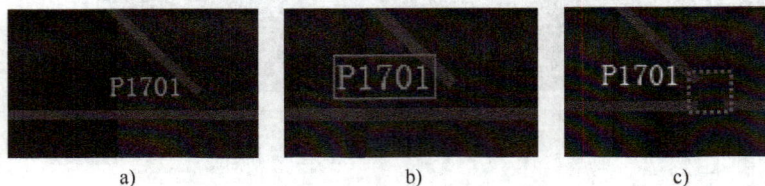

图 4-35　道岔显示状态举例

3. 轨道区段状态

轨道区段包括道岔区段及无岔区段，其状态举例如图 4-36 所示。

1）轨道区段空闲，线条为灰色。

2）非通信车占用时，显示红色光带。

3）通信车占用时，显示粉色光带。

4）轨道区段处于锁闭状态，显示白色光带。

5）轨道区段为 ARB 状态（轨道区段出清检测错误状态）时，线条颜色为棕色。

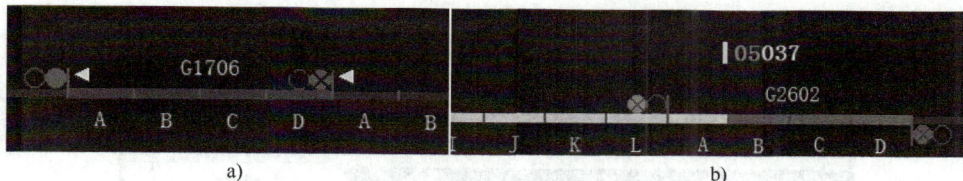

图 4-36　轨道区段状态举例

4. 进路操作

人工办理进路、解锁进路时，右键单击进路始端信号机，在弹出菜单及对话框中选择相应功能，如图 4-37 所示。其中：

1）只有办理完毕的进路才能设置联锁自动进路。对于已设置联锁自动进路模式的进路，ATS 系统不再对其进行自动触发。自动排列进路时，进路始终端信号机信号按钮出现并闪烁。

设置联锁自动进路模式后，若人工干预已锁闭的进路，则自动解除自动进路状态。人工干预包括取消进路、人工解锁进路、区段故障解锁进路。

2）只有在联锁表中配置了"联锁自动触发"的进路，才能被设置为联锁自动触发模式。当需要对全站设置联锁自动触发时，可右键单击一级集中站站名，选择全站设置联锁自动触发，向 ATP 下达"全站设置联锁自动触发命令"成功后，本集中站内，所有在联锁表中配置了联锁自动触发的进路都会被设置为联锁自动触发模式。

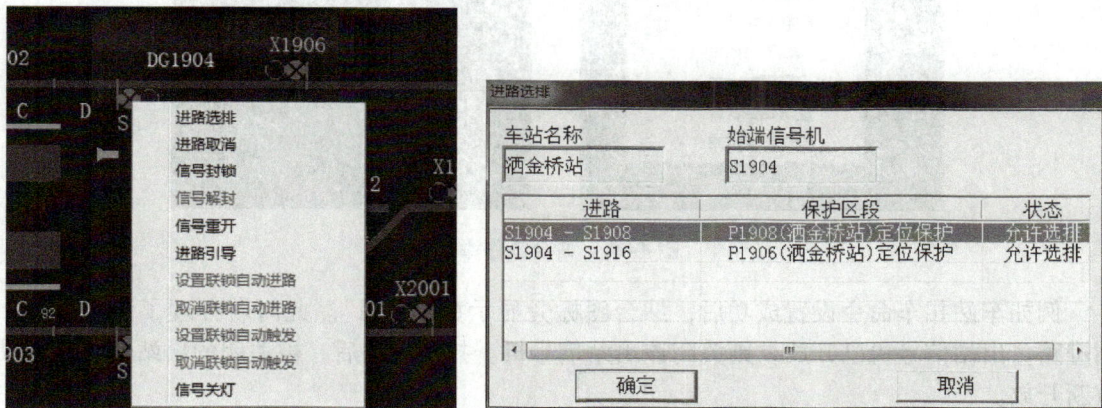

图 4-37　进路操作举例

5. 道岔操作

右键单击岔尖，在弹出的菜单中选择相应功能，执行道岔的转换、单锁/单解、封锁/解封，以及道岔区段的故障解锁、设置限速等操作，如图 4-38 所示。

6. 轨道区段操作

右键单击轨道区段，在弹出的菜单中选择相应功能，执行轨道区段的故障解锁、封锁、设置限速等操作，如图 4-39 所示。其中被封锁的区段为紫色光带，设置限速后，相应轨道区段变黄线。

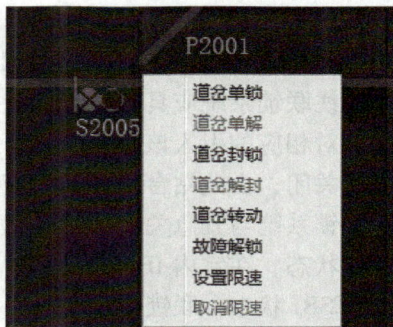

图 4-38　道岔操作举例

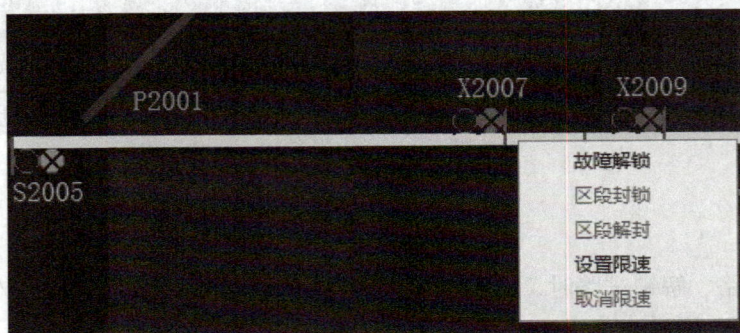

图 4-39　轨道区段操作举例

7. 站台操作

右键单击站台图标，在系统弹出的菜单中选择相应命令，如图 4-40 所示。

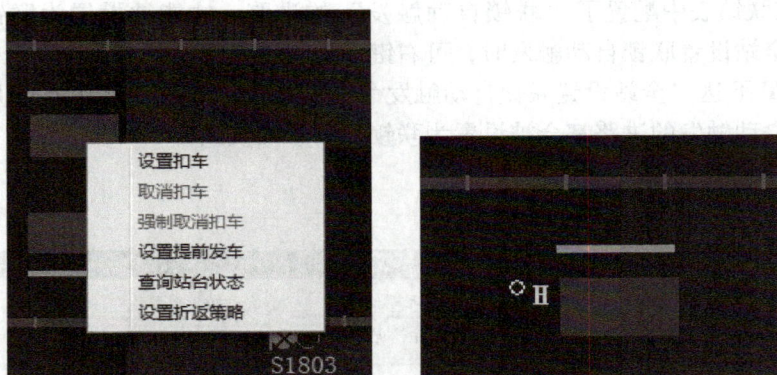

图 4-40　站台操作举例

例如车站扣车命令设置成功后，站台图标旁显示黄色"H"。此时若办理了该方向的出站进路，出站信号机已开放，则关闭该出站信号机。扣车取消后，被关闭的出站信号机自动重新开放。

【知识拓展】

1. 联锁系统与站台紧急关闭设备接口

正线联锁系统应具备站台紧急关闭接口功能。在站台或者室内 IBP 盘办理了紧急关闭作业后，对相应的引入该站台的和由此站台出发的非 CBTC 列车用进路（不含引导）的信号机应立即关闭，由此站台出发的 CBTC 列车用进路的信号应立即关闭。

联锁系统与紧急关闭设备接口如图 4-41 所示，上下行 ESBJ（SESBJ、XESBJ）平时处于吸起状态，在室内 IBP 盘或在站台按压紧急停车按钮后，相应 ESBJ 落下。通过采集 SESBJ、XESBJ 状态，联锁系统获取"紧急停车"按钮、"取消紧停"按钮状态，并进行相应处理。

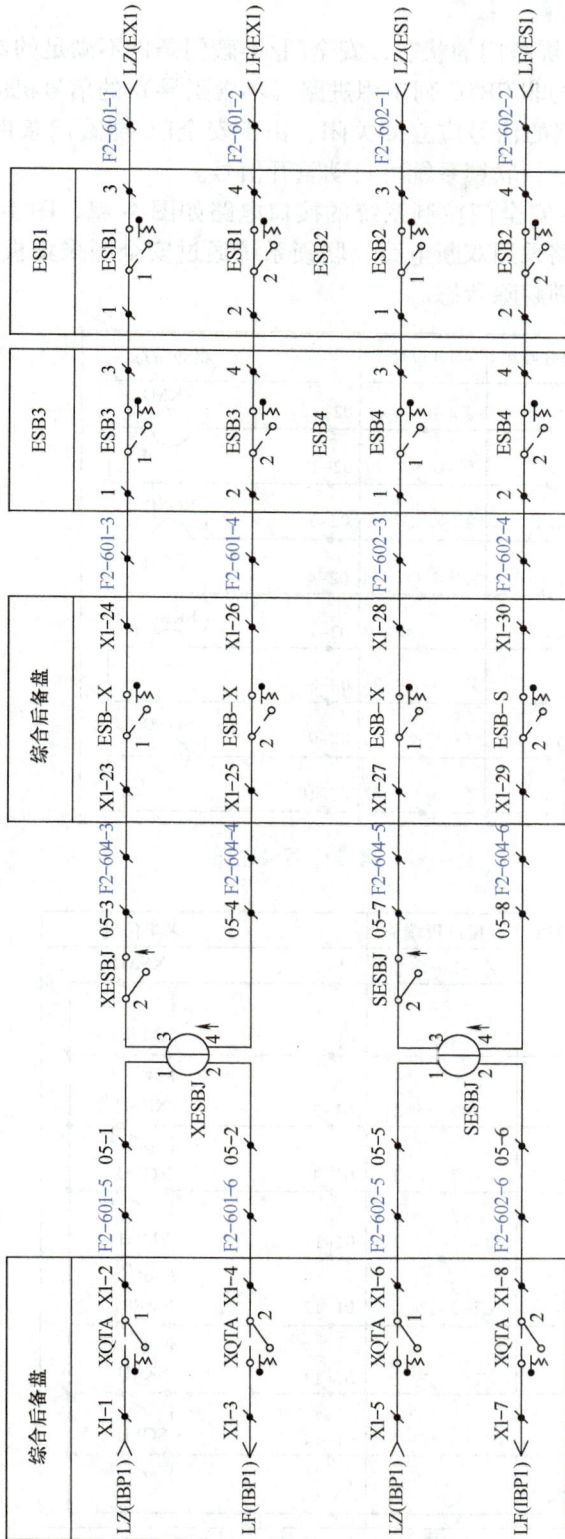

图 4-41　联锁系统与紧急关闭设备接口举例

2. 联锁系统与安全门/屏蔽门接口

联锁系统应采集安全门/屏蔽门的状态，安全门/屏蔽门条件不满足的站台，对相应的引入该站台的和由此站台出发的非 CBTC 列车用进路（不含引导）的信号机应立即关闭；由此站台出发的 CBTC 列车用进路的信号应立即关闭。由于安全门/屏蔽门条件不满足引起的信号关闭，在站台门条件满足后，联锁系统可自动重开信号。

正线联锁系统与屏蔽门/安全门控制系统的接口电路如图 4-42、图 4-43 所示，采用安全型继电器接口，继电器电路采用双断电路，联锁系统通过安全型采集板采集安全门/屏蔽门的门关闭且锁紧状态和互锁解除状态。

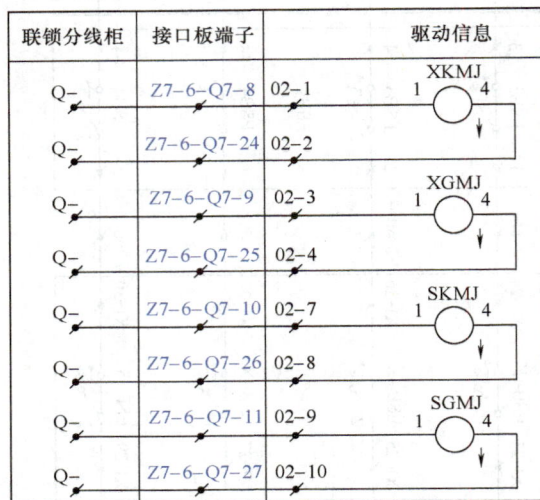

联锁分线柜	接口板端子	驱动信息
Q−	Z7−6−Q7−8	02−1 XKMJ 1 4
Q−	Z7−6−Q7−24	02−2
Q−	Z7−6−Q7−9	02−3 XGMJ 1 4
Q−	Z7−6−Q7−25	02−4
Q−	Z7−6−Q7−10	02−7 SKMJ 1 4
Q−	Z7−6−Q7−26	02−8
Q−	Z7−6−Q7−11	02−9 SGMJ 1 4
Q−	Z7−6−Q7−27	02−10

图 4-42　屏蔽门驱动电路

联锁分线柜	接口板端子	采集信息
L−	Z7−5−L5−20	01−1 XMGJ 1
L−	Z7−5−L5−19	01−2 XMPLJ 1
L−	Z7−5−L5−21	01−3 XKMJ 1
L−	Z7−5−L5−22	01−4 XGMJ 1
L−	Z7−5−L5−24	01−11 SMGJ 1
L−	Z7−5−L5−23	01−12 SMPLJ 1
L−	Z7−5−L5−25	01−13 SKMJ 1
L−	Z7−5−L5−26	01−14 SGMJ 1
CL(DC24V)	Q0−	06−6

图 4-43　屏蔽门信息采集电路

联锁系统将安全门/屏蔽门状态信息转发给区域控制器（ZC）和车载控制器（VOBC），用于列车控制；联锁系统接收 VOBC 发送过来的屏蔽门/安全门的开/关命令后通过安全型驱动板驱动开/关门继电器，告知屏蔽门/安全门执行开关门命令，如图 4-44 所示。

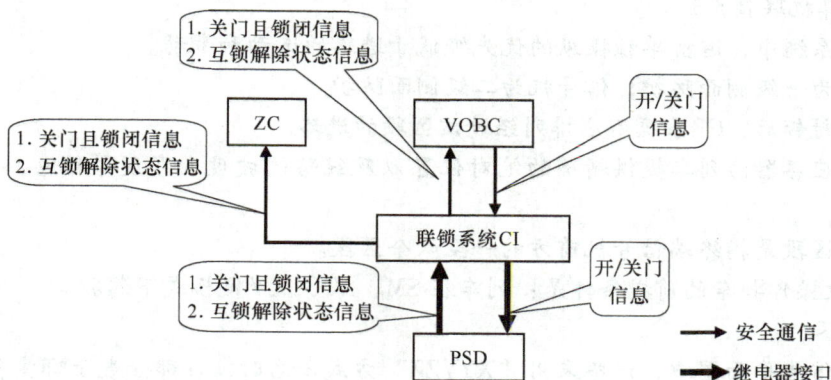

图 4-44　联锁系统传输屏蔽门信息示意图

【课后习题】

一、填空

1. 信号平面图中用（　　　　　）描述线路纵断面，用（　　　　　　）等指标描述线路曲线。

2. 根据信号联锁设备的管辖区域，将正线划分为若干联锁区，每个联锁区内设置一个（　　　　　　　），联锁区按（　　　　　　　）的名称来命名。

3. 站台设备中，ESP 表示（　　　　　　　　），TDT 表示（　　　　　　　）。

4. 典型的正线信号系统包括：ATS（　　　　　　　　　　）子系统；ATP/ATO（　　　　　　　）子系统；CI（　　　　　　　）子系统；MSS（　　　　　）子系统、DCS（　　　　　　　）子系统等。

5. 用于列车占用检测的区段，可分为（　　　　　　）和（　　　　　　）。

6. CI 系统中，进路信号开放，应持续检查（　　　　　　　　　）满足。

7. CI 系统应具备操作道岔的功能，包括：（　　　　　　）、（　　　　　　）和（　　　　　）。

8. SICAS 联锁系统中，侧面防护的任务是通过转换、锁闭和检查相邻（　　　　　）位置，切断所有通向（　　　　　）的路径。

9. LOW 的全称是 Local Operator Workstation，即（　　　　　　　　　）。

10. LOW 的操作命令根据安全等级分为（　　　　　　　）和（　　　　　　　）。

二、判断

1. 环形线路应以列车在外侧轨道线的运行方向为下行方向，内侧轨道线的运行方向为上行方向。　　　　　　　　　　　　　　　　　　　　　　　　　（　　　）

2. 应答器 FB0809 的位置是 "K8 +952"，表示 FB0809 位于线路 8km +952m 处。 （   ）

3. 在正线及车辆段集中控制的道岔，可不保持定位。 （   ）

4. SICAS 计算机联锁系统是由日本信号株式会社和北京交大微联科技有限公司联合开发研制的计算机联锁系统。 （   ）

5. 联锁系统中，道岔单独操纵的优先级低于进路的选动和带动。 （   ）

6. 道岔为一级侧面防护，信号机为二级侧面防护。 （   ）

7. 区段封锁后，CI 系统不应排列经过该区段的进路。 （   ）

8. 有源应答器为列车提供精确的绝对位置以及线路的坡度、弯度等信息，称为静态信标。 （   ）

9. 保护区段是指终端信号机前方的一至两个区段。 （   ）

10. 有效操作扣车的前提条件是：列车在 SM、ATO 及 AR 模式下驾驶。 （   ）

三、简答

1. 正线信号平面图中，设备采用 "XYYZZ" 方式命名时，各部分表示哪些含义？

2. 城市轨道交通正线信号系统由哪些部分组成？

3. 简要说明正线联锁系统的硬件应符合哪些要求。

4. EI32-JD 型计算机联锁系统的硬件由哪些部分组成？

5. 什么是自动通过进路？

6. 什么是自动折返进路？

7. SICAS 联锁有哪几种进路设置方式？

8. 选取联锁表中的一条进路，解释其联锁关系。

9. 在附图 4 中选取一条进路，完成其联锁表各部分内容。

10. 选择一种联锁设备，总结其轨道区段有哪几种显示状态，分别表示什么含义。

05

单元5　正线信号系统——列控设备

【学习导入】

　　列控设备是现代城市轨道交通信号系统的核心，基于无线通信的列控系统（CBTC）已成为主流城市轨道交通信号系统，取代了基于轨道电路以及地面环线的列控系统，在 ATP 设备的基础上实现了列车自动驾驶（ATO），并逐步向无人驾驶方向发展，从而实现了城市轨道交通高速度、高密度、高安全、高可靠地运行。

【学习目标】

1. 了解轨道交通系统中关于闭塞的基本知识。
2. 了解与列控系统相关的基本概念。
3. 能看懂正线信号系统结构图中的各组成部分。
4. 熟悉正线信号系统中地面设备的组成及作用。
5. 掌握列车在正线运行的各种驾驶模式及其特点。
6. 掌握 ATP 子系统的设备组成。
7. 熟练掌握 ATP 的技术条件和主要功能。
8. 掌握 ATO 子系统的技术要求和主要功能。
9. 了解司机在列车运行中对车载信号系统的操作内容。
10. 分析总结地面、车载信号设备故障对于列车运行的影响。

【基本知识】

课题1　闭塞概述

一、闭塞的基本概念

1. 基本概念

"闭塞"的概念来自于铁路信号系统。由于列车速度快、质量大、制动距离长，而且在区间运行时无法避让，因此必须采取技术措施确保列车在区间运行安全。铁路车站之间的线路称为站间区间，双线铁路在区间装设通过信号机，将站间区间划分为若干闭塞分区。列车在区间运行时，一般在单线区段以站间区间、双线区段以闭塞分区作为行车间隔，在区间每个行车间隔内同一时间只允许一个列车运行，这种保证列车按照空间间隔运行的技术方法称为行车闭塞法，简称为闭塞。

为了保证列车在区间的运行安全，必须确认站间区间（或闭塞分区）空闲并获得行车凭证后，列车方可驶入，然后使该区间（或闭塞分区）处于闭塞状态，不允许其他列车进入。实现这些功能的技术设备，称为闭塞设备。

2. 闭塞的应用

我国铁路早期曾使用电气路签（路牌）闭塞，这种闭塞方式需要人工交接凭证，效率低下，目前已基本被淘汰。

目前在我国铁路的单线区段，一般使用 64D 型继电半自动闭塞。在采用这种闭塞设备的区段，车站发出列车前需要与邻站人工办理闭塞手续，办好闭塞后，方可开放出站信号。列车以出站信号的允许显示作为进入区间的行车凭证；列车出发后，信号自动关闭，区间自动转为闭塞状态，此时双方均不能再办理闭塞、向区间发出列车；列车到达接车站后，由车站人工确认区间空闲后，办理闭塞设备的复原手续。这种闭塞设备的主要缺点是没有区间空闲检查设备，需要人工确认区间空闲。在部分单线区段，将 64D 型半自动闭塞与计轴设备相结合，能够实现自动办理闭塞、利用设备检查区间空闲、自动复原闭塞设备的功能，但仍以站间区间作为行车间隔，因此称为自动站间闭塞。

我国铁路的双线区段主要使用以 ZPW-2000A 型无绝缘轨道电路为基础的四显示自动闭塞。自动闭塞设备将站间区间划分为若干闭塞分区（轨道区段），每个闭塞分区又通过信号机防护，借助轨道电路和继电器，将信号机的显示与列车在区间的位置联系起来，如图 5-1 所示，两站之间同一方向能够开行追踪列车，提高了通过能力。

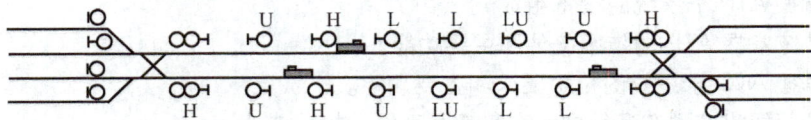

图 5-1　铁路双线区段自动闭塞示意图

与上述不同的是，城市轨道交通列车靠右侧行驶，不论采用轨道电路还是计轴设备，也将正线区间划分为若干闭塞分区（轨道区段或逻辑区段），不设置通过信号机，以车载信号作为主体信号。正常情况按照上下行线单方向运行，发生线路故障等特殊情况时，允许列车反方向运行。

3. 电话闭塞

电话闭塞法是车站之间通过电话联系的方式办理闭塞，以电话记录号作为确认闭塞区间空闲的凭证，以路票作为列车占用区间的凭证，以车站值班站长（或指定胜任人员）的发车手信号作为发车凭证的一种行车方法。

例如某城轨公司规定遇下列情况，经值班主任批准，可采用电话闭塞法组织行车：

1）正线一个或多个联锁区联锁设备故障时。

2）正线一个或多个联锁区在中央 ATS 工作站和车站 ATS/LCW 上均失去监控功能时。

3）正线车站与车辆段信号设备故障联锁失效时，或正线与车辆段信号接口故障时。

4）其他情况需采用电话闭塞法组织行车时。

二、固定闭塞

固定闭塞（Fixed Block），指的是前方列车与追踪列车之间的最小安全追踪间隔距离预先设定且固定不变的闭塞方式，是实现闭塞功能的基本形式。

固定闭塞又称分级速度控制方式或阶梯式速度控制模式，如图 5-2 所示。其特点是采用固定划分区段的轨道区段（或计轴区段），提供分级速度信息，实施台阶式的速度监督，使列车由最高速度逐步降至零。列车超速时由设备自动实施最大常用制动或紧急制动。

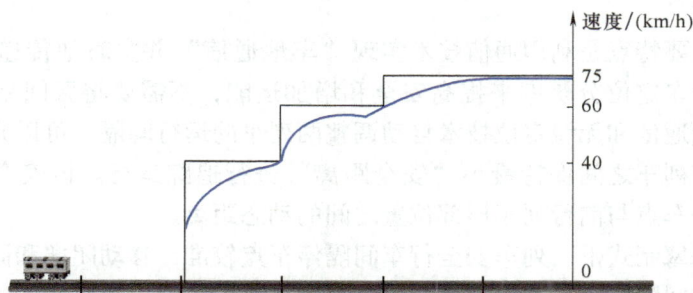

图 5-2　分级速度控制示意图

列控系统使用分级速度控制模式，列车运行间隔为若干个闭塞分区，闭塞分区数量依据速度等级而定。追踪列车的目标点为前行列车所占用闭塞分区的始端，追踪列车从最高速开始制动的计算点为要求开始减速的闭塞分区的始端，这两个点都是固定的，空间间隔长度也是固定的，所以称为固定闭塞。

采用这种方式的 ATC 系统设备构成简单，具有投资成本低、性能可靠等优点。固定闭塞轨道电路传输的信息是模拟信号，抗干扰能力差。此外，轨道电路传输的信息量有限，速度信息划分为若干等级，因此，采用阶梯式速度控制方式的 ATC 系统控制精度不高，不易实现列车优化和节能控制，也限制了行车效率的提高。

三、移动闭塞

移动闭塞（Moving Block），指的是前方列车与后续列车之间的最小安全追踪间隔距离不预先设定，并随列车的移动和速度的变化而变化的闭塞方式。

移动闭塞没有固定的闭塞分区，无需依靠轨道电路（或计轴设备）装置判别列车是否占用闭塞分区。移动闭塞 ATC 系统利用无线通信实现车地双向数据传输。轨旁 ATC 设备根据控制区列车的连续位置、速度及其他信息计算出列车移动授权，并传送给列车，车载 ATC 设备根据接收到的移动授权信息和列车自身运行状态计算出列车运行速度曲线，对列车进行牵引、巡航、惰行、制动控制，如图 5-3 所示。

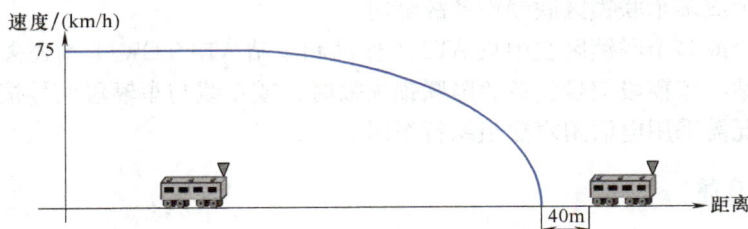

图 5-3　移动闭塞示意图

移动闭塞系统是现代通信、计算机、控制技术相结合的列车控制系统，国际上又习惯称为基于通信的列车控制系统（CBTC），其列控系统同样采用目标距离控制模式，采用一次制动方式。不同的是，其追踪目标点是前行列车的尾部，并留有一定的安全距离，与前行列车的走行和速度有关，制动的起始点随线路参数和列车本身动能的不同而变化。

移动闭塞的主要特点是利用通信技术实现"车地通信"并实时地传递"列车定位"信息，通过精确的列车定位分辨率来提高安全和增加运能，不需要将区间划分为若干闭塞分区，一般采用无线通信和无线定位技术自动调整两列车的运行间隔，可以允许多列列车安全占用同一区域，使列车之间保持最小"安全距离"进行追踪运行。该安全距离，即后续列车安全行车间隔停车点与前行列车尾部位置之间的动态距离。

由于在移动闭塞制式下，列车安全行车间隔停车点较准，移动闭塞和固定闭塞更靠近前行列车，因此追踪间隔更小，在保证安全的前提下，可以大大提高区间通过能力。并且由于轨旁设备数量的减少，降低了设备投资、运营及维护成本。

在固定闭塞和移动闭塞之间，还存在一种准移动闭塞，基于闭塞分区（或者轨道区段）和车地无线通信技术，前方列车与后续列车之间的最小安全追踪间隔距离预先设定且固定不变，并根据前方目标状态设定列车的可行车距离和运行速度，采用目标距离控制模式，采用一次制动方式，其追踪目标点是前行列车的所占用闭塞分区的入口，并留有一定的安全距离，如图 5-4 所示。

在普速铁路的信号系统中，将铁路线路划分为了界限分明的车站和区间两部分，闭塞设备属于区间信号设备。在高速铁路和现代城市轨道交通的信号系统中，闭塞设备已经不再是一个独立的设备，而是成为列控系统的一部分，为列控车载设备提供信息。

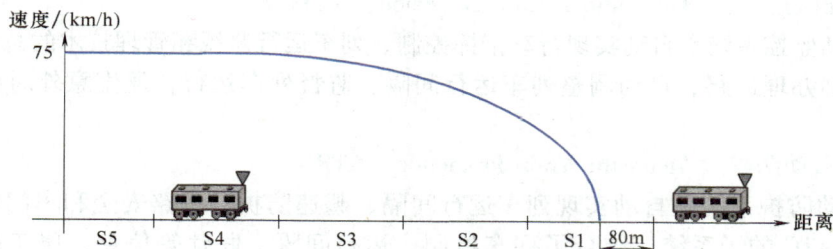

图5-4　准移动闭塞示意图

> **想一想**　移动闭塞中使用逻辑区段时，怎样定位列车的位置？

四、几种闭塞方式的比较（见表5-1）

表5-1　几种闭塞方式的比较

项目 ＼ 类型	固定闭塞	准移动闭塞	移动闭塞
制动起点	某一分区边界	变化	动态变化
制动终点	某一分区边界	某一分区边界	动态变化
追踪目标点	闭塞分区始端	闭塞分区始端	前车尾部＋安全距离
空间间隔	固定	不固定	动态变化
系统组成	简单	较复杂	简单
功能	简单	较强大	强大
列车定位	轨道电路/计轴	轨道电路/计轴	列车自身定位
列车定位精度	一个轨道区段，几百米	几十米	几米
车地信息传输	模拟轨道电路，单向传输	数字轨道电路，单向传输	环线/无线/波导管双向传输
车地信息量	小，十几个信息	较大，几百个信息	大，达到几兆
正线间隔时间	最小2.5min	最小90s	最小70s
易实施性	难	难	容易
技术先进性	落后	较先进	先进

课题2　列控系统

一、典型术语解释

1. 列车自动控制（Automatic Train Control，ATC）

列车自动控制系统是实现列车自动监控（ATS）、列车自动防护（ATP）、列车自动运行（ATO）及计算机联锁（CI）技术的总称。

2. 列车自动监控（Automatic Train Supervision，ATS）

列车自动监控系统是自动实现行车指挥控制、列车运行监视和管理技术的总称，用于根据运行图自动办理进路、自动调整列车运行间隔、监督列车运行，发生意外时能提供调整功能。

3. 列车自动防护（Automatic Train Protection，ATP）

列车自动防护系统是自动实现列车运行间隔、超速防护、进路安全和车门等监控技术的总称，是 ATC 的子系统，结合了列车检测、运行间隔、联锁等信息，属于故障—安全系统。

4. 列车自动运行（Automatic Train Operation，ATO）

列车自动运行系统是自动实现列车运行速度、停车和车门等监控技术的总称。

5. 移动授权（Movement Authority，MA）

移动授权是列车由指定的行驶方向进入或通过轨道区段的行车许可，基于联锁的进路保护信息由 CBTC 系统产生、监督并强制执行，用于确保列车间隔。

6. 追踪间隔时间（Headway）

追踪间隔时间是在同一线路、同向运行的两列列车的前端经过线路同一地点的间隔时间。

7. 列车安全制动模型（Safe Train Braking Model）

列车安全制动模型是根据列车安全间隔，依据列车特性、线路参数及运营条件生成的列车制动曲线。

8. 限制速度（Restricted Speed）

限制速度是线路、车辆结构等限制及列车移动授权所获取的最严格的速度限制。

9. 目标速度（Target Speed）

目标速度是列车运行至前方目标地点应达到的允许速度。

10. 目标距离（Target Distance）

目标距离是列车运行至前方目标地点的走行距离。

二、系统结构

基于无线通信的移动闭塞列车控制系统（CBTC）包括 ATS、ATP、ATO、CI、DTS 和 TWC（Traffic Wayside Communication，车地通信）等子系统。某城轨公司 CBTC 系统结构如图 5-5 所示。

1. 控制中心 ATS 子系统

ATS 子系统包括 ATS 应用服务器、数据库服务器、通信服务器、一套大屏幕接口计算机以及调度员工作站、运行图/时刻表工作站、模拟培训工作站等，实现线网线路的集中控制、运营数据记录和模拟功能。

2. 车站设备

车站按照设备不同，分为区域控制站、联锁设备集中站和非设备集中站三种类型。

其中，区域控制站收集轨旁联锁及列车移动信息，并将其传送到控制中心，同时接收来自控制中心的控制信息，以实现对轨旁设备的联锁控制及列车移动的控制。

车站设置紧急停车按钮（ESB）、发车表示器、屏蔽门控制柜以及电源设备等。

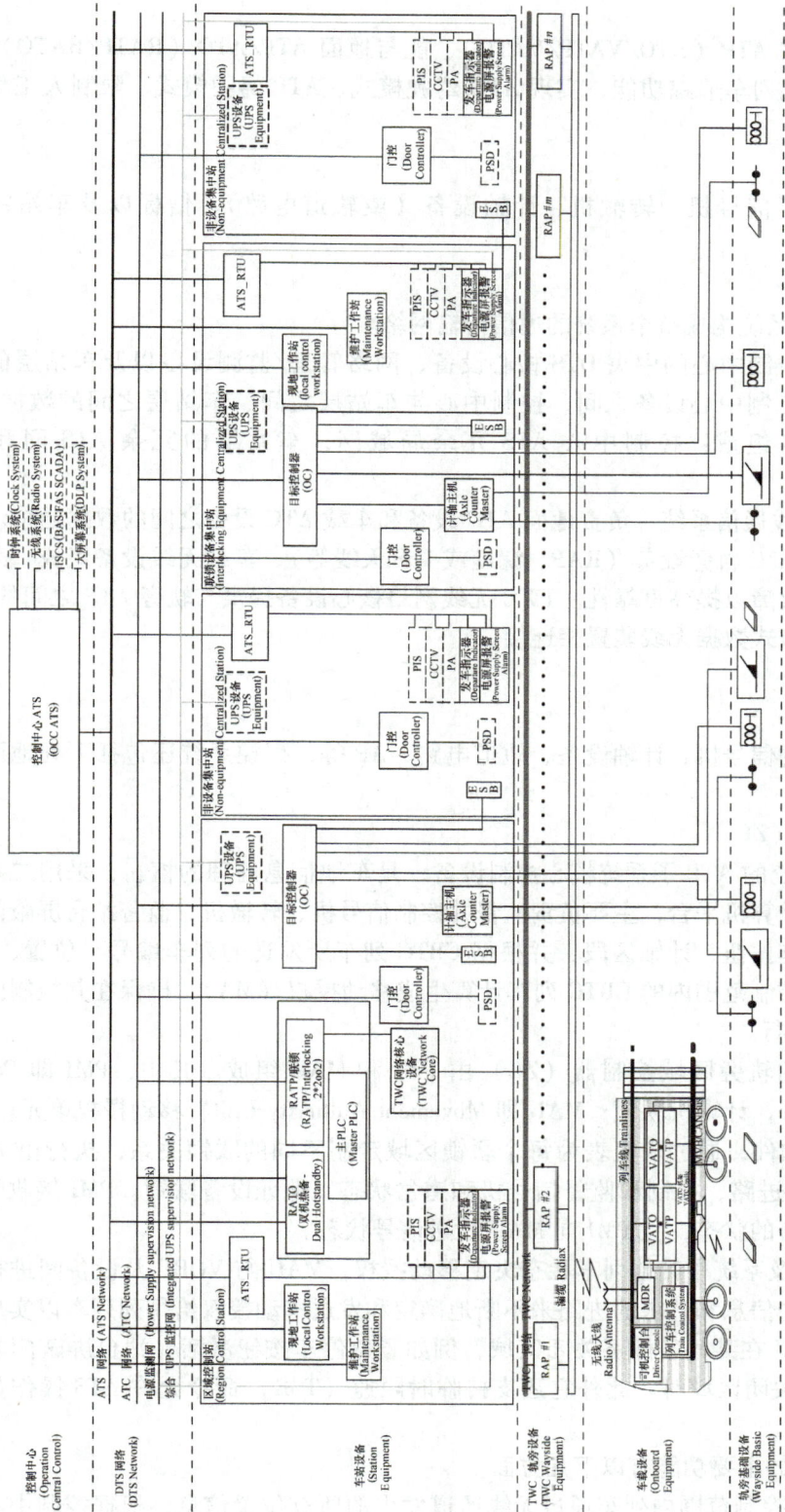

图 5-5　正线信号系统举例

3. 车载设备

每列车配置车载 ATP（ATO/VATP/VATO），能与地面 ATP/ATO（RATP/RATO）共同实现列车间隔控制及列车追踪功能，实现 ATO 驾驶模式、ATP 驾驶模式、限制人工驾驶模式及端站折返模式。

4. 轨旁设备

轨旁设备包括了信号机、转辙机、计轴设备（或轨道电路）、信标以及车站室内设备等。

5. 通信网络设备

DTS 及 TWC 子系统构成整个系统的通信传输网络。

DTS 包含位于控制中心的中央 DTS 核心设备、网络管理/监测设备以及车站层的本地 DTS 设备等，负责控制中心设备之间、控制中心与车站层之间、车站层之间的数据传输，即 DTS 由三个网络组成：控制中心 ATS 冗余局域网，车站层的冗余 ATS 网和冗余 ATC 网。

TWC 是一个无线通信系统，负责地面 ATC 设备和车载 ATC 设备之间的数据通信。TWC 由网络核心设备、TWC 轨旁设备（RAP、漏缆或 LoS 天线等）、车载无线设备组成，采用冗余设计，克服单点故障以提高可靠性。TWC 无线网络核心设备提供与轨旁 ATP 之间的通信，并与所有的轨旁分布式数据无线装置相连接。

三、地面设备

除了前面介绍的信号机、计轴设备、轨道电路、AP 等，列控系统还包括下列地面信号设备：

1. 区域控制器（ZC）

ZC 是 CBTC 系统的 ATP 子系统核心控制设备，是车地信息处理的枢纽，采用二乘二取二冗余结构的安全计算机平台，主要负责监督并控制信号机、转辙机，监督站台屏蔽门、防淹门、站台紧急停车按钮、计轴区段，并根据 CBTC 列车所发送的列车编号、位置、速度、方向等信息，为其控制范围内的 CBTC 列车计算生成移动授权（MA），确保在其控制区域内 CBTC 列车的安全运行。

例如，某公司的轨旁区域控制器（ZC）由 PMI 和 MAU 组成。其中，PMI 即 Poste de Manaeuvre Informatise，计算机联锁；MAU 即 Movement Authority Unit，移动授权单元。

PMI 具有通用软件，通过联锁表为每个联锁区域定制不同的联锁关系，执行由 ATS 触发并由 MAU 请求的进路，控制和监督信号机和道岔状态，保证设备联锁。PMI 接收除 PSD 外其他所有轨旁设备的状态，且 PMI 向 MAU 发送信号状态。

MAU 基于设备及系统中其他列车状态决定移动授权，MAU 与 VOBC 及设备间进行连续的通信，并使用这些信息和请求的进路来不断地确定和发送移动授权给每列车以实现移动闭塞列车控制。MAU 在某些条件下关闭区域，例如紧急停车按钮激活、站台屏蔽门非预期开启或 ATS 操作员关闭区域时。此外它还支持临时限速（TSR）命令允许 ATS 操作员为轨道区段实施限速。

概括起来，ZC 的主要功能有以下几方面：

1）通过接受其控制范围内列车通过无线通道发出的所有位置信息，根据控制中心 ATS

发出的进路请求，控制道岔、信号机，并完成联锁功能，向 ATS 提供轨旁设备状态。

2）站台屏蔽门的控制和状态监视。

3）站台紧急停车按钮及防护隔断门的监视。

4）按所管辖区域内轨道上的障碍物位置，通过无线通道向所辖区域的所有列车提供各自移动授权。

5）与相邻区域控制器通信，将列车移动授权延伸至相邻控制器。

需要说明的是，在 ATC 系统中，"障碍物"这一词有特定的含义。

例如某城轨信号公司 ATC 系统中对障碍物的描述是：

1）一个主要道岔，它被干扰（挤岔）、不能转动或无法定义（道岔不是进路的一部分）。

2）一个用于相邻道岔侧冲保护的主要道岔被干扰或不在要求的位置。

3）检测到与侧冲防护道岔的冲突，这是由于一列限制人工模式或非限制人工模式列车处于一条非平行进路侵犯而引起的。

4）一条关闭的轨道。

5）一条轨道预留在相反的运行方向。

6）前行列车。

7）自动线路的末端。

8）一条已经拥挤或受干扰的通信环线。

与 ZC 相联系的轨旁信号设备是数据存储单元（DCU），有的信号系统称为线路控制器（LC），控制 ZC 和 CC（车载控制器）的应用软件和配置数据版本以及进行必要的修正，管理整个线路的临时限速，存储、更新 ATS 发送的 TSR 请求。

2. 应答器（Balise）

有的信号系统称之为信标，英文名称有 Beacon、Transponders、Tags 等。

应答器是一种利用电磁原理，在特定地点以报文形式实现地面与车载设备间高速数据传输的设备，分为有源应答器和无源应答器两种。

无源应答器没有外接电源供电，平时处于静止休眠状态；当列车经过无源应答器上方时，地面应答器接收到车载天线传递的载频能量，获得电能量使地面应答器中的信号发生器工作。该种应答器包含的信息包括公里标、线路坡度、限速等各种固定不变的数据信息。

有源应答器连接车站信息编码设备（LEU），数据报文可以随外部控制条件的改变产生变化。LEU 从联锁系统提取轨旁信息，再将信息编码后传送给有源应答器，例如设置于地面信号机旁的应答器可将信号机的显示状态传输给列车。有源应答器与车载设备通信工作原理如图 5-6 所示。

点式 ATP 系统主要由地面设备（联锁及通过联锁控制的有源应答器）、ATP 车载设备组成，通过有源应答器实现车地之间的信息传递，有源应答器根据 CI 所控制的信号机状态来选择相应的报文编码信息作为当前的应答器报文，当列车经过地面有源应答器时，地面有源应答器接收来自车载应答器天线的电波，并利用这一电波生成发送报文所需的能量，将选定的报文从地面有源应答器发送至车载应答器接收天线，最后传送至车载 ATP。

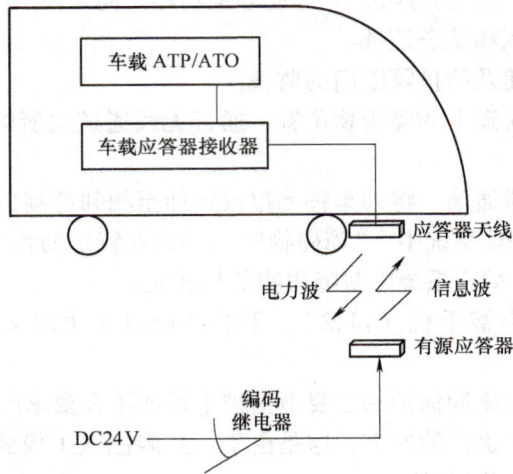

图 5-6　有源应答器与车载设备通信工作原理

　　车载设备通过车载应答器天线，接收地面有源应答器发送来的停车点信息，根据这一信息，生成 ATP 速度控制曲线。然后，将这一速度控制曲线与测速发电机得到的本列车速度进行比较，如果列车速度超出 ATP 速度控制曲线的速度，那么点式 ATP 车载设备会自动输出制动，从而保护列车安全运行。点式 ATP 列车控制原理如图 5-7 所示。

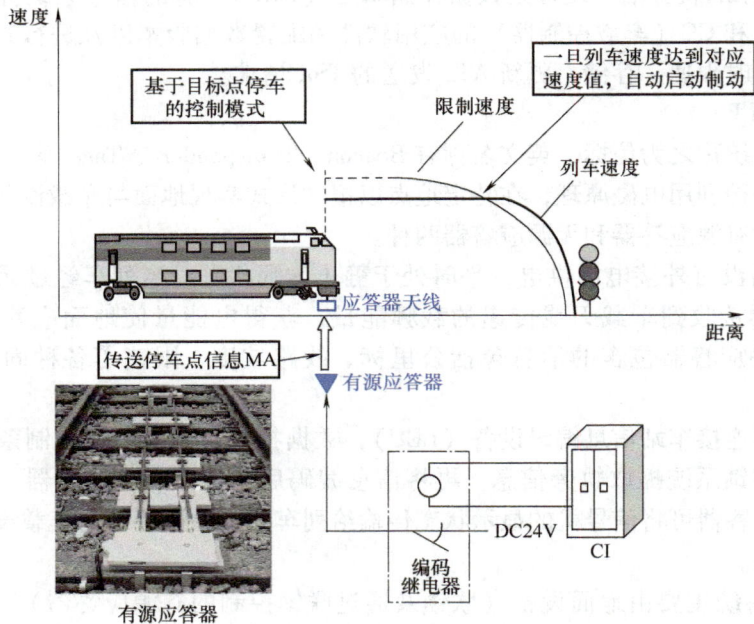

图 5-7　点式 ATP 列车控制原理

　　与有源应答器直接相联系的典型轨旁设备是 LEU（轨旁电子单元）。LEU 接收 CI 发送的控制命令，选择相应的点式 MA 信息，并将该点式 MA 信息发送到有源应答器和环线应答器，对列车进行点式模式下的安全控制。

3. 环线（TWC）

在有的信号系统中，在轨道中央沿轨道方向敷设两根感应环线电缆，完成车载系统与轨旁 ATC 系统之间的双向非安全数据交换，实现列车在 ATO 模式下的站台精确停车。感应环线电缆由铜绞线、外部的绝缘与非屏蔽保护层组成。这些电缆在轨旁环线通信设备中作为信号的接收和发射天线，与列车上的接收和发射天线实时通信。电缆每隔 25m 进行一次交叉，如图 5-8 所示，在轨间电缆激励端输入某一频率的信号，列车上的车载信号装置就会接收到同频率的信号，而且列车所接收到的信号幅值和相位将会随列车位置的改变而改变，当列车行经电缆的交叉点时，列车上车载信号装置所接收到的信号相位就会发生变化，通过检测车载信号接收装置所接收到的信号相位变化次数，就可以计算出列车位置。

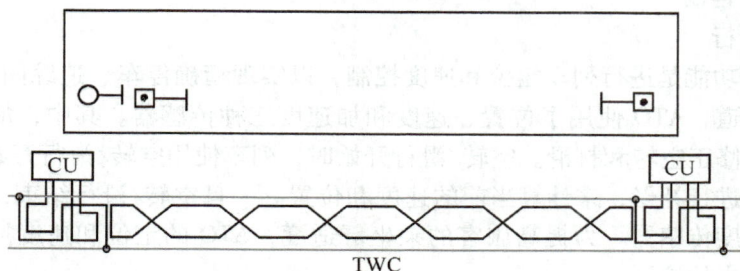

图 5-8　感应环线应用示意图

4. 紧急停车按钮（ESB）

每个车站的每侧站台上都装有两个紧急停车按钮，第三个 ESB 安装于车站控制室，三个 ESB 串联连接，为每个站台提供同一个状态。当任一个 ESB 被激活时，站台入口信号机（进站信号机）及站台出口信号机（出站信号机）立即关闭，并将停车信息通过联锁传给 ATP，然后由地面 ATP 通过无线方式将信息传递给线路上的列车，启动紧急制动，使列车停止运行。

5. 列车发车指示器

每个站台的每一端都有一个列车发车指示器，总共四个，用于向列车司机提供计划的列车发车倒计时。

系统根据列车运行的情况，以命令的方式控制发车指示器显示停止时分倒计时以及扣车、跳停、提前发车等信息。

在系统的正常控制模式和后备模式下，发车指示器均能有相应的显示，例如：

1）未到达运行图规定的发车时刻显示为倒计时。

2）到达运行图规定的发车时刻显示为"000"。

3）超过运行图规定的发车时刻显示为正计时。

4）提前发车显示为"000"。

5）扣车显示为"H"。

6）通过显示为"———"。

7）前列车出发后至下一趟列车到达停稳前，显示时钟信息。

在控制中心的各工作站、模拟表示屏及车站 ATS 工作站能显示发车指示器的状态信息。

四、列车运行

在正常的运行模式下，列车接收移动授权报文保证列车安全地运行。该移动授权报文随着每个无线报文更新，一般是每秒钟更新一次。

如果由于干扰作用或暂时性无线通信中断，列车损失一个或两个无线通信报文，列车将以允许的速度继续运行至最后一个已知的移动授权限制点，并且一旦无线通信重新建立了，列车将得到一个更新的移动授权限制报文，从而可以无干扰地继续运行。

如果由于某些原因，无线通信中断变成永久性的，列车在运行至上一个已知的移动授权限制点之前，采用常用制动停车，列车司机可以切换至人工驾驶模式继续运行。

1. 列车运行控制

（1）自动运行

ATO 的主要功能是进行列车定位和速度控制，以实现精确停车、追踪间隔最小及节能。为适用不同的坡道，ATO 使用了位置、速度和加速度三种传感器。其中，加速度传感器的信息用于检查和修正空转和打滑。空转/滑行开始时，列车使用空转/滑行开始前的速度，利用加速度传感器进行补偿，来计算当前的速度和位置。一旦空转/滑行结束，速度和位移的测量将切换回速度传感器。为提高旅客的乘坐舒适度，ATO 的定位和速度控制算法还要增加对于急加速冲击的控制。

（2）站停控制

根据 ATS 的运行图，车载控制器（CC）会按照站停程序控制列车在每个车站站台停靠，并且只有在正方向上才能提供自动停车。

依靠传感器和站台信标的位置输入数据，列车实现了站台精确停车，其中，位置数据输入通常用来确定停车曲线的起始点，站台信标可提供距离分界以满足位置精度要求。

（3）跳停控制

车载控制器（CC）可在需要跳站的前一站通过数据传输子系统（DTS）从 ATS 处接收跳至下一站的指令，当 ATS 命令跳过某个车站或指定仅有的几个车站为停靠点时，车载控制器控制车辆继续运行并通过车站。

（4）扣车控制

扣车是指列车停车后保持零速的状态。收到 ATS 的"关门（停站结束）"指令后，扣车会禁止列车司机控制台上的停站结束指示灯闪亮。

ATS 向调度员（含车站值班员）提供人工扣车功能，可对停靠在当前车站的列车实施扣车，若来不及在当前车站扣车，可在列车进入下一车站时实施扣车。列车停下后，车门保持打开，直至调度员（含车站值班员）取消扣车，此时，列车驶离车站，并按照运行图开始运行。

2. 驾驶模式

如单元 1 所述，ATC 系统为列车驾驶提供了 AM、SM、RM、NRM 等不同的驾驶模式。有的信号系统在具体应用中，将其细化如下：

（1）ATO 模式（AM）

驾驶模式选择开关处于"ATO 模式"位置，车载信号设备自动控制列车运行的加速、巡航、惰行、制动、精确停车、开关车门/屏蔽门以及折返等功能，不需司机操作。

车载信号设备对列车门的控制方式包括：自动开/自动关、自动开/人工关、人工开/人工关，且手动开关门的操作优先于自动开关门。列车停站、上下乘客、关闭车门后，在给出"车门关闭且锁紧"信息后，按压"启动"按钮，然后车载信号设备自动起动列车离站发车。

车载信号设备连续监控列车速度，超过预定速度时实施常用制动，在超过最大允许速度时实施紧急制动。一旦车载信号设备实施紧急制动，不得中途缓解，直至列车停止，由司机确认设备状况后，按压"起动"按钮人工解除紧急制动状态，车载信号设备才能自动起动列车，继续 ATO 模式的运行。

（2）ATP 模式（ATPM、SM）

驾驶模式选择开关处于"ATP 模式"位置时，列车的运行操作（启动、加速、惰行、减速、制动停车）由司机人工控制，车载信号设备对列车的实际运行速度实施连续监控，有的系统称为编码模式（CM）。

当列车速度接近速度安全限制曲线时，车载信号设备给出声光报警提示信号，超过最大允许速度值，则起动紧急制动。

列车的精确停车和开/关车门由司机控制，但开车门的操作仅在列车停准停稳、车载信号设备给出（左或/和右）车门释放信号时才能有效。

（3）点式 ATO 模式（PAM）

驾驶模式选择开关处于"点式 ATO 模式"位置时，车载信号设备在点式 ATP 的安全防护下，完成与 AM 模式相同的监控功能。

车门/屏蔽门的关闭需要司机人工确认及操作，车载信号设备对列车门的控制方式包括：自动开/人工关、人工开/人工关。

（4）点式 ATP 模式（PATPM）

驾驶模式选择开关处于"点式 ATP 模式"位置时，车载信号设备只根据接收到的点式有源应答器所发出的信息，生成当前列车位置至下一个停车点的列车速度安全监控曲线，实现车载信号设备对列车的实际运行速度实施监控。

（5）限制人工驾驶模式（RM）

驾驶模式选择开关处于"限速人工驾驶模式"位置时，列车的运行操作由司机人工控制，车载信号设备仅对列车的运行速度设置一个上限（例如 25km/h），进行连续速度监控，当接近限速上限时，给出声光报警提示，若仍然超过限速，将启动紧急制动，迫使列车停车。

列车的精确停车和开/关车门由司机控制，开车门的操作同样要求列车停准停稳、车载信号设备给出（左或/和右）车门释放信号时才能有效。

（6）非限制人工驾驶模式（ATP 切除 NRM/EUM）

驾驶模式选择开关处于"非限制人工驾驶模式"位置时，列车的运行操作由司机人工控制，车载信号设备不再对列车的实际运行速度进行监控，没有任何超速防护功能。

非限制人工驾驶模式不属于 ATC 驾驶模式，应由旁路开关通过阻断 ATP 常用制动、紧急制动和车门控制输出，实现断开超速防护设备制动输出的功能。

此种模式下，司机负责列车的精确停车，车载信号设备不再监控列车是否停准停稳，开/关车门完全由司机控制。

（7）关断模式（OFF 模式）

模式选择开关位于 OFF 档位，关闭车载 ATP 电源，对列车实施连续的紧急制动防止列车无计划移动，适用于停于停车线上的列车。

3. 折返模式

列车到达折返站，在完成开车门、下乘客、关闭车门和站台屏蔽门的作业后，列车从到达站台折返至发车站台。信号系统可以提供五种折返模式。

（1）无司机的 ATO 自动折返模式

自动折返模式只能在指定的车站运行，通常在线路的终点站，当所有乘客离开列车时可执行自动折返作业，在无人操作情况下进行更换列车运行方向（调头）作业。

在这种模式下，当列车在折返站规定的停车时间结束及旅客下车完毕，车门和站台安全门关闭后，由司机按压站台的自动折返 AR 按钮启动折返程序。列车可在无人驾驶的情况下，由车载设备驾驶车辆，并自动选择工作状态的驾驶室（考虑到驾驶方向）。列车从到达站台开始运行，到达调头区域，停在指定位置并更换工作状态的驾驶室，最后列车进入发车股道自动打开车门和站台安全门。

列车到达出发站台停稳，确保司机进入另一端驾驶室后方可启动列车。

（2）有司机的 ATO 自动折返模式

当列车在折返站规定的停车时间结束及旅客下车完毕，车门和站台屏蔽门关闭后，由司机按压车上相关的折返按钮，列车以 ATO 模式自动驾驶进入折返线，返回到发车站台后，自动打开车门和站台屏蔽门。司机在列车折返过程中任何时间均可终止自动折返，关闭本驾驶端驾驶台，开启反向端驾驶台，进行人工折返。

（3）有 ATP 监督的人工折返模式

在此模式下，司机采用"控制手柄"控制列车运行，司机人工驾驶列车运行到折返线并停车，人工关闭本驾驶端驾驶台，并起动反向端驾驶台，之后人工驾驶列车进入发车股道并定位停车。司机按压开门按钮打开车门和站台屏蔽门。整个过程中，列车在 ATP 的监督下运行。

（4）限制人工折返模式

在这种模式下，司机采用"控制手柄"控制列车运行，司机人工驾驶列车运行到折返线并停车，关闭本驾驶端驾驶台并启动反向端驾驶台，之后驾驶列车进入发车股道并定点停车。司机按压开门按钮打开车门和站台屏蔽门。整个折返过程中，车载 ATP 限制列车按照某一固定的低速（例如 25km/h）运行。

（5）非限制人工折返模式

司机根据调度命令和地面信号的显示，人工驾驶列车运行到折返线并停车，再驾驶列车进入发车股道并定点停车，司机按压开门按钮打开车门和站台屏蔽门。

> **想一想** 哪些设备故障时，需要使用上述人工驾驶模式？

课题 3　列车自动防护（ATP）子系统

一、典型技术要求

1）ATP 设备应确保列车的安全运行，实现列车运行间隔控制、超速防护和车门监控等功能。

2）每列车宜头尾两端各设一套 ATP 车载设备。当列车两端各设置一套三取二或二乘二取二安全计算机平台构成的 ATP 车载设备时，则车头、车尾可不考虑冗余，否则头尾两端车载设备应满足冗余的要求。

3）ATP 车载设备的开关、按钮及表示灯包括驾驶模式转换开关或按钮、自动折返按钮及表示灯、确认按钮、车载设备切除开关。

4）ATP 地面设备宜采用列车位置报告和列车占用检测设备的冗余方式获得列车位置，以满足系统正常及降级运用的要求。

5）ATP 车载设备在不同的 ATP 地面设备控制区域间切换应不影响列车正常运行。

6）ATP 设备应满足连续通信的列车控制、点式列车控制、联锁控制三种级别的要求：

① 连续通信的列车控制级别（CBTC 级别）为信号系统的正常控制方式，应基于移动闭塞原理，采用连续速度曲线控制方式，实时监督列车运行。

② 点式列车控制级别（点式级别）为信号系统的降级控制方式，应基于固定闭塞原理，采用连续速度曲线控制方式，实时监督列车运行。

③ 联锁控制级别（联锁级别）为信号系统的降级控制方式，ATP 车载设备应提供限制人工驾驶下的速度防护功能。

7）ATP 车载设备应至少支持限制人工驾驶模式（RM 模式）、ATP 防护下的人工驾驶模式（CM 模式），如果装有 ATO 设备，还应支持列车自动驾驶模式（AM 模式）。

8）ATP 车载设备应与车辆电路一起提供设备切除功能（非限制人工驾驶模式），此时 ATP 自动防护设备被切除，ATP 车载设备不对列车运行进行监控，司机按操作规程驾驶列车运行。

9）ATP 设备宜具备无人自动折返功能。

10）在具有列车作业方式的车辆段/停车场，ATP 设备应提供超速防护功能。

二、车载子系统结构

车载子系统主要由三部分组成：车上设备、车底设备、车顶设备，如图 5-9 所示。

1. 车上设备

（1）车载主机（VATC 机柜、CC 机柜）

车载主机由 VATP、VATO 及 I/O 电子接口等组成，具备生成速度防护曲线、速度监督、显示信息输出、自动驾驶列车等功能。

（2）司机台（TOD）

司机台的状态显示单元是车载系统与列车司机之间的人机界面，与车载安全计算机之间用通信线相连，用于显示列车运行过程中的各种参数和信息，例如：列车当前运行速度、目标速度、目标距离、驾驶模式等，并且可以进行信息的查询和参数设置。除显示屏外，还有控制列车运行及车门的按钮。

（3）继电器柜

车载 ATP/ATO 发出的制动指令通过继电器单元送给车辆系统，同时车辆自身的状态信息通过继电器单元反馈至车载控制单元。继电器单元还作为驾驶台输入条件到车载控制单元的接口。

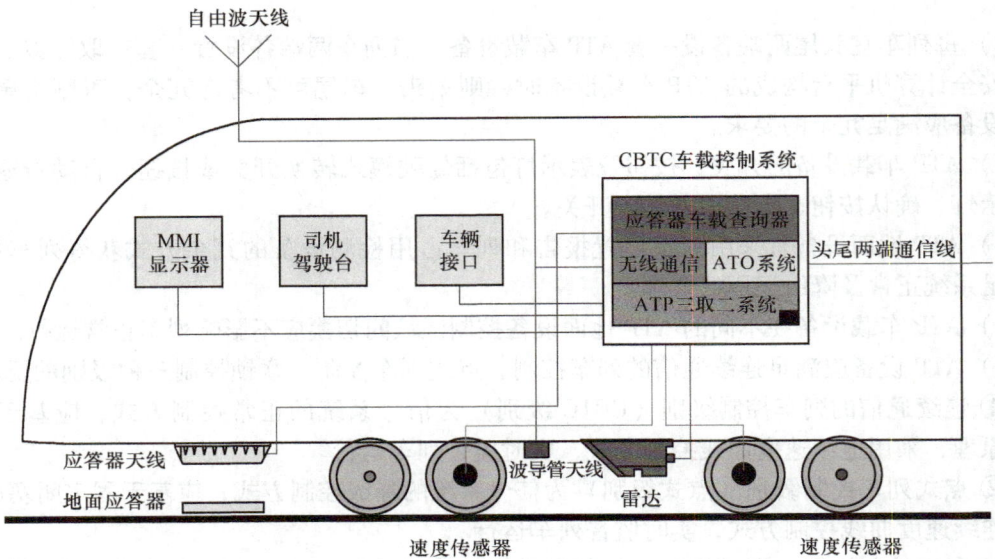

图 5-9   车载子系统结构举例

（4）电源和辅助设备等

列车为车载设备提供所需的电源，以及列车运行模式选择开关、各种电源开关等辅助设备。

2. 车底设备

列车速度和位置测定功能由信标读取器、测速装置和多普勒雷达等完成。

（1）信标读取器

如图 5-10 所示，主要用于读取地面有源、无源信标的信息，提供列车位置精确校正功能并辅助补偿列车轮径误差。

（2）测速装置

信号系统在列车的车轴上安装一个或多个速度传感器和加速度传感器，如图 5-11 所示，通过测量车轮转数计算列车的运行速度和列车运行距离并进行列车运行方向的判定。

图 5-10   信标读取器

图 5-11   测速传感器

（3）多普勒雷达

多普勒雷达利用多普勒原理用于测量列车 5km/h 以上的对地速度信号并检测空转/打滑，克服车轮磨损、空转、滑行造成的测量误差。

根据信号系统设计，列车底部还可以安装其他地面信号接收器，用于接收从轨道上传来的信息，例如轨道电路信息、地面环线信息等。

3. 车顶设备

车顶设备包括漏缆天线和 LoS（Line of Sight）天线，作用均为发送列车的位置和状态信号，接收轨旁 AP 发送过来的轨旁列车控制信号。

例如：某地铁公司列车在隧道内由车载漏缆天线与轨旁漏缆天线 AP 通信，在高架区段由 LoS 天线与地面的 LoS 天线通信。前行列车基于轮速传感器和多普勒雷达连续计算自身位置，经过信标点时重置其误差，并生成虚拟占用，利用车载无线设备将其实时位置和虚拟占用传送给轨旁无线设备。区域控制器根据收到的信息计算移动授权，利用轨旁无线设备把移动授权连续地传送给追踪列车，追踪列车的车载设备计算安全曲线并进行自动防护。

4. 车载子系统组成举例

某地铁公司的 ATC 车载子系统由以下设备组成：

1）ATP 安全冗余单元（三取二）：车头、车尾各安装一套车载 ATP 设备，车载 ATP 采用三取二冗余安全计算机结构。

2）雷达传感器：车头、车尾分别安装一个雷达传感器，与速度传感器完成冗余的列车速度和走行测算与验证。

3）速度传感器：车头、车尾在不同车轴安装独立的速度传感器，与雷达传感器完成冗余的速度和走行距离测算与验证。

4）BTM 应答器主机单元：车头、车尾各设置一个，与应答器接收天线一起，实现应答器报文解析和列车位置校正。

5）应答器接收天线：车头、车尾各设置一个，接收地面应答器发送的报文。

6）车载无线单元：车头、车尾各安装一套车载无线自由波单元，双端互为冗余。

7）波导管天线：车头、车尾各设置两个车载波导管天线，接收/发送来自沿线波导管的无线信号数据传输。

8）车载自由波天线：车头、车尾各设置两个车载自由波天线，接收/发送来自沿线无线自由波的信号。

9）MMI 单元：车头、车尾各配备一套 MMI 单元设备，向司机提供驾驶信息的显示与操作控制。

10）两端车载设备贯通线：车头、车尾设置贯通线，用于两端车载设备信息的交互。

11）按钮及开关：包括驾驶模式选择按钮、ATO 列车启动按钮及按钮灯、切除开关等按钮、开关及表示灯。

三、车载子系统功能

1. 基本要求

1）ATP 设备在 CBTC 区域内应能够确定列车的速度、位置（包括列车两端的位置）和运行方向。

2）ATP 设备应采用冗余方式的测速系统，速度信息的输出应相互校验，并实行断路检查。

3）ATP 设备的测速分辨率≤2km/h。

4）列车进入 CBTC 区域或从故障状态恢复时，ATP 设备应能通过读取应答器信息来自动初始化定位。

5）ATP 设备应具有空转、打滑检测功能，及列车速度和位置测量误差修正功能。

6）系统无故障时，应答器的配置应满足以下要求：

① 在由转换轨进入正线前，ATP 设备应完成列车速度、列车位置的测定。

② 在由联络线进入本线路运营前，ATP 设备应完成列车速度、列车位置的测定。

③ 在车站站台、正线停车线进入正线前，ATP 设备应完成列车速度、列车位置的测定。

④ 在点式列车控制级别下，保证列车读取可变应答器的信号显示与地面信号显示的一致。

⑤ 在分歧线路处实现列车重定位。

7）采用车轮转动来测量列车速度/位置时，ATP 设备宜具备自动轮径补偿功能。

8）ATP 设备应具有零速度检测功能。零速度检测标准：速度值≤1km/h 且持续时间不小于 2s。

2. 主要功能

列车自动防护系统是列车安全稳定运行的可靠保障，不仅能控制列车运行速度，还具有其他重要功能：

（1）防止运营列车超速运行

运营列车在线路上运行有多种速度限制，列车运行速度不能超出速度限制值，主要包括：

① 线路限制速度。

② 列车构造速度。

③ 道岔侧向限速。

④ 正线弯道等处的固定限速。

⑤ 因设备故障、施工而设置的临时限速。

⑥ 其他限速。

（2）接收和处理来自地面的信息

安装在列车车体上的列车自动防护系统设备会实时接收来自轨旁设备的信息，并对这些信息进行实时分析和处理，对列车的运行状态和运行速度进行控制。通常这些信息中包含有列车允许运行的最大速度值、线路位置等列控信息。

（3）防止列车相撞

城市轨道交通正线有多列车同时运营作业，列车自动防护系统为防止列车的冲突提供了安全保障，并有效提高了线路的利用效率，增强了城市轨道交通的运营能力。列车自动防护系统防止列车冲突包括以下内容：

① 防止运营列车撞上前行列车。

② 防止运营列车进入未开通的进路。

③ 防止运营列车冲出尽头线。

④ 防止运营列车进入封锁区段。

⑤ 防止运营列车进入发生故障的进路。

（4）车辆安全停靠站台

列车自动防护系统会检测列车的速度和列车所处的位置，确保列车停靠站台时停稳不动，保障乘客上下车安全。

（5）列车车门控制

城市轨道交通列车左右两侧都有车门，列车停靠站台后，列车自动防护系统会根据列车停靠的站台控制列车开启相应的车门，保证乘客安全上下车。

（6）空转、打滑防护

列车在线路上正常运行时，因某种原因列车车轮会发生空转或者滑动，这种情况一方面会对车辆的车轮造成损伤，另一方面会造成列车定位不准，以至于危及行车安全。列车自动防护系统能够实时检测列车空转和打滑并及时采取措施，控制列车运营状态。

（7）防止列车发生溜车

列车在线路的坡道处临时停车或在站台处停车，列车自动防护系统能够自动给列车施加一定的制动力，保证列车不会发生溜逸，防止发生安全事故。

四、人机界面

1. 人机界面信息

车载设备人机界面的显示屏应显示的信息见表 5-2，其中（1）~（6）为必须提供的信息，其余为应当提供的信息。

表 5-2　车载设备人机界面的显示屏应显示的信息

（1）	列车速度	（2）	速度-距离曲线速度	（3）	控制级别和驾驶模式
（4）	ATP 设备工作状态	（5）	ATO 设备工作状态（如果装备 ATO）	（6）	超速报警
（7）	目标速度	（8）	目标距离	（9）	推荐速度
（10）	车次号	（11）	目的地名	（12）	乘务人员的身份识别号
（13）	停准指示	（14）	发车提示	（15）	关车门提示
（16）	车门和站台门状态	（17）	ATO 牵引、制动、惰行状态信息	（18）	空转/打滑状态表示
（19）	列车制动力状态	（20）	ATP 设备头尾设备状态	（21）	跳停、扣车状态
（22）	日期和时间信息	（23）	列车完整性	（24）	折返提示
（25）	转换区提示				

2. 人机界面显示举例

车载系统与列车司机的人机界面可以使用触摸屏或面板的形式，如图 5-12 所示，实现列车状态信息的显示和对列车的操控。

（1）按钮部分

以面板型的状态显示单元为例，其按钮一般包括发车按钮、慢速前行按钮、灯光调节按钮、灯泡测试按钮、显示内容切换按钮等。其中发车按钮和慢速前行按钮用于操纵列车运行，其他几个按钮用于对面板亮度进行调整、切换显示内容和自检等。

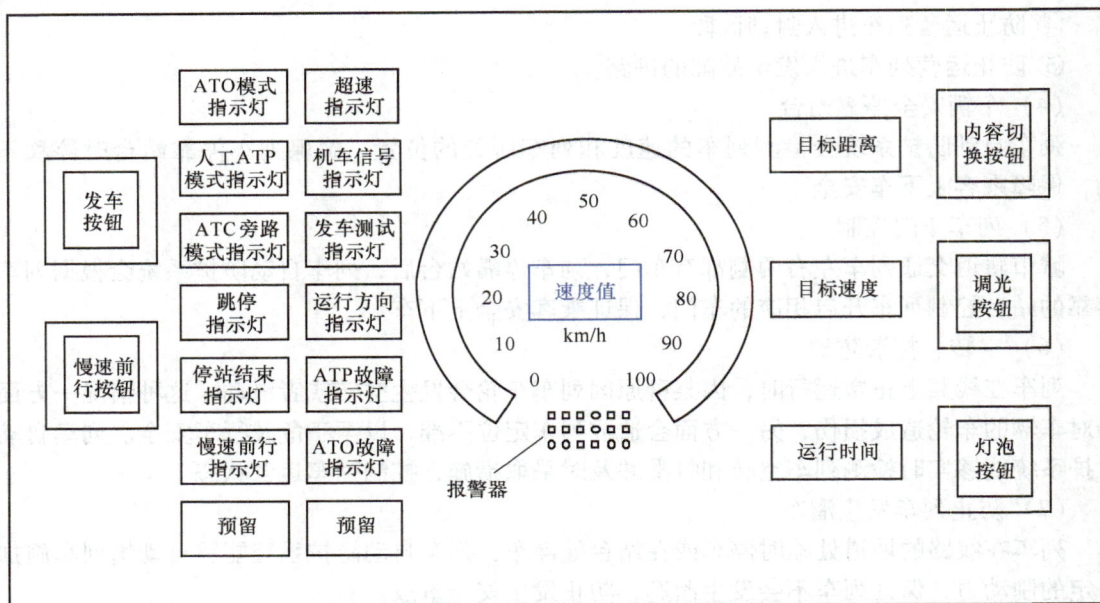

图 5-12   车载系统人机界面举例

1）列车发车按钮。

列车发车按钮通常带有灯光，当列车发车按钮灯光点亮时，列车司机按压列车发车按钮，起动列车向前运行。如果列车这时处于自动驾驶模式下，列车将按照行车作业要求自动运行；若列车处于列车自动防护系统控制模式下，人工驾驶，列车司机操纵牵引/制动手柄，控制列车运行。

列车发车按钮灯光熄灭时，按压列车发车按钮，属于无效操作。

2）慢速前行按钮。

列车处于列车自动防护系统控制模式下，当列车自动防护系统不能从地面收到信息时，列车司机按下慢速前行按钮，请求列车以不超过设定的速度值慢速前行。

列车慢速前行设定的最高速度值，根据不同的运营需求，可以设为 20km/h 或其他值。这个速度值比列车正常运行的平均速度要小，慢速前行模式适合列车办理进出停车场或车辆段作业时，控制列车慢速运行，遇到危险情况，可以采取措施随时停车。

3）显示模式按钮。

面板上的显示模式按钮，用来切换某些显示区域内的不同信息，可以增加显示的信息容量。

4）调光器按钮。

按压调光器按钮，可以改变状态显示单元显示屏和指示灯的亮度。

5）灯光测试按钮。

按压灯光测试按钮，可以执行显示屏、指示灯和声音报警测试。

（2）信息显示部分

1）速度显示。

一般把表示速度的区域放在触摸屏或面板的中央，便于直观显示列车运行速度值。速度显示用模拟方式和数字方式同时显示，表示速度范围从零到线路允许的最大值，并留有一定的余量。

如图 5-12 所示，速度显示以 100km/h 作为最大允许运行速度值。中间的方框用数字显示当前速度值；围绕方框的环上，标有刻度值，表示对应的列车速度值。通常用红色环指示列车当前允许运行的最大速度值，用绿色环表示列车当前的实际运行速度值。

2）目标速度。

在速度距离模式曲线的系统中，可以显示列车从当前地点运行到下一目标处。所对应的目标处的速度值。如下一目标是在站台停车，则显示目标速度为零；如果下一目标是通过站台，则显示允许通过站台的速度限制值。

3）目标距离。

在速度距离模式曲线的系统中，可以显示列车从当前地点运行到下一目标处列车所需走行的距离值。

4）时间。

在速度距离模式曲线的系统中，可以显示列车从当前地点运行到下一目标处列车所需运行的时间。

（3）指示灯

面板上或触摸屏上用指示灯表示列车的运行状态。

1）超速指示灯。

当列车运行速度超过当前的允许速度值时，超速指示灯点亮。

2）慢速前行指示灯。

当慢速前行模式被激活时，慢速前行指示灯点亮。

3）列车自动运行指示灯。

当列车的模式选择开关放在 ATO 档位时，这时列车在自动运行模式下运行，列车自动运行指示灯点亮。

4）列车自动防护控制下的人工驾驶模式指示灯（简称人工 ATP）。

当列车的模式选择开关放在 ATP 档位时，列车在 ATP 控制下，由列车司机人工驾驶列车运行，这时该指示灯点亮。

5）旁路指示灯。

当列车的模式选择开关放在旁路档位时，该列车的车载信号系统被切除，这时旁路指示灯点亮。

6）发车测试指示灯。

列车在发车进入运营线路前，要进行信号车载系统静态测试，如果该测试失败或没有启动该测试，该指示灯熄灭；如果测试成功，则该指示灯被点亮；如果测试正在进行中，该指示灯将不断闪烁。

7）列车自动防护系统故障指示灯。

当列车自动防护系统发生故障时，该指示灯点亮。

8）运行方向指示灯。

当列车自动防护系统知道列车运行方向，并且在列车对位停车能够控制车门时，该指示灯点亮。

另外，还有一些指示灯，当列车处于自动驾驶（ATO）状态时，相应的事件发生，指示灯会点亮，如跳停指示灯和停站结束指示灯等。

（4）报警器

当列车发生超速运行，或有设备故障，或目标距离目标、速度参数发生变化时，报警器会发出报警声，提醒列车驾驶员注意。

五、车载子系统工作原理

车载 ATP 结构如图 5-13 所示。

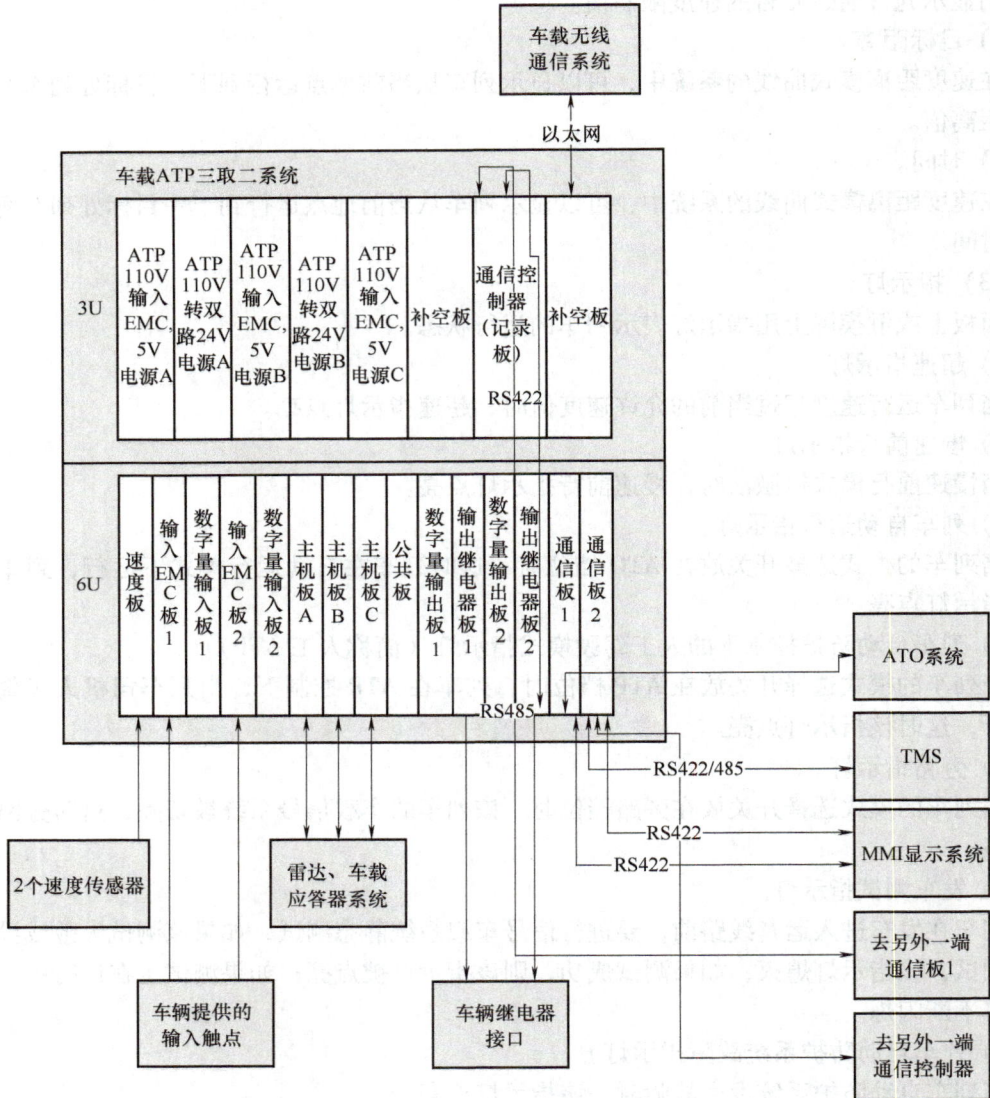

图 5-13　车载 ATP 结构举例

车载 ATP 通过速度传感器和多普勒雷达来测量列车速度和运行距离，并通过测速设备对列车的走行距离进行累计。在地面固定位置铺设应答器来获得列车的初始位置，并对列车的定位进行校正，解决里程计的误差累积问题。在列车初始定位的基础上，通过测量列车的走行距离，结合电子地图可实现列车的持续定位。

车载 ATP 接收地面信息可通过两种不同的通道，不同的信息通道对应列车不同的运行级别。CBTC 级别下，车载 ATP 将列车的位置通过双向大容量的无线通信系统实时汇报给 ZC 子系统，并接收 ZC 子系统计算的移动授权；点式级别下，车载 ATP 通过可变数据应答器或应答器环线接收移动授权信息。

车载 ATP 内存储全部的电子地图，包含了全线的线路状态信息和固定限速信息，车载 ATP 可根据列车的位置和移动授权信息，基于速度-距离曲线安全制动模型计算紧急制动触发曲线，并对列车的速度进行防护，防止列车超速或越过 MA 终点。

车载 ATP 可根据 MA 信息的来源管理列车的运行级别，并根据列车状态管理列车驾驶模式的转换，支持 ATO 自动驾驶、基于 ATP 防护的人工驾驶，以及限制人工驾驶等模式。

六、车地信息传输

列车进入正线运行后，车载设备与地面设备实时进行信息交换。

1. 车载 ATP/ATO→地面 ATP

1）列车位置信息：车载 ATP/ATO 自主测量的列车实际位置信息。

2）列车运行速度和方向：列车测量的实际速度信息和方向信息。

3）停稳信息：列车在规定区域停车，满足零速条件的信息。

4）列车控制级别和驾驶模式：车载 ATP/ATO 当前的控制级别和驾驶模式信息。

5）列车完整性：车载 ATP/ATO 采集到的列车编组完整的信息。

6）无人折返状态指示信息：车载 ATP/ATO 对无人自动折返状态的指示信息。

2. 地面 ATP→车载 ATP/ATO

1）CBTC 级别移动授权信息：地面 ATP 计算并向列车发送的对列车运行位置和速度的许可信息。

2）临时限速信息：ATS 根据运营需要，设置并下发的临时速度限制信息。

3）无人折返按钮信息：办理无人自动折返的按钮状态信息。

3. CI→车载 ATP/ATO

站台门状态：站台门是否处于关闭且锁闭的状态信息。

4. 车载 ATP/ATO→CI

站台门命令：车载 ATP/ATO 发出的站台门控制命令，CI 可利用该信息控制站台门开/关。

> **想一想**　哪些地面设备的故障会影响 ATP 的正常工作？

课题 4　列车自动驾驶 （ATO） 子系统

一、ATO 概述

人工驾驶列车运行时，列车司机操纵列车驾驶手柄，控制列车运行，实现列车加速、减速和停车。列车自动驾驶系统，即 ATO 系统，主要实现"地对车控制"，实现正常情况下高质量的自动驾驶，提高列车运行效率，提高列车运行舒适度，节省能源。与 ATP 系统为列车运行提供安全保障相比，ATO 是提高城市轨道交通列车运行水平的技术措施。

ATO 系统车载设备根据列车运行计划，以及列车的运行速度、当前线路限速和目标速度等信息，实时计算列车达到目标速度值所需要的牵引力或制动力的大小，通过列车接口电路，由列车的牵引系统或制动系统完成对列车进行加速或减速作业。

ATO 系统实现列车自动驾驶，它需要列车自动防护系统和列车自动监控系统提供支持。列车自动防护系统向列车自动驾驶系统提供列车的运行速度、线路允许速度、限速和目标速度，以及列车所处位置等基本信息；列车自动监控系统向列车自动驾驶系统提供列车运行作业和计划。

ATO 系统对列车进行控制，使得列车驾驶处于最佳的运行状态，列车运行更加平稳，可以有效提高运营效率，降低列车运行能耗。

ATO 系统在站台可以精确对位停车，为乘客上下车提供便捷的条件，列车在站台精确停车同时为站台加装安全门或屏蔽门提供了有利的条件。

二、典型技术要求

1. 一般要求

1）ATO 设备应在 ATP 设备的防护下实现列车自动驾驶功能，ATO 设备故障应不影响 ATP 防护下的人工驾驶列车运行。

2）ATO 设备宜具备无人自动折返功能。列车在规定的无人自动折返进入地点停车，司机完成相应的确认操作后，列车可在无人驾驶的情况下，自动从到达站台进入和折出折返线，进入发车股道定点停车后，自动打开车门和站台门。

3）ATO 设备宜采用双机热备冗余结构。

2. 列车自动驾驶

1）ATO 设备应自动控制列车的起动、加速、巡航、惰行、制动运行过程。

2）ATO 设备的正常运行曲线应满足节能运行的要求。

3）ATO 设备进入自动驾驶前应经过 ATP 的授权和司机的确认。

4）ATO 启动条件满足的情况下，司机按下启动按钮，ATO 设备应能自动控制列车起动。

5）当自动驾驶条件不满足时，ATO 设备应提示司机并自动退出 AM 模式。

3. 站台停车控制

1）ATO 设备应能自动控制列车在站内精确停车。

2）ATO 设备控制列车在停车点停车时，应采用一次连续制动模式制动至目标停车点。

3）列车停车后，ATO 设备持续输出保持制动命令。

4. 车门监控

1）列车在站台停车后，在确认车门已关闭且锁闭前（车门旁路时除外），ATO 设备应禁止起动列车。

2）ATO 设备应支持下列开/关门方式：

① 人工开门，人工关门。

② 自动开门，人工关门。

③ 自动开门，自动关门。

5. 站台门监控

列车在站台停车后，在确认站台门已关闭且锁闭前（站台门互锁解除时除外），ATO 设备应禁止起动列车。

6. 运行调整

1）ATO 设备应能支持跳停、扣车、停站时间、站间运行时间等多种运行调整方式。

2）ATO 设备应能跳停一个或多个站台，接到跳停指令并判断条件后，应能控制列车不停车通过站台。

3）接到扣车指令后，ATO 设备应保持列车在站停车状态，并进行停站计时，车门、站台门宜保持打开状态。

4）接到站间运行时间调整命令时，ATO 设备应根据 ATS 期望的站间运行时间，选择不同的站间运行曲线，使实际站间运行时间尽可能贴近期望的站间运行时间。

5）ATO 设备应向 ATS 报告列车运行状态信息，以便 ATS 能对在线运行的列车进行监控和调整。

7. 运营辅助

1）ATO 设备应向列车广播设备及车厢显示牌提供有关车载旅客信息显示的数据。

2）ATO 设备宜通过车载 MMI 向司机提供推荐速度、关门提示、发车提示、报警提示等辅助驾驶信息。

8. 故障诊断和报警

1）ATO 设备应具有自诊断功能，发生故障时立即退出自动驾驶模式，并向司机及 ATP、ATS、维护支持等子系统报警。

2）ATO 设备应将运行状态、报警等信息发送给车载记录设备。

三、ATO 设备组成

列车自动驾驶系统是非故障—安全系统，由车载设备和地面设备组成。

1. 列车自动驾驶系统车载设备

列车自动驾驶系统车载设备包括车载 ATO 模块、ATO 车载天线、人机界面。

（1）车载 ATO 模块

车载 ATO 模块是列车自动驾驶系统的核心组成部分，它包含硬件和软件两部分，如图 5-14 所示。车载 ATO 模块从车载 ATP 子系统获得必要的信息如列车运行速度和列车位置等，车载 ATO 模块软件对这些数据进行实时处理，计算出列车当前所需的牵引力或制动力，向列车发出请求，列车牵引或制动系统收到请求指令后，对列车施加牵引或制动，对列车进行实时控制。

车载 ATO 模块与列车的牵引和制动系统相互作用，实现列车在站台区精确对位停车。

车载 ATO 系统主要完成的是非安全功能，故未采用冗余设计，但是整个系统设计为：若处于人工驾驶模式或不满足 ATO 的启动条件，即使 ATO 故障，ATP 也能将 ATO 所有的输出切除掉，使 ATO 不会干扰正常的司机驾驶。当 ATO 设备在运行过程中发生故障时，ATP 也能立即切除 ATO 的控制，保证系统的安全。

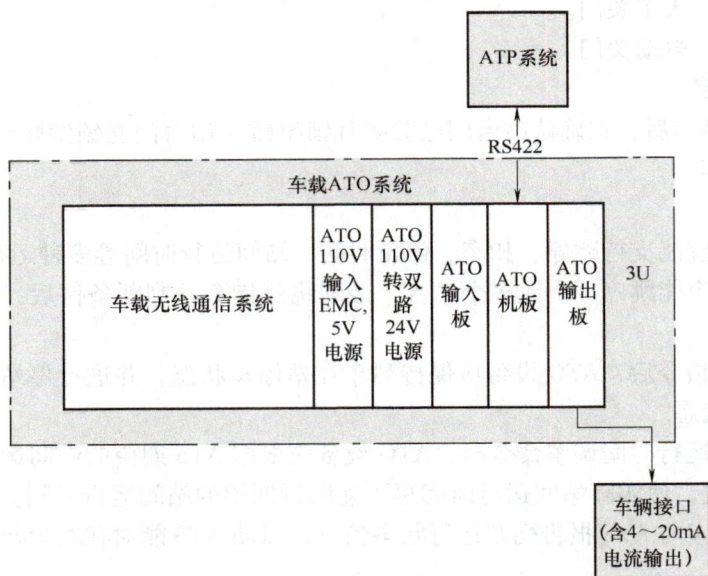

图 5-14 ATO 结构举例

（2）ATO 车载天线

列车自动驾驶系统的车载模块与地面设备之间的信息交换通过 ATO 车载天线来完成，以实现列车自动驾驶系统与列车自动监控系统（ATS）之间的信息交换。

ATO 车载天线一般安装在列车第一列编组的车体下，它接收来自列车自动监控系统的信息，同时向列车自动监控系统发送有关的列车状态信息。这些信息一般包括以下内容：

1）从列车向地面发送的信息。

列车自动驾驶系统车载模块通过 ATO 车载天线向地面列车自动监控系统发送的信息有列车识别号信息，该列车识别号信息包括了列车的车组号、车次号、目的地编码等内容；列车向地面发送的信息还有列车运行方向、列车车门状态、车轮磨损指示、列车车轮打滑和空转、车载 ATO 模块状态和报警信息等。

2）从地面向列车 ATO 车载设备发送的信息。

从地面向列车 ATO 车载设备发送的信息有列车开关门命令、列车车次号确认、列车测试指令、门循环测试、主时钟参考信号、跳停/扣车指令和列车运行等级等。

（3）人机界面

列车司机通过人机界面可以将列车运行的模式选择为"ATO"，起动列车在 ATO 模式下运行。

2. 列车自动驾驶系统地面设备

列车自动驾驶系统地面设备由地面信息接收、发送设备和轨旁 AP（或轨道环线）组成。地面设备接收来自列车 ATO 车载天线所发送的信息，并把 ATS 有关信息通过轨旁 AP（或轨道环线）发送到线路上，由列车 ATO 车载设备进行接收和处理。

四、ATO 基本功能

列车自动驾驶系统基本功能包括列车车站发车控制、列车区间运行控制、列车精确停站、列车自动折返、跳停和扣车功能等。

1. 车站发车控制功能

列车在 ATO 模式下运行时，列车司机按压发车按钮起动列车运行，ATO 根据 ATP 系统发给的控制速度和 ATS 系统发送的运行等级，自动运行到下一车站。

在 ATO 自动模式下，必须具备一定的条件，列车才能从车站出发，这些条件包括：①ATO 模块与 ATP 模块通信正常；②列车运行目的地代码有效；③有效的司机代码；④在出发测试期间没有检测到故障；⑤列车所处的轨道电路，能够建立 ATO 模式；⑥其他必要的信息等。

2. 列车区间运行速度控制

列车自动驾驶系统车载模块接收到从车载 ATP 发出的列车速度控制指令后，它向列车的牵引系统或制动系统发出请求，以施加牵引力或制动力将列车加速或减速到控制速度，保持列车的运行速度在一个速度控制窗口内。

如图 5-15 所示，列车在 ATO 模式下，其实际运行速度曲线在 ATP 限制速度曲线以下，在一个较小的速度范围内波动，使列车以接近 ATP 限制速度运行，最有效地提高列车运行效率，降低列车能耗，减少列车在牵引、惰行和制动状态之间的不断切换次数，有效提高乘客的舒适度。

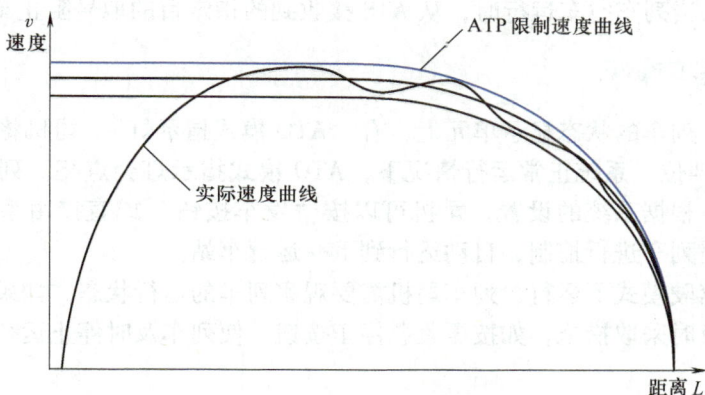

图 5-15　列车自动驾驶模式下的速度距离曲线

3. 车站精确停车

车站精确停车是列车自动驾驶系统非常重要的功能，它实现列车在车站站台区精确对位停靠，可以有效提高列车运营效率，有利于引导乘客上下车。

列车实现车站精确停车，需要列车自动驾驶车载模块与列车的牵引系统和制动系统共同参与，相互配合。在列车接近站台时，列车自动驾驶车载模块实时对列车的速度进行采集和比较，并及时向列车的牵引系统和制动系统发出控制指令，实现对列车速度的实时控制、追踪，从而实现列车精确停车。

列车实现车站精确停车，可以在站台区安装轨道环线，提高停车的精度。列车在站台精确停车，有利于在车站站台设置屏蔽门或安全门，保障乘客安全候车。

4. 列车自动折返

列车在 ATO 运行模式下，可以在运营线路两端实现列车自动折返作业，控制列车回到下一个运营作业的站台区。

在这种驾驶模式下无需司机控制列车，而且列车上的全部控制台被锁闭。接到自动折返运行许可后自动进入 AR 模式，司机通过驾驶室 MMI 的显示确认得到授权。只有按下站台的 AR 按钮后，才实施列车自动折返运行。ATC 轨旁设备提供所需的数据以控制列车进入折返轨，列车运行至出发站台后，ATC 车载设备自动退出 AR 模式。

5. 跳停和扣车功能

（1）跳停

跳停是指在线路上运营的列车，在某一指定车站不停车，而以规定的速度通过该车站。列车自动驾驶系统收到来自 ATS 系统发出的跳停指令后，完成跳停作业。

（2）扣车

扣车是指列车在某站台停靠，不允许列车继续运行。列车自动驾驶系统收到来自 ATS 系统发出的扣车指令后，完成扣车作业。

6. 控制车门

由 ATP 系统监督开门条件，当 ATP 系统给出开门命令时，可以按照事先设定由 ATO 系统自动打开车门，也可由司机手动打开正确一侧的车门。

车门打开功能的输入来自 ATP 功能的车门释放、运行方向和打开车门数据，以及来自 ATS 的目的地号。当列车空车运行时，从 ATS 接收到的指定目的地号阻止车门的打开。

五、ATO 基本操作

在驾驶室内，列车的状态显示单元上，有"ATO 模式指示灯"。司机将列车驾驶模式选择开关置于 ATO 档位，系统正常运行情况下，ATO 模式指示灯会点亮。列车在车站完成停站，关好车门后，根据系统的设置，司机可以按"发车按钮"或直接由系统自动发车，列车自动驾驶系统对列车进行控制，自动运行到下一运营车站。

列车在自动驾驶模式下运行，列车司机需要观察列车的运行状态，如果出现列车控制系统故障情况，需及时采取措施，如按压紧急停车按钮，使列车及时停止运行以排除故障，保证运营安全。

1. 车站发车

当准备在 ATO 模式下运行时，ATP 通过通信天线接收到关门命令，ATP 点亮状态显示单元上的停站时间结束指示灯。如果门是人工操作，司机必须关好车门，否则 ATP 将不允许发车。车门一旦关好，司机必须按压并释放发车按钮来让列车出发运行到下一车站。一旦发车按钮被按压，ATP 发给 ATO 控制速度。司机任何时候都能关闭车门并发车。

在自动模式下，必须具备下列条件列车才能从车站出发：

1）与 ATP 有效的通信（即无连接故障）。

2）有效的目的地 ID。

3）有效的轨道电路 ID（来自 ATP）。

4）有效的司机 ID。

5）非零速限制（来自 ATP）。

6）有效的车辆方向：东/西（来自 ATP）。

7）在出发测试期间没有检测到故障。

8）列车必须位于车站轨道电路、折返轨道电路、车辆段转换轨电路或试车线。

2. 车门控制和停站

车载 ATO 系统通过轨旁通信环线从轨旁 ATC 系统接收到传送给车辆的开门指令，要求车载 ATP 系统启动开门程序，或者由司机按下开门按钮打开车门。

轨旁 ATC 系统累计停站时间。在正常情况下，停站时间结束后轨旁 ATC 系统会传送关门命令。车载 ATO 系统接收到命令后及时关闭车门，或由司机按下关门按钮关门。当从本地或中心接收到车辆停放制动指令时，车载 ATO 系统通过从车地通信子系统传来的命令控制车门开闭，但在相应的停放制动缓解以及从轨旁接收到命令之前不允许列车从该站发车。

车载 ATO 系统通过车地通信子系统向轨旁传送车门状态。

3. 折返

在运营终点车站，当司机按下发车按钮时，ATO 将自动地驱动列车进入折返轨并在折返点执行精确停车。司机必须关闭本端驾驶室的钥匙（司控器），并启动离去端的驾驶室，打开司控器开关，建立 ATO 模式。折返进路开通后，司机按下发车按钮，ATO 将驱动列车进入第一个运营车站并精确停车。

4. 跳停

车载 ATO 系统从轨旁 ATC 系统接收跳停指令。跳停指令通常应在被跳停站的前一站或更早收到。车地通信子系统还能够在完成计划停站之前告知列车中央 ATC 已经发出了一个跳停该车站的命令。在被跳停车站，车载 ATO 系统也能接收并响应轨旁产生的跳停指令。如果在车站停车过程中收到跳停该车站的命令，ATO 将会点亮状态显示单元上的跳停指示灯来告知司机列车不能在站台停车。在这种情况下，列车继续以 ATP 控制速度进行速度调节。跳停命令可以在跳停的车站之前的任何有轨旁通信环线的车站取消。但是，一旦列车处于要跳停的车站的环线内时，跳停本站的命令则不能取消。

六、ATO 基本原理

1. 列车自动驾驶

ATO 系统存储了轨道布局和坡度信息，能够优化列车控制命令，保证列车在 ATP 监督下按照最大允许速度运行。

ATO 通过地面 ATP 设备传来的编码确定前方空闲轨道电路数目或前行列车位置，根据本次列车位置，列车在综合考虑安全因素的前提下可尽量全速行驶至本次列车的停车点。

ATO 系统的自动驾驶功能是通过 ATO 车载设备控制列车牵引和制动系统实现的。所需的 ATP 数据包括：从 ATP 轨旁单元接收到的全部 ATP 运行命令、测速单元提供的当前列车位置和实际速度信息、位置识别和定位系统的信息、列车长度、ATS 通过 ATP 轨旁单元发送的出站命令和达到下一车站的计划时间。

由 ATO 系统执行的自动驾驶过程是一个闭环反馈控制过程，反馈回路从 ATP 数据和运营数据得出基准输入，测速单元通过 ATP 向 ATO 发送列车实际位置信息，ATO 向牵引和制动控制设备提供数据输出。到达计算速度时，系统根据速度曲线控制列车运行，接近制动起动点时，ATO 设备自动控制常用制动使列车运行跟随制动曲线。

2. 车站程序停车

正线上的车站都有预先确定的停站时间间隔。控制中心 ATS 监督列车时刻表，计算需要的停站时间以保证列车正点到达下一个车站。

控制中心通过集中站 ATS 缩短或延长车站停站时间，数据由集中站 ATS 通过 ATO 环线传送给 ATO 车载设备。如果控制中心离线，集中站 ATS 预置一个默认的停站时间。集中站 ATS 还可向列车传送跳停命令。

3. 车站定位停车

车站精确停车通过在车站区域内的轨道电路标识、分界过渡和 ATO 环线变换来进行。轨道电路标识被用来确定停车特征的合适起始点。轨道电路分界过渡和轨旁 ATO 环线变换提供了距离分界。该距离分界用于达到所要求的位置精度。

停车特征启动后，ATO 基于列车速度、预先确定的制动率和距停止点的距离计算制动特征。制动率调整值通过轨旁 ATO 获得，并且可以从 OCC 或 SCR（车站控制室）中进行选择。

列车停车后，ATO 会保持制动，避免列车运动。

4. 车门控制

ATO 只有在自动模式下才执行车门开启，在手动模式下由司机进行车门操作。

列车的定位天线连接至车辆定位器和接收器，车站站台定位环线位于线路中央，连接站台定位发送器和接收器。列车停站过程如下：

1）当列车停于定位停车的允许精度范围内，车辆定位接收器通过列车定位天线接收到站台定位发送器发送的列车停站信号，ATO 系统确认列车到达确定的定位区域后向 ATP 系统发出"列车停站"信号确保列车制动。

2）ATP 系统检测到零速度，通过列车定位发送器向地面站台定位接收器发送 ATP 列车停车信号，站台接收器检测到此信号进行译码，使地面"列车停站"继电器开始工作。

3）车站轨道电路 ATP 发送器发送允许开门（左车门或右车门）的信号。

4）车辆收到允许开门信号，使相应门控继电器工作，并提供相应广播和允许开门的信号显示。

5）此时司机按压与此信号显示相一致的门控按钮才能打开规定的车门。

6）车辆定位发送器改发打开屏蔽门信号，当站台定位接收器收到此信号后，打开屏蔽门继电器吸起，使与列车车门相对应的屏蔽门打开。

7）列车停站时间结束，地面停站控制单元启动车站 ATP 模块，轨道电路停发开门信号，使门控继电器落下。

8）司机按压关门按钮，关闭车门，同时车辆停发打开屏蔽门信号。

9）车站检查屏蔽门已关闭并锁好后，允许 ATP 系统向轨道电路发送运行速度命令信息。

10）车辆收到速度命令，并检查车门已关闭并锁好，ATP 发车表示灯点亮，列车按照车载 ATP 收到的速度命令进行出发控制。

5. 车地数据交换

列车与轨旁设备的通信是非安全的，轨旁设备是控制中心与列车通信时的数据交换接口。

列车发至轨旁的数据包括分配列车号、目的地、车门状态、车轮磨损表示、接近车站时制动所产生的过量车轮滑动、紧急情况或异常情况（如不正确的开门）。

轨旁发至列车的数据包括车辆车门开启命令、列车号的确认、列车长度、性能修改数据、出发测试命令、车门循环测试、主时钟参考信号、跳停指令、搁置命令、申请车载系统和报警状态。

想一想　ATO 自动驾驶和无人驾驶，对于技术设备的要求有哪些不同？

【知识拓展】

一、某城市轨道交通公司列车运行司机操纵程序

1. 列车出库

1）列车整备完毕列车状态符合正线服务后，与车辆段信号值班员报告列车整备完毕。

2）确认出段信号开放，按该列车出车辆段时刻以 RM 模式驾驶列车出库，整列离开库门前限速 5km/h。在车库大门前、平交道口一度停车，确认线路状况良好后动车。

3）列车运行到转换轨一度停车。

① 待显示屏收到速度码，"ATO"灯亮后，司机确认进入始发站方向进路防护信号开放，以 ATO 模式运行至始发站。

② 当收不到速度码或有需要从另一站出发时报告行车调度员。

2. 正线运行

1）列车"ATO"驾驶模式下，司机工作状态应保持：不间断瞭望，坐姿端坐，左手置鸣笛按钮处，右手置于主控手柄（不按压警惕按钮）。

2）列车运行期间，司机要注意观察列车显示屏信息、各指示灯和仪表显示、自动开关状态。区间发生故障，尽可能维持进站处理。遇故障列车需维持运行至终点站时，司机必须时刻确认列车运行状态，防止列车故障的进一步扩大。

3）列车运行中坚持不间断瞭望前方进路状态，发现线路、弓网故障及其他轨旁设备损坏或超限时，及时采取紧急措施，并报告行车调度员。

4）列车接近进站时，密切观察站台乘客状况，遇乘客较多或有越出站台黄色安全线，应及早鸣笛示警，遇危及列车运行或人身安全时，立即采取紧急措施。

5）列车故障或其他原因需临时停车，司机可通过列车紧急广播或人工广播安抚乘客。在车站如已知前方受阻延误等候开车时间较长，司机开启客室门，并配合站务人员做好宣传解释，减少不必要的乘客投诉。

6）列车本身原因或信号故障，造成列车未对标停车时，司机应立即手动对标停车。

7）列车"ATO"驾驶模式下发生紧急制动，需要"SM"或"RM"驾驶模式运行时，司机严格遵循进路防护信号显示、"ATP"允许速度及列车运行速度。

8）雨天线路湿滑时，在地面线路，司机转为"SM"驾驶模式，严格控制运行速度，谨防列车打滑空转而造成紧急制动或越出停车标。

9）采用 URM 驾驶模式起动列车时，主控手柄置于牵引区不低于 40% 处，运行中注意人工报站点播，严格控制速度，防止越出停车标。

10）值乘司机遇身体不适，应及时转告派班员或司机长，请求协助，避免影响正线服务。

3. 站台作业（开关车门）

1）ATO 模式下，列车进站自动对标停车后，列车显示屏出现相应侧车门释放信息，车

门自动打开，无特殊情况下（列车无故障或无接听行调电话）乘务员须在 7s 以内于驾驶室侧门旁立岗，监视站台乘客上下车情况。

2）SM、RM、URM 模式及折返对标停车后，列车显示屏无相应侧车门释放信息，需人工开时，必须严格执行"确认、呼唤、跨半步、开门"四步作业程序，即先确认停靠站台和需要打开相应的车门，执行车门呼唤制度，再跨出站台一脚（另一脚在驾驶室），按压一次"强行开门"按钮，最后打开相应侧站台车门，谨防错开门。

3）关门前观察 DTI 倒计时显示，对照运营时刻表发车时刻，提前约 10s 侧转身体，按压"关"按钮，回转身体，立正面向列车尾部瞭望，待车门全部关好，所有车门黄色指示灯和运行状态黄色灯灭，确认安全后（原则上不得使用重开门按钮来防止夹人），进入驾驶室，在起动列车之前通过侧望监视镜确认车门无夹人夹物后，按照规定程序起动列车。

4）大客流情况下，司机注意气压表显示状态，超过 0.28MPa 以上时，关门作业加强"重开门"按钮的运用（防止夹人夹物），同时报告行车调度员。

5）车门发生故障后，原则上运行方向前三节车组由司机负责处理，后三节车组由站台岗负责处理。

① 当后三节车组车门发生故障，经司机重开门简单尝试，未能恢复需切除该故障车门时，司机面向列车尾部高举手臂轻拍车体，示意站台岗进行车门切除程序。

② 司机确认该故障车门黄色指示灯及该车组运行状态灯黄色灯灭、车门控制盘"关"按钮绿灯亮和驾驶室设备柜无继电器响声，车门切除成功，进入驾驶室按照规定起动列车。

4. 终点站折返

1）到达列车进入终点站接近停车标处，显示屏出现折返图标，AR 黄灯亮，列车停稳，左、右侧车门相继打开。

2）到达司机按压"AR"按钮，显示屏上的折返图标由蓝色变为黄色背景，"AR"黄灯灭，关闭主控钥匙，锁好驾驶室侧门，折返上行端驾驶室。

3）终点站有折返司机时，与之对口交接列车运行状态及行车安全事项等，完毕后在换乘亭等候转为下一趟折返司机；无折返司机时，本务司机应抓紧时间激活上行端驾驶室，确认列车状态良好。

4）到达列车停稳后，折返司机进入上行端驾驶室，确认"AR"折返按钮黄灯闪烁，"RM"指示红色灯亮（表示折返成功）。闭合主控钥匙确认显示屏显示正确，注册无线电，改变车次号，按规定在驾驶室侧立岗。

5）URM 模式下折返时，如无折返司机，本务司机应先开左边门下客（右边门不开），清客完毕关左门，折返上行端驾驶室激活操纵台开左门上客。如有折返司机，应待列车停稳后进入上行端驾驶室，与本务司机交接后，激活操纵台开左门上客（如需切除 ATP 应在激活操纵台前完成）。

5. 列车进入车辆段

1）运营列车结束服务到达终点站后，使用标准用语告知乘客，确认全部乘客下车后，按站务人员给的关门信号关门。

2）完成驾驶室折返，步行至另一端驾驶室。

3）确认进路防护信号开放正确后，以 ATO 模式或 RM 模式（该模式可自行转换）驾驶列车至转换轨一度停车。

4）确认入段信号黄灯好后驾驶列车进入车辆段，信号员与司机联系告知该列车停放股道，司机需原文复诵。

5）库门前一度停车标或平交道口前一度停车。

6）列车停稳后，清洁驾驶室卫生，检查灭火器、列车备品，确认是否齐全良好，与公里数一齐填写在《列车状态卡》上。

7）列车停在规定的位置后，方向手柄回零，分主断，施加停制动，分空调，分照明，空压机停止工作后，鸣笛降弓，关蓄电池，下车锁好驾驶室侧门。

二、全自动驾驶系统 FAO

全自动无人驾驶系统（Fully Automatic Operation，FAO），实现列车的自动唤醒、自动起动、自动运行、车闸定点停车、全自动驾驶自动折返、自动出入车辆段、自动休眠等功能，并对列车上的乘客状态、车厢状态、设备状态进行监视和检测，对列车各系统进行自动诊断，将列车设备状态及故障报警信息传送至控制中心。

基于 CBTC 的全自动无人驾驶系统（FAO）主要包括以下几部分：

1）信号控制部分。

2）通信控制部分。

3）车辆部分。

4）运营组织部分。

【课后习题】

一、填空

1. 城市轨道交通也将正线区间划分为若干闭塞分区，不设置（　　　　　　），以（　　　　　　）作为主体信号。

2. 移动闭塞的主要特点是利用通信技术实现（　　　　　　），并实时地传递（　　　　）信息，使列车之间保持最小（　　　　　　）进行追踪运行。

3. （　　　　　　）是列车由指定的行驶方向进入或通过轨道区段的行车许可，基于联锁的进路保护信息由 CBTC 系统产生、监督并强制执行，用于（　　　　　　）。

4. ZC 是 ATP 子系统的（　　　　　　），是车地信息处理的枢纽，采用（　　　　）结构的安全计算机平台。

5. 应答器是一种利用电磁原理，在特定地点以报文形式实现（　　　　　）间高速数据传输的设备，分为（　　　　　　　）两种。

6. 每个车站的每侧站台上都装有两个紧急停车按钮，第三个安装于（　　　　　　）。

7. ATO 的主要功能是进行列车定位和速度控制，以实现（　　　　　　）、（　　　　）及（　　　　）。

8. 根据 ATS 的运行图，（　　　　　　）会按照站停程序控制列车在每个车站站台停靠，并且只有在（　　　　）才能提供自动停车。

9. ATP 设备应确保列车的安全运行，实现（　　　　　　）、（　　　　）和（　　　）等功能。

10. 车载 ATP 通过（　　　　　　　　　　　　　　　）来测量列车速度和运行距离，并通过（　　　　　　　　）对列车的走行距离进行累计，实现列车的（　　　　　　　　）。

二、判断

1. 正线一个或多个联锁区联锁设备故障时，采用移动闭塞法组织行车。（　　　）

2. 列车发车指示器上，提前发车显示为"000"。（　　　）

3. 列车自动防护系统是自动实现列车运行间隔、超速防护、进路安全和车门等监控技术的总称，是 ATC 的子系统，结合了列车检测、运行间隔、联锁等信息，属于故障—安全系统。（　　　）

4. 有源应答器没有外接电源供电，平时处于静止休眠状态；当列车经过无源应答器上方时，地面应答器接收到车载天线传递的载频能量，获得电能量使地面应答器中的信号发生器工作。（　　　）

5. 驾驶模式选择开关处于"ATP 模式"位置，车载信号设备自动控制列车运行的加速、巡航、惰行、制动、精确停车、开关车门/屏蔽门以及折返等功能，不需司机操作。（　　　）

6. ATO 模式时，车载信号设备对列车门的控制方式包括：自动开/自动关、自动开/人工关、人工开/人工关，且手动开关门的操作优先于自动开关门。（　　　）

7. 司机根据调度命令和地面信号的显示，人工驾驶列车运行到折返线并停车，再驾驶列车进入发车股道并定点停车，司机按压开门按钮打开车门和站台屏蔽门。这属于限制人工折返模式。（　　　）

8. 列车自动驾驶系统是非故障—安全系统，主要完成的是安全功能，故采用冗余设计。（　　　）

9. ATO 设备应在 ATP 设备的防护下实现列车自动驾驶功能，ATO 设备故障应不影响 ATP 防护下的人工驾驶列车运行。（　　　）

10. 列车停车后，ATO 会保持制动，避免列车运动。（　　　）

三、简答

1. 闭塞设备的作用是什么？

2. 举例说明哪些情况需使用电话闭塞。

3. 比较固定闭塞、准移动闭塞、移动闭塞的不同之处。

4. CBTC 由哪些子系统组成？

5. ZC 的功能有哪些？

6. 应答器的功能有哪些？

7. 正线列车有哪几种驾驶模式？

8. ATP 子系统的主要功能有哪些？

9. ATO 子系统的主要功能有哪些？

10. 简要说明正线列控系统中，车地之间传输哪些列控信息。

06

单元6 调度指挥系统

【学习导入】

城市轨道交通由行车调度员负责指挥正线列车运行，在行车组织方面必须坚持"高度集中、统一指挥"的原则。ATS 子系统是城市轨道交通调度指挥的专用网络，实现了控制中心（OCC）和设备集中站对信号系统的两级控制。ATS 系统对于实现正线自动触发进路、列车按图行车具有重要作用。

【学习目标】

1. 掌握 ATS 系统的主要技术要求。
2. 了解 ATS 系统结构。
3. 了解中心 ATS、车站 ATS 系统的设备组成。
4. 能看懂典型城轨公司关于 ATS 系统的技术文件。
5. 掌握 ATS 与计算机联锁之间传输的信息。
6. 掌握 ATS 与车载系统之间传输的信息。
7. 了解 ATS 系统的基本功能。
8. 掌握 ATS 终端的显示含义。
9. 了解 ATS 的基本操作。
10. 了解城轨信号设备检修、施工的作业要求。

【基本知识】

课题1　列车自动监控（ATS）系统结构

一、系统概述

列车自动监控系统是城市轨道交通信号系统的一个重要组成部分，利用可靠的网络结构，与列车自动防护系统和列车自动驾驶系统一起完成对全线列车运营的管理和监控功能。列车自动监控系统的功能包括监督和控制两部分。

列车自动监控系统的监督功能则是将列车运营的状态和信息，通过控制中心或各车站的调度终端实时显示出来，控制中心或各车站的调度员可以通过调度终端屏幕，实时了解和掌握列车的实际运行情况，以便及时对行车作业进行分析和调整，保证全线运营安全高效有序进行。列车自动监控系统可以显示全线列车的动态运行情况，在线路上出现故障或紧急情况时，可以通过列车自动监控系统对事故进行全面指挥和处理，调配资源，及时排除故障，恢复正常运营作业，提高工作效率。

列车自动监控系统的控制功能，是由列车自动监控系统向列车自动防护系统和列车自动驾驶系统，发出指令办理列车进路，控制列车按照列车运行图运行。列车自动监控系统可以绘制列车实际运行图，并动态地对偏离运行图的列车进行调整。

列车自动监控系统为非故障—安全系统，列车安全运行由列车自动防护系统来保证。

二、典型技术要求

1）ATS 系统应能实时显示全线轨道线路布置图、列车位置信息、列车车次号信息及信号系统主要轨旁设备（如道岔、信号机、轨道电路、计轴等）的状态。

2）ATS 系统应使用图形化方式显示 ATS 系统设备的工作状态及与其他系统的连接状态，绿色表示正常，灰色表示故障，黄色表示备机或降级使用。

3）ATS 系统控制等级应划分为控制中心控制、车站 ATS 控制和车站联锁控制，并显示各车站的控制模式及控制中心当前列车调整模式等系统运行状态。

4）ATS 系统应以图形化方式显示运行图，对基本运行图具备创建、修改及删除等编辑功能。

5）ATS 系统在自动控制模式下，应能根据列车计划信息、列车位置、进路表和与其他列车交汇冲突信息等自动办理相应进路，指挥在线列车运行。

6）ATS 系统应在信号系统监视范围内自动跟踪列车的位置信息，列车跟踪模式包括通信列车跟踪和非通信列车跟踪。

7）ATS 系统应提供对计划列车服务号、车次号、目的地号的设置、修改和删除等编辑功能，实现对计划列车的管理。

8）ATS 系统报警/事件的种类宜分为信号状态、操作命令、列车信息及系统事件四种类别，并由维护人员定义告警类别和等级。

9）ATS 系统应提供轨道交通线路运营状态、报警信息及人员操作记录的回放功能，以及用户培训功能。

10）全自动车辆段/停车场 ATS 系统应具备车库各股道可按时刻表或发车顺序自动进路触发功能。

> ● 想一想　　ATS 系统显示的设备状态具体应该包括哪些内容？

三、典型术语解释

1）中心控制：整条线路设备控制和运营调整权归中心控制室，通过 ATS 系统统一集中控制的运营方式。

2）车站控制：整条线路设备控制和运营调整权归各个集中站，由车站值班员通过 ATS 系统独立管理的运营方式。

3）非常站控：整条线路设备控制和运营调整权归各个集中站，由车站值班员通过联锁终端独立管理的运营方式。

4）设备集中站：正线上设置计算机联锁设备，能集中控制本联锁区内信号设备的车站。

5）非集中站：未设置计算机联锁设备的正线车站，仅能通过 ATS 现地工作站监督本站及相邻区域设备状态和列车运行。

6）自动通过进路：联锁系统设置的进路，列车通过后，进路不解锁，信号自动开放。

7）自动进路触发：ATS 根据运行任务自动进行进路的办理。

8）自动折返：联锁系统执行的一种自动进路办理功能，在折返站由联锁系统为进出折返线的列车自动排列预先定义的进路。通过 ATS 界面可以设置允许或禁止此项功能，对于具有多条折返进路的车站，可以设置不同自动折返模式进行区分。

四、系统组成

列车自动监控系统包括位于控制中心的 ATS 监控设备和位于车站的 ATS 监控设备，通过专门的数据传输系统，实现控制中心 ATS 设备与各车站 ATS 设备之间的通信和数据交换，如图 6-1 所示。

1. 控制中心 ATS 设备

列车自动监控系统在控制中心的设备，主要有网络设备、服务器、存储设备、显示设备、打印设备等，可以分为系统软件和系统硬件两部分。

控制中心 ATS 设备软件一般包括系统软件和应用软件两部分。软件部分应减少系统对设备制造商的依赖性，利于设备维护和升级，ATS 服务器应选用 UNIX、LINUX、Windows 等商用操作系统，ATS 工作站和显示终端应使用简体中文 Windows 操作系统。

控制中心 ATS 系统硬件主要包括以下几部分：

（1）调度工作站

调度工作站用于行车调度员完成调度和运营作业，是控制中心的重要设备。行车调度员

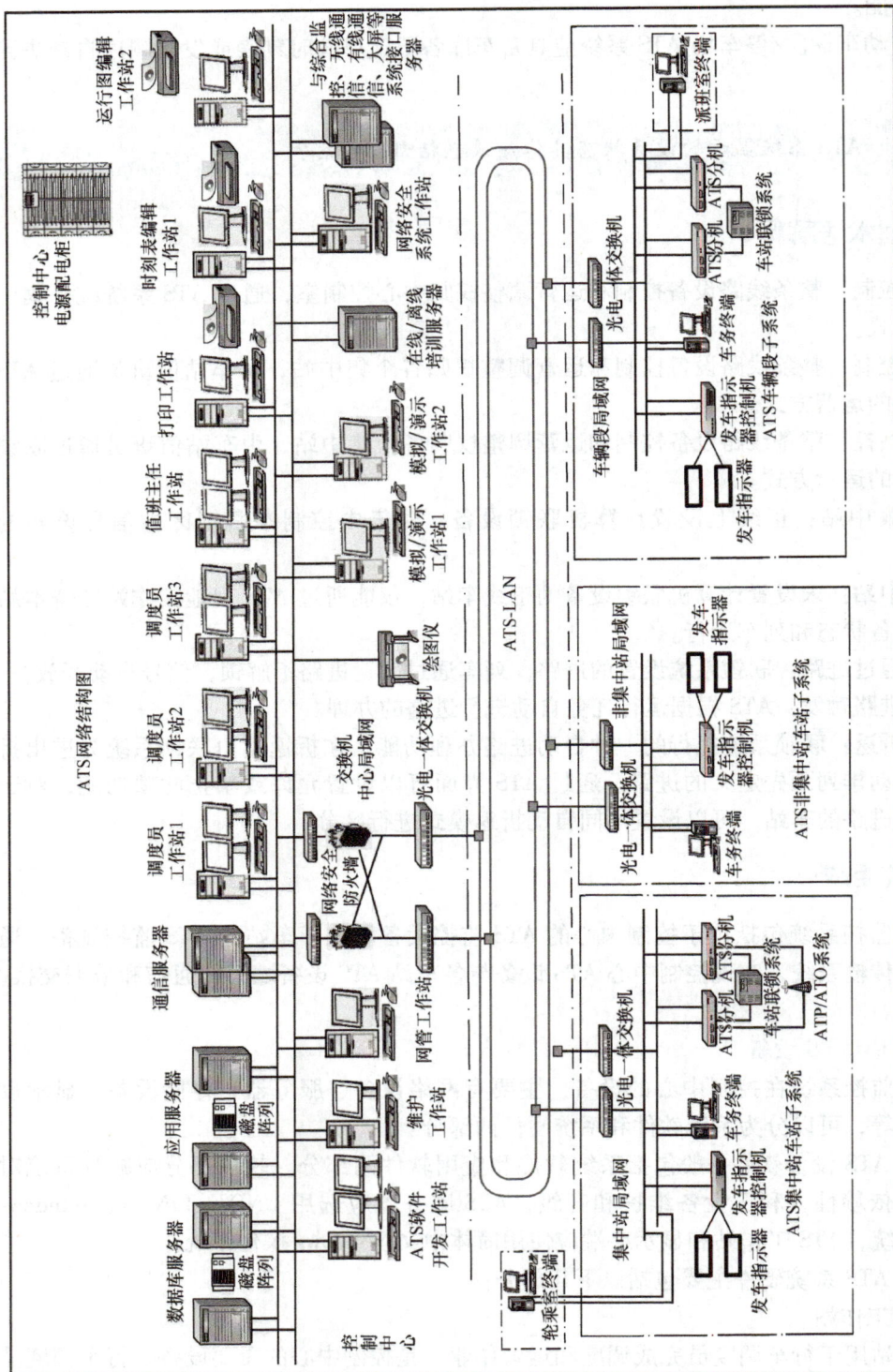

图6-1 ATS 结构举例

通过调度终端屏幕，实时了解和掌握列车的实际运行情况，可以在调度工作站上发出指令，用于直接指挥列车运行。

每套调度工作站包括主机、显示器、键盘、鼠标和网络接口等。调度工作站采用工作站级别的主机，数据处理能力强；采用高分辨率的显示器，以便清晰地观看屏幕上线路和运行列车的状态信息。

调度工作站根据运营需求，可以设置多个。调度主任和行车调度员分别在不同的调度工作台操作，调度台的硬件结构配置完全相同，但管理权限不同，因而软件配置不同。

（2）培训工作站

培训工作站，用于培训作业，其硬件结构和组成与调度工作站相同，但软件配置不同。

（3）维护工作站

维护工作站用于设备维护和检修人员对全线信号系统设备和列车进行监督，及时处理信号系统中所检测到的故障，以保证信号系统设备稳定可靠运行。

维护工作站的硬件结构和组成与调度工作站相同，但维护工作站上不允许对列车进行控制，主要发挥维护工作站的监督和故障诊断作用。

（4）列车运行计划工作站

列车运行计划工作站用于编辑某天或某一时段内所有运营列车的运营计划。列车运行计划编辑完成后，列车自动监控系统将控制列车按照所确定的运行计划运行。

列车运行计划工作站的硬件结构和组成与调度工作站相同。

（5）系统服务器

系统服务器是列车自动监控系统的核心设备，由主机、显示器、键盘、鼠标、网络接口等组成，系统服务器装有系统软件和应用软件，主要完成列车追踪、自动调度、自动进路、自动列车调整和控制请求确认等功能。

系统服务器通过数据传输系统与网络上的其他设备实现数据交换。

（6）数据库服务器

数据库服务器用来持续存储接收到的事件、ATS 用户控制请求、ATS 自动控制请求、报警，并为用户生成包含所有这些数据的报告。

（7）通信服务器

提供与其他 CBTC 子系统和外部系统间的接口和协议转换。这些外部系统接口包括时钟、通信传输系统、车站通信系统、综合监控系统。

用于数据传输和交换的网络通信设备，如通道、网关等，一般为冗余的双网结构以提高系统的可靠性和可用性，保证数据在不同的设备间可靠传递。

（8）电源设备

控制中心的电源设备为以上工作站、服务器等设备提供可靠的不间断电源，保证控制中心列车自动监控系统可靠运行，不丢失数据。

2. 车站 ATS 设备

车站 ATS 设备包括由工作站、打印机、网络接口和 UPS 不间断电源等设备，其中车站 ATS 工作站，用于车站值班员完成对本站所管辖范围的列车运行状态监督、进路排列、道岔控制、信号开放等作业，是车站的重要设备。车站 ATS 工作站一般由主机、显示器、键盘、鼠标设备组成，车站值班员通过车站 ATS 工作站终端屏幕，实时了解和掌握本站所辖范围内列车的实际运行情况，在本站取得对车站控制权的情况下，车站值班员可以在工作站上发出指令，直接指挥列车在本站管辖范围内安全运行。

3. 车辆段/停车场 ATS 设备

（1）派班工作站

车辆段/停车场派班工作站，用于列车正线运行以及返回车辆段/停车场所需的换班计划。

（2）车辆段/停车场工作站

车辆段/停车场行车值班员依据工作站上显示的 ATS 列车时刻表，通过联锁控制终端排列车辆段/停车场的出、入段进路。车辆段/停车场工作站也用来监视车辆段/停车场轨道占用情况、车辆段/停车场和正线之间的转换区情况，以及车辆段/停车场和转换区之间的进路。

此外，还有与车辆段/停车场计算机联锁的接口，以获取车辆段/停车场轨道占用情况、车辆段和转换轨之间，停车场和转换轨之间进路情况以及报警情况。

（3）ATS 试车线工作站

试车线工作站为单机工作站，配有 1 台显示器，试车线是 CBTC 系统在该区域的一个子系统。

（4）终端服务器

终端服务器提供通信网络与外部系统之间的串口连接。终端服务器为通信服务器和外部系统的数据信息提供通道。

4. 系统组成举例

以北京地铁 15 号线为例，中央 ATS 设备设在小营控制中心，能实现对正线全线的监控以及对车辆段/停车场的监督。

在车辆段还设置有备用控制中心，当小营控制中心的 ATS 设备故障时，能人工切换到备用控制中心，实现对北京地铁 15 号线的监控功能。

每个设备集中站都装备有一套车站 ATS，通过冗余 ATS 网络与中央 ATS 设备相连。当中央 ATS 发生故障时，每个设备集中站的车站 ATS 仍可以通过联锁监控线路运营，实现 ATS-CI 的自动控制功能，或通过现地操作工作站执行本地操作功能。在轮乘室还配置有 ATS 显示终端，信号工区的 ATS 终端与 MSS 维护终端共用，在终端折返站，配置有运行图显示工作站。

在车辆段和停车场各装备了一套车站 ATS 和一套 ATS 终端设备，用以监督进出车辆段的人工驾驶列车的运行情况，管理车辆段的车辆派班。

五、与其他系统接口

1. ATS→CI

1）道岔位置控制：请求定位操作与请求反位操作。

2）道岔单锁控制：设置道岔单锁与解除道岔单锁。

3）道岔封锁控制：设置道岔封锁与解除道岔封锁。

4）进路控制：建立进路与取消进路。

5）自动通过进路控制：设置自动通过进路与取消自动通过进路。

6）信号控制：信号重开请求。

7）信号封锁控制：设置信号机封锁与解除信号机封锁。

8）信号引导控制：设置引导状态与取消引导状态。

9）区段故障解锁：故障情况下子进路人工解锁。

10）自动折返控制：设置与取消各种自动折返控制。

11）站台扣车控制：设置站台扣车与取消站台扣车。

2.　CI→ATS

1）道岔位置信息：道岔的定位、反位状态以及失去表示等信息。

2）道岔单锁信息：道岔的单锁状态信息。

3）道岔封锁信息：道岔的封锁状态信息。

4）自动通过进路信息：进路的自动通过模式状态信息。

5）信号状态信息：红灯状态、绿灯状态、黄灯状态等信息。

6）信号封锁信息：信号机的封锁状态信息。

7）信号引导信息：信号机的引导状态信息。

8）灯丝状态信息：信号机的灯丝断丝状态信息。

9）区段状态信息：区段的占用、空闲、锁闭状态信息。

10）自动折返信息：联锁自动折返控制状态信息。

11）站台扣车状态信息：站台上设置的扣车状态信息。

12）保护区段状态信息：CI 子系统建立的保护区段状态信息。

13）报警信息：CI 子系统在信息采集或逻辑运算时产生的各种报警信息。

3.　地面 ATP→ATS

1）时间同步信息。

2）首次上电临时限速确认信息：地面 ATP 首次上电时向 ATS 汇报地面 ATP 上电并上传存储或初始设置的临时限速，请 ATS 确认的申请信息。

3）临时限速一次设置/取消信息：ATS 采用"二次确认"方式设置/取消临时限速信息时，地面 ATP 对第一次命令的确认。

4）临时限速二次设置/取消信息：ATS 采用"二次确认"方式设置/取消临时限速信息时，地面 ATP 对第二次命令的确认。

5）全线临时限速状态信息：全部线路上已经设置的临时限速信息，含限速区段和限速值。

4.　ATS→地面 ATP

1）时间同步信息。

2）首次上电临时限速确认信息：ATS 在接收到地面 ATP 的上电限速确认申请时，确认地面 ATP 的临时限速信息。

3）临时限速一次设置/取消信息：ATS 采用"二次确认"方式设置/取消临时限速信息时的第一次命令下达。

4）临时限速二次设置/取消信息：ATS 采用"二次确认"方式设置/取消临时限速信息时的第二次命令下达。

5. ATS→车载 ATP/ATO

1）列车运营识别信息：对不同行驶方向、不同车种、不同运行时刻的列车编订的标识码，含车次号和表号等信息。

2）目的地：本次列车运行所要到达的终点站。

3）下一站：列车本次运行所要到达的前方站台。

4）运营调整命令：ATS 或人工根据列车实际运营与计划的偏差情况，对在线运营的列车所做的调整策略，包括扣车、跳停、调整站停时间、调整列车在区间运行时间（区间运行等级）等方式。

6. 车载 ATP/ATO→ATS

1）列车实时位置信息。

2）列车运行速度和方向：列车测量的实际速度值和系统定义的上/下行方向。

3）列车控制级别和驾驶模式：车载 ATP/ATO 当前的控制级别和驾驶模式信息。

4）车门状态：车载 ATP/ATO 采集到的列车车门的实际状态，反映列车车门是否处于关闭且锁闭状态。

5）停稳信息：列车在规定区域停车，满足零速条件的信息。

6）列车报警信息：列车在运行过程中所产生的各种异常报警信息，包括设备运行状态告警、列车紧急制动告警等内容。

7）其他信息。

7. ATS 与其他外部系统的接口信息

根据设计需求，ATS 与其他系统的接口还可包括以下信息：

1）与无线系统/广播系统进行接口，向无线系统/广播系统提供数据信息，以便控制中心调度员、车站值班员使用车次号呼叫列车。

2）与综合监控系统进行接口，提供全线列车运行表示信息及运营时刻表信息。

3）与乘客信息系统进行接口，提供最近三趟列车运行信息：距下趟列车到达本站的时间、下趟列车的目的地、首末班车、编组信息和快慢车等信息。

4）与大表示屏系统进行接口，提供全线列车运行表示信息。

5）ATS 系统时钟作为整个信号系统的时钟源，与时钟系统进行接口，实现时钟同步。

6）与 FAS 火灾告警系统接口，获得火灾告警信息并显示。

7）与其他相连线路的信号系统进行接口，提供相连区域信号状态显示功能或互传首末班车信息功能。

8）与路网指挥中心接口，提供全线列车运行表示信息和计划管理信息。

课题2　ATS 系统功能与操作

一、系统功能

列车自动监控系统监控全线列车运行，它具有以下主要功能：集中监视和跟踪全线列车运行情况；自动记录列车运行过程；自动生成、显示、修改和优化列车运行图；自动排列进路；自动调整列车运行追踪间隔；信号系统设备状态报警；记录调度员操作；运营计划管理和统计处理；列车运行情况模拟及培训；与其他系统接口等。

1. 列车监视和跟踪功能

列车自动监控对在线所有运行列车进行实时监视和跟踪。列车监视和追踪功能包括：

1）系统自动识别、读取列车车次号。

2）列车运行计划时刻表自动产生车次号。

3）人工输入车次号。

4）列车运行的识别。

5）列车运行的跟踪。

6）在调度员台、维护台及大屏幕上显示列车位置。

7）记录车次号。

8）删除车次号。

9）变更车次号。

10）报告列车信息。

其中关于车次号的输入、跟踪、记录和删除功能，说明如下：

① 车次号概念。

每列车进入轨道开始运营前，都会被赋予一个号码，称为列车车次号。每列运营的列车都对应有一个唯一的列车车次号，有的公司称为 ID 号。

列车车次号一般由两部分信息组成：列车车组编号和列车目的地编号。

列车车组编号反映列车出厂时，标在列车车体上的编号信息；如车体上标有的 101 号，表示第 101 号车，这个信息在列车出厂后，固定不变。

列车运营都有一个起点和终点，终点就是列车运行的目的地点，把运营所有目的地点编号，用数字代码对应，这些编号就是列车运行的目的地编号。根据列车运营计划，给运营列车赋予一个目的地点编号，这个信息根据列车运营计划是可变的。

② 车次号输入和修改。

当列车由车辆段或其他地点进入正线开始运行时，列车自动监控系统将根据列车运营计划时刻表由列车自动监控系统赋予运营列车一个列车车次号。

列车司机也可以人工输入列车车次号，修改和确认列车车次号号码。在控制中心大屏幕及调度员的工作站终端显示屏上，列车车次号随着列车运行位置不断变化，跟随列车显示。

当列车自动监控系统监测到运营列车丢失车次号，或车次号发生错误时，需要由列车司机人工办理输入、修改或删除车次号作业。

列车自动监控系统删除某列车的车次号，意味着将该列车的车次号从列车自动监控系统的车次号记录表中清除。车次号可以被系统自动删除，也可以人工删除。

③ 列车运行识别。

列车在线路上运行，信号系统通常将线路划分为各轨道区段（或逻辑区段），系统监测到轨道区段的状态由"空闲"变为"占用"时，这时可以监测到列车在运行。列车自动监控系统根据列车车次号的目的地信息，为列车排列进路。

④ 集中显示。

控制中心的调度终端显示屏上，或专门设置的大屏幕上，可以直观地显示全线信号设备的布置和工作情况，以及列车运行状况，如列车所处位置及车次号、信号机显示状态、道岔位置、轨道电路状态、进路办理和开通状态，车站控制级别（本站控制或中央控制）、行车闭塞方式、车站扣车作业、信号设备状态报警等信息，以及根据调度员的需要显示车辆段内列车运用状况及各种报告等。

2. 列车自动排列进路功能

列车自动监控系统的列车自动排列进路功能，能够对轨道区段、信号机、道岔实现集中控制，根据列车的运行情况，在适当时机向车站联锁设备发送排列进路命令，转换道岔，开放信号，保证列车的安全运行。列车自动排列进路功能，通过捕获列车的车次号信息，来获取列车的运行任务，由车站设备最终完成进路自动排列作业。

列车自动排列进路功能，取代人工办理进路作业，有效地降低控制中心中调度员和车站值班员的工作强度，消除人工办理进路过程中出现的失误和错误，提高系统的运营效率，保证运营作业安全高效地进行。

控制中心调度员或车站值班员，在遵照管理程序和规章制度的前提下，可以进行人工干预，包括人工建立及取消正线各种进路等。调度员和值班员的人工控制命令，在被系统执行前，列车自动监控系统会检查其合理性，并给出相应提示。

3. 列车追踪间隔调整功能

（1）列车追踪间隔调整功能分类

列车自动监控系统对前后列车之间的运行间隔，进行实时监测和调整，保证列车在线路上安全、有序、高效地运行。列车追踪调整包括间隔调整和列车时刻表调整两种方式。

间隔调整方式要求列车调整功能自动控制列车运行，均衡列车到达每个车站站台的间隔。在间隔调整模式下，列车一般在线路上循环连续运行。

在时刻表调整方式下，列车自动监控系统在控制中心监控正线运行的所有列车，并对列车的运行进行调整。当按照预定的列车运行计划时刻表（运行图）确认列车的运行偏离计划要求时，系统会向调度员发出报警。系统能够根据计划时刻表的要求改变列车目的地号和跟踪车次号。

列车追踪调整功能负责自动排列进路，开放信号，调整列车运行等级，控制列车的停站时间。

（2）列车间隔调整功能的实现方式

列车间隔调整功能通过两种方式调整列车的运行，以最小化列车偏离计划时刻表运行的趋势。

1）修改列车运行等级。

根据线路的使用情况，可以将列车运行分为不同的运行等级。不同的情况下，列车运行在不同的速度范围内。例如在正常情况下，列车可以运行至线路允许最高速度，这时列车运行等级最高；而在轨道湿滑的不稳定条件下，列车运营最高速度应适当降低，这时列车运行等级较低。根据运营的实际需要，列车运行等级不同。运行等级越低，对应的列车允许运行的速度值越低。

若列车运行情况比列车计划时刻表晚，系统可以提高列车运行等级；若列车运行情况比列车计划时刻表早，系统可以适当降低列车运行等级；通过这样调整运行等级，使实际的列车运行图与计划的列车时间表尽量接近，减小偏差，保证运营作业按计划实施。

2）通过自动调整车站停站时间。

列车运行间隔，还可以通过调整列车在车站的停车时间来实现。根据列车运营计划，以及前后列车的相对位置，通过适当调整列车在车站的停车时间，来逐步调整列车间隔，实现列车间隔调整。

（3）人工干预列车间隔调整

控制中心调度员可以通过人机界面，修改车站最大、最小停站时间，或为站台设定停车时间，来改变列车调整功能对站台停车时间的控制。

有些情况下，列车调整功能将受到影响，例如：

1）列车在到达下一停车站发生故障抛锚。

2）调度员对前方列车或下一停站列车实施了扣车命令。

3）列车间隔调整功能延长了停在下一站的列车的停站时间。

4）在下一停站作业或之前对列车实施了紧急停车。

5）下一停站的车站出现紧急情况，站台上的紧急停车按钮被按下等。

4. 列车运行模拟仿真功能

列车自动监控系统提供模拟仿真功能，用于培训操作员和维护人员。模拟仿真是通过仿真手段，离线模拟列车的在线运行，主要用于系统的调试、演示以及人员培训。模拟仿真功能与在线控制模式功能相同，主要的差别在于列车的信息不是实际获取，而是根据列车车次号位置来模拟实际列车。仿真模拟运行能够模拟在线控制中的系统功能，但它与实际的现场设备之间没有任何信号设备表示信息和控制命令的信息交换。

根据列车自动监控系统仿真系统要求，它一般具有如下功能：

1）列车时刻表管理仿真功能。

2）列车速度仿真功能。

3）信号机逻辑功能模拟。

4）轨道电路、道岔逻辑功能模拟。

5）列车自动防护功能模拟。

6）数据库维护模拟。

7）调度操作和故障仿真功能。

5. 列车运行重放功能

列车在实际运行时，列车自动监控系统的数据库服务器会储存列车运行的各种信息，调度员发布的调度命令以及线路信号设备的实际工作状态信息等。

列车运行重放功能允许用户查看一段时间内的列车运行数据，再现过去某一时间段内线路上的信号设备状况、列车运行情况以及调度员操作等信息。

执行重放功能时需要确定存档文件的位置，存档文件按照一定程序载入系统中后，系统处理这些数据文件，启动并执行重放功能。

列车运行重放功能在事故和故障原因的分析中起到重要作用，还可以用来分析评估列车运营计划，优化运营管理程序，提高调度作业效率。

6. 事件记录、报告和报表生成、打印功能

列车自动监控系统能够记录大量与运行有关的数据，如列车运行里程数、实际列车运行图、列车运行与计划时间的偏差、重大运行事件、操作命令及其执行结果、信号设备的状态信息、设备的故障信息等。

列车自动监控系统可提供多种报告，帮助控制中心调度员了解列车运行情况和系统工作情况。系统可根据用户的要求提供各种统计功能，生成各种统计报表，如日报表、周报表、月报表等。调度员可调用列车运用计划，对它进行修改，发布新的运行计划。列车自动监控系统备份记录所有事件，以防止损坏后无法恢复。这些数据可以通过服务器进行访问、编辑，在需要时可以进行检索、打印。具体记录内容包括以下几个方面：

1）列车运行数据。

2）列车运行间隔调整情况。

3）实际列车运行图。

4）计划列车运行偏差。

5）ATS 系统报告的重大事件。

6）调度员操作命令。

7）ATS 操作的开始和结束时间。

8）设备故障信息。

9）日期和时间信息。

10）列车情况报告等。

7. 报警功能

列车自动监控系统能及时记录被监测对象的状态，有以下报警功能：

1）有预警、诊断和故障定位能力。

2）监测列车防护系统是否正常工作。

3）监测信号设备和其他系统设备的接口状态。

4）在线监测与报警能力。

5）监测过程不影响被监测设备的正常工作。

在列车自动监控系统相应工作站的显示终端上有报警窗口，显示所出现的故障信息，严重的故障还用音响报警提示，以提醒调度员及维护人员及时处理，直到恢复正常状态为止。

列车自动监控系统的报警内容包括：

1）线路上的信号设备故障。

2）轨道电路故障。

3）车站控制故障。

4）列车车载系统故障。

5）车辆故障。

6）列车自动监控系统设备故障。

7）接口故障等。

所出现的报警信息按照类别、优先权、时间等顺序显示在报警窗口的相应栏目中。不同的报警同时发生时，优先级最高的报警将首先显示。调度员必须对系统发出的严重报警信息

进行处理和响应，其过程将被系统记录。

8. 接口功能

列车自动监控系统除了以上所述的基本功能外，还可以与其他控制系统进行数据交换，这些系统包括：

1）主时钟系统。

2）车站旅客导向系统。

3）车站广播系统。

4）无线列车调度系统。

5）综合数据处理系统。

列车自动监控系统与这些系统之间的接口，遵循一定的通信协议和格式，具体接口情况因不同的设备而定。

二、典型显示与操作

ATS 系统是城市轨道交通调度指挥的重要设备，除实现对于信号、道岔、进路等设备的监控外，更多功能体现在对列车运行的指挥和调整方面。下面以某公司的调度中心 ATS 为例进行说明。

1. 控制状态

ATS 系统的控制模式有中控和站控两种控制模式，如图 6-2 所示。

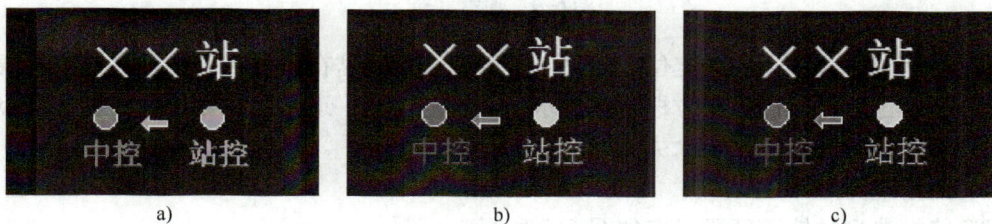

图 6-2　控制状态

中控模式如图 6-2a 所示，中控表示灯亮绿灯；站控模式如图 6-2b、c 所示，站控表示灯亮黄灯，图 6-2b 中亮绿色箭头，表示此时允许转为中控，图 6-2c 中显示灰色箭头，表示不能转为中控。

2. 信号机状态

ATS 终端典型的信号机状态如图 6-3 所示。

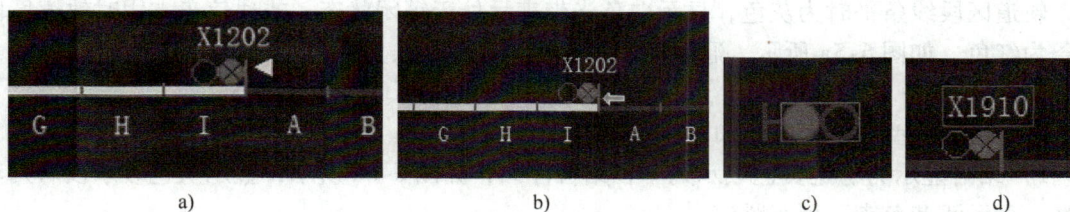

图 6-3　信号机状态

1）信号机上画"×"，表示信号机被设置为灭灯状态。

2）信号机旁边显示黄色三角，如图 6-3a 所示，表示该信号机为始端的进路中至少一条设置为禁止 ATS 自动触发；不显示黄色三角形，表示该信号机为始端的所有进路均设置为允许 ATS 自动触发。

3）信号机旁边显示绿色箭头，如图 6-3b 所示，表示该信号机为始端的进路被 CI 设置了自动进路模式；绿色箭头闪烁表示自动进路正在选路过程中。信号机旁显示黄色箭头表示 CI 设置了该信号机为始端的进路自动触发模式；绿色箭头闪烁表示自动触发进路正在选路过程中。

4）信号机被红色方框包围，如图 6-3c 所示，表示功能封锁状态。

5）信号机名称被红色方框包围，如图 6-3d 所示，表示信号封锁状态。

3. 道岔状态

ATS 终端典型的道岔状态如图 6-4 所示。

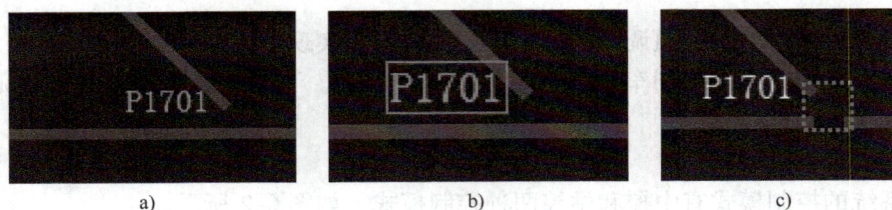

图 6-4　道岔状态

道岔名为绿色表示道岔在定位，道岔名为黄色表示道岔在反位，道岔名称为红色表示处于单锁状态，道岔名称被红色方框包围表示处于单封状态，道岔名称显示为白色且岔心被红色虚线边框包围并闪烁表示道岔失去表示。

4. 轨道区段状态

ATS 终端典型的轨道区段状态如图 6-5 所示。

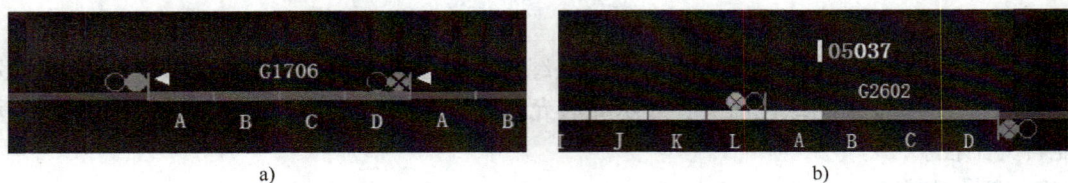

图 6-5　轨道区段状态

轨道区段线条平时为灰色，显示白色光带表示处于锁闭状态。非通信车占用时轨道区段线条为红色，如图 6-5a 所示，通信车占用时轨道区段线条为粉色，如图 6-5b 所示。

5. 站台状态

ATS 终端典型的站台状态如图 6-6 所示。

1）站台显示为稳定黄色表示列车在站台停站，如图 6-6a 所示，显示灰色表示没有列车停站，显示浅蓝色表示列车跳停。

2）站台旁的 H 字符表示站台的 ATS 扣车命令设置，如图 6-6b 所示：黄色表示车站设

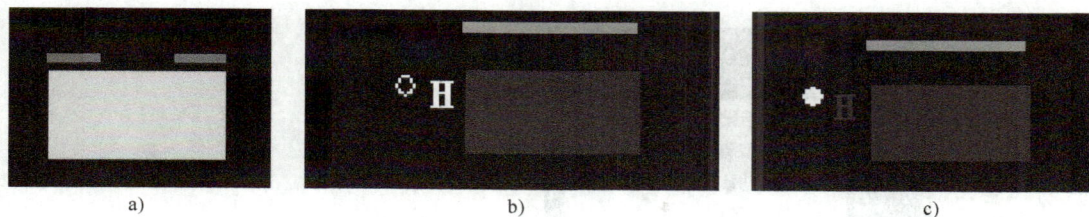

图 6-6　站台状态

置站台扣车，白色表示中心设置站台扣车，红色表示车站和中心同时设置站台扣车，蓝色表示未知位置扣车（或非 ATS 扣车），隐藏表示站台没有被设置扣车。

3）站台旁的白色圆点表示站台的联锁 IBP 扣车命令设置，如图 6-6c 所示：空心圆点表示未设置 IBP 扣车，白色圆点表示设置 IBP 扣车，隐藏圆点表示车站未设置扣车。

4）站台旁的线段表示屏蔽门状态：绿色断开表示屏蔽门打开，绿色线段全部显示表示站台屏蔽门关闭，红色线段全部显示表示屏蔽门切除或故障关闭，红色线段断开表示屏蔽门切除或故障打开，蓝色表示屏蔽门状态未知。

6. 列车识别号

ATS 终端典型的列车识别号状态如图 6-7 所示。

1）识别号 AA：计划车为表号，头码车为目的地号，人工车为 MM，回段车为 HH。其中白色表示准点计划车，绿色表示早点，棕色表示晚点。

说明：头码车是赋予了运行目的地及车次的非计划车。人工车是由调度员手工添加并人工组织运行、只赋予车次的非计划车。

图 6-7　列车识别号

2）识别号 BBB：显示三位车次号或三位车组号，其中白色表示计划车，黄色表示头码车与人工车。

3）方向状态模式：箭头表示列车运行，矩形表示列车停稳。

绿色表示 AM 模式，黄色表示 SM 模式，橘黄色表示 RM 模式，棕色表示 NRM 模式，红色表示通信中断。

7. 进路相关操作

用鼠标右键单击进路始端信号机，显示如图 6-8a 所示菜单，可选择相关命令。例如选择"进路取消"命令，并在图 6-8b 所示窗口确定后，ATS 向 ATP 发出取消进路命令，完成进路取消。

8. 设置/取消限速

用鼠标右键单击进路始端信号机，显示图 6-9a 所示菜单，可选择相关命令。例如用鼠标右键单击轨道区段或道岔尖端，在弹出的菜单中选择"设置限速"，如图 6-9a 所示，弹出的确认对话框中会自动加载对应的车站名和区段名称，在其中选择需要设置的限速值，成功设置限速后，区段两边会被黄色线段包围，如图 6-9b 所示。选择"取消限速"选项，限速取消后轨道区段恢复正常状态下的显示。

9. 站台相关操作

用鼠标右键单击站台图标，弹出图 6-10 所示菜单，可选择相关命令。例如选择"设置

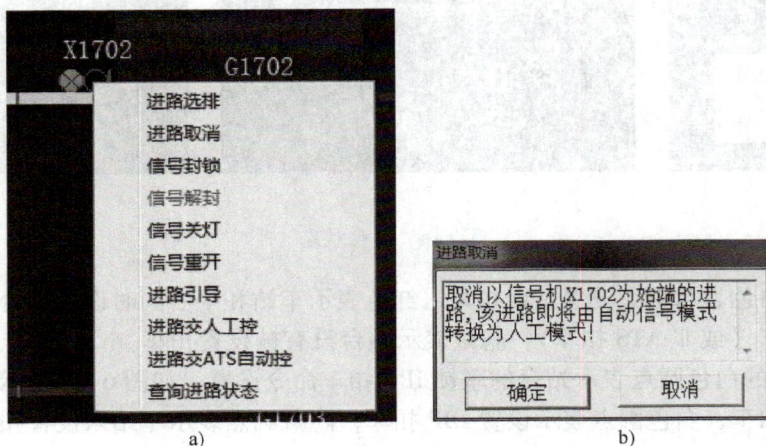

图6-8 进路相关操作菜单

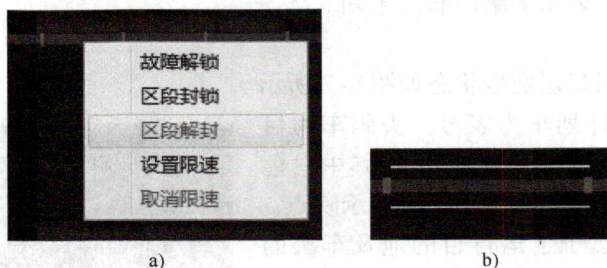

图6-9 设置限速操作

扣车"，命令设置成功后，显示黄色"H"。此时若办理了该方向的出站进路，出站信号机已开放，则关闭该出站信号机。扣车取消后，被关闭的出站信号机自动重复开放。若命令执行失败，系统发出报警提示。

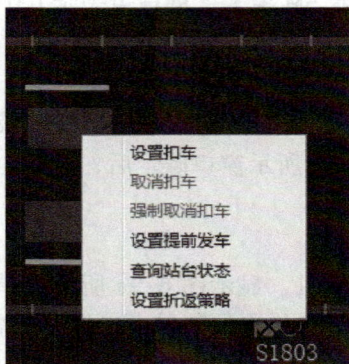

图6-10 站台相关操作

10. 运行图显示

调度中心 ATS 运行图如图6-11 所示。

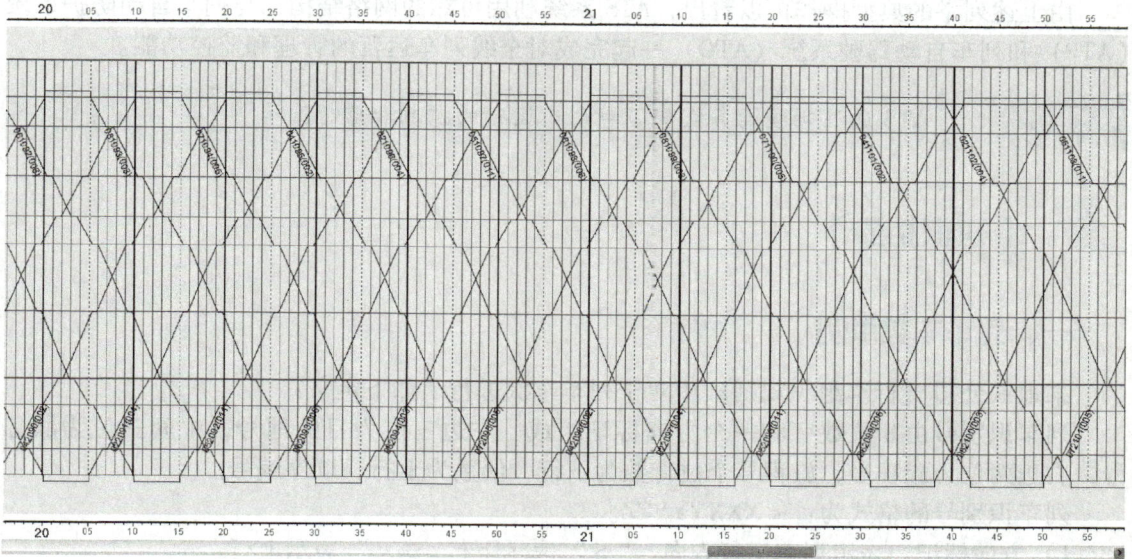

图 6-11　列车运行图

横线代表车站的中心线。设备集中站以灰色粗线条表示，其余车站则以灰色细线条表示。

竖线将横轴按一定的时间单位进行等分。分钟线以细线条表示，五分钟线以细虚线条表示，十分线和小时线以粗线条表示，其中在工作计划视图中有一条黄色的粗线条竖线，作为当前时间线。

斜线是列车运行的轨迹。列车运行线与车站中心线的交点就是列车在车站的到达、出发或通过时刻。在列车运行图中，下行列车的运行线由左上方向右下方倾斜，上行列车的运行线由左下方向右上方倾斜。

除运行线显示外，在调度中心 ATS 终端通过选择菜单中的命令，执行车次号显示、早晚点显示，进行列车定位以及针对当日计划相关的编辑计划、拷贝计划、删除计划、编辑任务、删除任务，如图 6-12 所示。

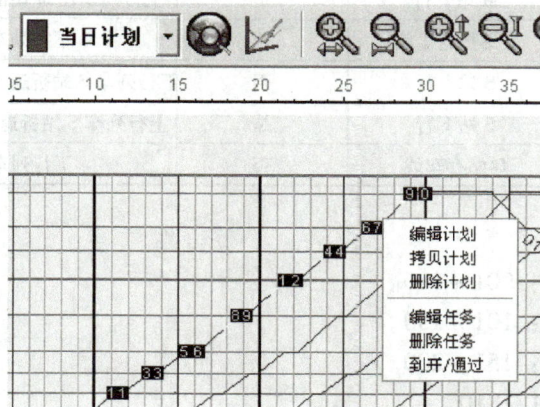

图 6-12　当日计划的操作

由上述列举的典型操作可以看出，ATS 系统利用可靠的网络结构，与列车自动防护系统（ATP）和列车自动驾驶系统（ATO）一起完成对全线列车运营的管理和监控功能。

想一想　ATS 通过哪些设备实现了对列车运行的控制和监督？

【知识拓展】

一、列车车次举例

某地铁公司《行车组织规则》中对于列车车次进行了如下定义：

列车识别号由 8 位数字和一个方向标记组成，左边三位为目的地号，中间三位为服务号，右边两位为旅程号，旅程号个位奇数为下行，偶数为上行，顺序编号。

列车识别号的格式为：<XXXYYYZZ。

1）方向标记：表示列车运行方向，">"表示下行，"<"表示上行。

2）XXX：目的地号。

3）YYY：服务号。

4）ZZ：旅程号。

1. 目的地号举例

目的地号举例见表 6-1。

表 6-1　目的地号举例

序号	目的地码	目 的 地	是否载客	作 业 内 容
1	001	转换轨Ⅱ轨	是	M 站上行站台经转换轨Ⅱ轨进段
2	006	转换轨Ⅱ轨	否	M 站上行站台经转换轨Ⅱ轨进段
3	002	转换轨Ⅰ轨	是	M 站上行站台经转换轨Ⅰ轨进段
4	007	转换轨Ⅰ轨	否	M 站上行站台经转换轨Ⅰ轨进段
5	012	M 站上行	是	上行列车在 M 站上行站台换端
6	011	M 站下行	是	上行列车在 M 站前折返并在 M 站下行站台换端
7	857	S 站折返Ⅰ轨	否	下行列车 S 站折返Ⅰ轨停车
8	058	S 站上行	否	下行列车 S 站折返Ⅰ轨折返并在 S 站上行站台换端
9	051	S 站下行	是	上行列车 S 站折返Ⅱ轨折返并停于 S 站下行站台
10	107	G 站存车线	否	下行列车在 G 站存车线停车

2. 服务号

1）客运列车服务号：001～100。

2）排空列车服务号：101～150。

3）调试列车服务号：151～200。

4）专列服务号：801～810。

3. 其他列车车次

工程车开行车次编号为 210~220，救援列车开行车次编号为 301~310。

二、设备检修施工要求

某地铁公司《行车组织规则》中对于设备检修施工做了如下规定：

1）设备施工组织。

① 在列车运行时间内，原则上不准进行影响行车的有关设备检修作业。

② 对处于进路锁闭状态的信号、联锁设备，严禁进行检修作业。

③ 正在检修中的设备需要使用时，须经检修人员同意。

④ 进入正线、辅助线及影响正线行车的施工须经行车调度员同意；进入车辆段内线路及影响车辆段内行车的施工须经车辆段调度员同意。

2）任何人、任何时间进入正线和辅助线均须得到行车调度员的批准。

3）运营时间的设备抢修及非运营时间的施工组织原则。

① 运营时间的设备抢修必须遵循先通后复的原则，在不影响运行安全的前提下，先应急处理回复行车，待运营结束后再组织进一步的维修。

② 非运营时间的施工组织，凡需进入轨行区、影响列车运行或对车站客运服务带来较大影响的施工作业，须有批准的施工计划方可安排施工。

③ 施工计划按时间划分为周计划、临时计划。

a. 周计划在施工部门提交《施工计划申报单》的基础上，由总调度所组织召开计划审批会议后，编制《施工行车通告》并下达。

b. 临时计划、临时补修由施工部门向 OCC 提报，由设备维修调度员组织相关专业调度审核、值班调度长审批后下达执行。

c. 总调度所根据施工作业计划签发《施工作业令》，施工人员凭《施工作业令》到车站或车辆段车场指挥调度室办理施工登记，车站、车辆段车场指挥调度室按有关规定办理施工手续。

④ 抢修施工作业有优先权，OCC 在组织实施施工计划时有调整权。

⑤ 维修施工作业的执行和注意事项。

a. 在维修施工作业前，施工负责人应认真清点施工作业人数和各种施工工具用品的种类及数量。

b. 在维修施工过程中，施工负责人全面负责该施工工程区域内的施工作业安全，并在所管辖的区域内做好各项安全防护措施。

⑥ 施工中的汇报制度。在维修施工作业过程中发生下列情况，施工负责人应立即向 OCC 调度员报告：

a. 不能按维修施工作业计划规定的时间完工时。

b. 造成行车设备损坏时（含本专业范围内的设备）。

c. 影响临线列车运行时。

d. 有可能影响第一列车运行时。

e. 发生伤亡事故时。

f. 认为有必要时。

调度员接到报告后，应立即向 OCC 值班调度长报告，积极组织，协调处理，尽量减少对正常运营工作的影响。

【课后习题】

一、填空

1. 城市轨道交通由（　　　　　　）负责指挥正线列车运行，在行车组织方面必须坚持（　　　　　　　　　　　　　）的原则。

2. ATS 系统应使用图形化方式显示 ATS 系统设备工作状态及与其他系统的连接状态，绿色表示（　　　　　　），灰色表示（　　　　　　），黄色表示（　　　　　　）。

3. ATS 系统控制等级应划分为：（　　　　　　）控制、（　　　　　　）控制和（　　　　　　）控制，并显示各车站的控制模式及控制中心当前列车调整模式等系统运行状态。

4. ATS 系统应在信号系统监视范围内自动跟踪列车的位置信息，列车跟踪模式包括（　　　　　　）和（　　　　　　）。

5. ATS 系统应提供对计划列车（　　　　　　）、（　　　　　　）、（　　　　　　）的设置、修改和删除等编辑功能，实现对计划列车的管理。

6. 车辆段/停车场的（　　　　　　），用于列车正线运行以及返回车辆段/停车场所需的换班计划。

7. 列车自动监控系统的列车自动排列进路功能，能够对（　　　　　　）、（　　　　　　）、（　　　　　　）实现集中控制。

8. 列车自动监控系统列车追踪调整包括（　　　　　　）和（　　　　　　）两种方式。

9. ATS 终端上，站台显示为稳定黄色表示列车（　　　　　　），显示灰色表示（　　　　　　），显示浅蓝色表示（　　　　　　）。

10. 列车识别号 AABBB 中，AA 对于计划车为（　　　　　　），头码车为（　　　　　　），人工车为（　　　　　　），回段车为（　　　　　　）。

二、判断

1. 列车自动监控系统为故障－安全系统，列车安全运行由列车自动防护系统来保证。
（　　　）

2. 未设置计算机联锁设备的正线车站，仅能通过 ATS 现地工作站监督本站及相邻区域设备状态和列车运行。
（　　　）

3. 自动进路触发是指联锁系统设置的进路，列车通过后，进路不解锁，信号自动开放。
（　　　）

4. 数据库服务器提供与其他 CBTC 子系统和外部系统间的接口和协议转换。这些外部系统接口包括：时钟、通信传输系统、车站通信系统、综合监控系统。
（　　　）

5. 车辆段/停车场行车值班员依据工作站上显示的 ATS 列车时刻表，通过联锁控制终端排列车辆段/停车场的出、入段进路。
（　　　）

6. 地面 ATP 首次上电时，要向 ATS 汇报地面 ATP 上电，并上传存储或初始设置的临时

限速，请 ATS 确认。　　　　　　　　　　　　　　　　　　　　　　（　　）

7. 列车自动监控系统提供模拟仿真功能，它与实际的现场设备之间有信号设备表示信息和控制命令的信息交换。　　　　　　　　　　　　　　　　　　　　　　（　　）

8. ATS 终端上，站台旁的线段表示屏蔽门状态：绿色断开表示屏蔽门打开，绿线段全部显示表示站台屏蔽门关闭。　　　　　　　　　　　　　　　　　　　　　　（　　）

9. ATS 终端上，轨道区段显示白色光带表示处于锁闭状态。非通信车占用时轨道区段线条为粉色，通信车占用时轨道区段线条为红色。　　　　　　　　　　　　　　　　（　　）

10. ATS 终端上，道岔名为绿色表示道岔在定位，道岔名为黄色表示道岔在反位，道岔名称为红色表示处于单锁状态，道岔名称被红色方框包围表示处于单封状态。　　（　　）

三、简答

1. ATS 系统的中心控制、车站控制、非常站控分别表示什么含义？

2. 描述列车自动折返的过程。

3. 中心 ATS 系统由哪些设备组成？

4. ATS 与计算机联锁之间传输哪些信息？

5. ATS 与 ATP 地面设备之间传输哪些信息？

6. ATS 与 ATP 车载设备之间传输哪些信息？

7. ATS 终端的信号机有哪些状态？

8. ATS 终端的站台有哪些状态？

9. 说明 ATS 终端列车车次号各部分的含义。

10. 说明 ATS 终端运行图各组成部分的含义。

附录　常用信号专业名词中英文对照

缩写	英文全称	中文名称
ACB	Axle Counter Block	计轴区段
ACE	Axle Counter Evaluator	计轴评估器
AP	Access Point	（无线）接入点
AR	Automatic Reversal	自动折返
ATO	Automatic Train Operation	列车自动驾驶
ATP	Automatic Train Protection	列车自动防护
ATS	Automatic Train Supervision	列车自动监控
CBI	Computer Based Interlock	计算机联锁
CC	Carborne Controller	车载控制器
CBTC	Communication Based Train Control	基于通信的列车自动控制
DCS	Data Communication System	数据通信系统
DID	Destination Identification	目的地号
DTI	Departure Time Indicator	发车计时器
ESB	Emergency Stop Button	紧急停车按钮
FB	Fixed Balise	无源应答器，静态信标
HMI	Human-Machine Interface	人机界面
LATS	Local ATS	车站 ATS
LCP	Local Control Panel	现场控制盘
LMA	Limit of Movement Authority	移动授权限制
MA	Movement Authority	移动授权
MAU	Movement Authority Unit	移动授权单元
MTBF	Mean Time Between Failure	平均无故障时间
MTTR	Mean Time To Repair	平均故障修复时间
NP	Norming Point	信标
OCC	Operated Control Center	控制中心
PSD	Platform Screen Door	屏蔽门（安全门）
PSR	Permanent Speed Restriction	永久限速
RTU	Remote Terminal Unit	车站远程终端单元

缩写	英文全称	中文名称
SICAS	Siemens Computer Aided System	SICAS 联锁计算机
TID	Tracking Identification	跟踪车次号
TOD	Train Operator Display	司机显示屏
TSR	Temporary Speed Restriction	临时限速
TWC	Traffic Wayside Communication	车地通信
VB	Variable Balise	有源应答器，动态信标
VO	Virtual Occupancy	虚拟占用
VOBC	Vehicle On-Board Controller	车载控制器
ZC	Zone Controller	区域控制器
	Conflicting Route	敌对进路
	Fix Block	固定闭塞
	Moving Block	移动闭塞
	Normal Position（N）	（道岔）定位
	Point Machine	转辙机
	Points	道岔
	Reverse Position（R）	（道岔）反位
	Route	进路
	Route Lock	进路锁闭
	Route Release	进路解锁
	Set Route	排列进路
	Track Circuit	轨道电路

参 考 文 献

[1] 中华人民共和国住房和城乡建设部. 地铁设计规范 [S]. 北京：中国建筑工业出版社，2013.

[2] 林瑜筠，吕永昌. 计算机联锁 [M]. 3 版. 北京：中国铁道出版社，2013.

[3] 昆明地铁运营有限公司. 信号检修 [M]. 成都：西南交通大学出版社，2015.

[4] 昆明地铁运营有限公司. 车站值班员 [M]. 成都：西南交通大学出版社，2015.

[5] 上海申通地铁集团有限公司. 城轨信号工 [M]. 北京：中国劳动社会保障出版社，2015.

[6] 广州地铁集团有限公司. 地铁列车司机 [M]. 北京：中国劳动社会保障出版社，2014.